传统文化的

发展与创造性转化研究

赵允福 著

黑龙江教育出版社

图书在版编目（CIP）数据

传统文化的发展与创造性转化研究 / 赵允福著.
哈尔滨：黑龙江教育出版社，2024.6. -- ISBN 978-7
-5709-4350-0

Ⅰ．K203

中国国家版本馆CIP数据核字第2024EM2547号

传统文化的发展与创造性转化研究

CHUANTONG WENHUA DE FAZHAN YU CHUANGZAOXING ZHUANHUA YANJIU

赵允福　著

责任编辑	李中苏
封面设计	刁钰宸
责任校对	赵美欣
出版发行	黑龙江教育出版社
	（哈尔滨市道里区群力第六大道 1313 号）
印　　刷	哈尔滨圣铂印刷有限公司
开　　本	787 毫米×1092 毫米　1/16
印　　张	16.25
字　　数	249 千字
版　　次	2024 年 6 月第 1 版
印　　次	2024 年 6 月第 1 次印刷

书　号　ISBN 978-7-5709-4350-0　　定　价　98.00 元

黑龙江教育出版社网址：www.hljep.com.cn
如需订购图书，请与我社发行中心联系。联系电话：0451-82533087　82533097
如有印装质量问题，影响阅读，请与我公司联系调换。联系电话：0451-86210670
如发现盗版图书，请向我社举报。举报电话：0451-82533087

前　　言

在全球化背景下,对传统文化的保护、传承与创造性转化成为一个备受关注的话题。传统文化作为一个民族、社会的独特标识,既有深厚的历史积淀,也需要适应现代社会的变革和发展。因此,对传统文化的发展与创造性转化进行深入研究,既是对历史文化传承的负责,也是对创新与发展的追求。

传统文化的发展与创造性转化研究,是涉及多个层面的复杂性问题。首先,我们需要关注传统文化的内在精髓,挖掘其深层次的文化价值、哲学思想及对社会生活的影响。通过对传统文化的深入理解,我们能够更好地把握其传承的方向,为创造性转化提供理论依据。其次,创造性转化要求我们审视传统文化在当代社会中的现实意义,了解传统文化是否能与现代社会的价值观相契合。在社会转型时期,传统文化又是如何适应新的社会需求。这些问题需要在研究中进行认真思考和深入讨论。同时,创造性转化不是简单复制,而是在传统文化的基础上进行创新。在研究中,我们需要关注传统文化的创新与变革,探究如何在尊重传统的同时,赋予其新的内涵和表达形式。这既包括对传统文化形式的现代演绎,也包括对传统价值观的当代诠释。研究传统文化的发展与创造性转化需要跨学科的合作,更需要历史学、文化学、社会学、艺术学等多个学科的交叉融合,从而提供更全面、深入的视角。通过学科之间的合作,我们可以更好地理解传统文化的多维性和复杂性,为其创造性转化提供更有深度的研究成果。

在本书中,笔者聚焦于传统文化的发展与创造性转化,通过深入研究,在传承与创新之间找到更加平衡的路径,以推动传统文化在当代的发展,为文化多样性的繁荣与传承贡献力量。总体而言,传统文化的发展与创造性转化是一个综合性的过程,需要全社会的共同努力。通过深入研究、理解和尊重传统文化的精髓,结合现代社会的需求和技术手段,我们有望实现对传统文化的创新传承和创造性转化,使之在当代焕发新的光彩。

　　在本书的撰写过程中,笔者借鉴参考了许多相关领域的研究成果,在此谨向有关作者表示崇高的敬意和诚挚的感谢。若本书有任何不足之处,恳请同行批评指正。笔者也希望读者能对书中的内容和观点提出建议,这些宝贵的建议将成为笔者进一步探索的源泉和动力。

赵允福

2024 年 1 月

目　录

第一章 中国传统文化概述

第一节 中国传统文化的内涵

一、中国传统文化释义

文化是一个广泛而复杂的概念,通常包括一群人的信仰体系、价值观、道德准则、语言、艺术、习俗、技术、社会组织等方面的共同体验和表达。文化是人类社会共同创造和传承的一系列思想、实践和物质表现的总和,反映了社会群体的认知、生活方式和共同价值。

中国传统文化是指中华民族在漫长的历史发展过程中创造的、代代相传的文化。它是中华文明的结晶,反映了中华民族的精神面貌、道德观念、审美情趣及对世界的认知。中国传统文化的内涵十分丰富,包括道德伦理、语言文字、文学艺术、传统史学、科技等方面。

具体来说,中国传统文化包括丰富的道德伦理体系,如儒家、道家、墨家等思想流派;独具特色的汉字文字系统,以及古老而独特的书法艺术;博大精深的文学艺术,包括诗歌、散文、小说等形式;经世致用的传统史学,如《史记》《资治通鉴》等;在农业、手工业、医学、数学等领域的传统科技;等等。

这些元素共同构成了中国传统文化的独特魅力,反映了中华民族几千年来的智慧和创造力。中国传统文化在不断演变中既受到历史传统的影响,又逐渐融入新的元素,形成丰富多彩、博大精深的文化体系。

二、中国传统文化的基本特征

(一)人文性特征

人文性是中国传统文化的独特特性,也是其得以传承与发展的根本动力。在中国传统文化中,人与自然、人与社会的和谐相处被赋予了极大的重要性。中国传统文化通过儒家、道家、佛家等思想流派,将人与自然、人与社会融为一体。这种人本主义的理念体现在对仁爱、孝道、礼仪等价值的强调上,强调个体在社会和自然中的责任和角色。古典人文主义强调人的尊严和价值,关注个体的全面发展,这与中国传统文化对人文性的强调有相通之处。通过强调人的内在美德和社会责任,中国传统文化倡导一种积极向上的人生观,使人们更加关注人与人之间的和谐共生。这种人文性特征为中国传统文化的绵延不断、历久弥新提供了深厚的思想基础。

(二)包容性特征

中国传统文化的包容性的确是其独特之处,也是其能够在激烈的文化冲突中生存和发展的原因之一。这种包容性不仅体现在文化的内部融合,还表现在对外来文化的吸收和整合上。中国传统文化吸纳了多个朝代的文化成果,形成博大精深的文化传统。儒家、道家、佛家等思想体系在中国传统文化中相互交融,形成独特的哲学观念。在艺术、文学、音乐等方面,不同地域的文化元素也相互渗透,形成多元且统一的文化体系。同时,中国传统文化对外来文化也表现出极大的包容性。历史上,中国不仅吸收了中亚、西亚的文化元素,还通过"丝绸之路"与其他文明进行交流。这种开放包容的态度使中国传统文化在接纳外来文化的同时,能够保持自身的独特性。在现代社会,中国传统文化的包容性也在国际化的进程中得以体现。总体而言,中国传统文化的包容性为其在激烈的文化冲突中生存发展提供了内在的动力,使其具有鲜明的时代特色。

1.各地域、各民族文化的融合

中国的地理环境在中国传统文化的形成和发展过程中发挥了重要作

用。中国广袤而多样的地域,使其形成了各具特色的区域文化,同时也促成了这些文化相互交流和融合的过程。黄河流域和长江流域的不同地域文化,以及其他一系列的民族文化,在漫长的形成和发展历史过程中进行了积极而复杂的互动。这种互动不仅体现在语言、宗教、习俗等方面,还在农业、手工业、商业等生产领域有所影响。特别是在秦朝之前,各地区的文化并没有完成统一,而是在相互影响中逐渐形成独特的面貌。在这个过程中,中原地区一直是文化的中心,但其他地域的文化也逐渐在互动中繁荣。汉化是一个显著的现象,北方民族和其他少数民族在与汉族的交往中,逐渐吸收了中原地区的文化元素,形成了混合的文化传统。这也体现了中国传统文化的包容性,它能够在多民族、多文化的国家中长期存在。特别值得注意的是,不同地域和民族的文化都能够在中国传统文化的大熔炉中找到共同点并最终融入其中。这样的融合和同化并非简单的文化替代,而是在相互交流中保留了各自文化的精华。楚文化、吴文化、巴蜀文化等地域文化,以及来自西域的文化,等等,这些成为中国传统文化不可分割的一部分。这种多元性和包容性,使得中国传统文化在不断的变革中保持了其丰富性和独特性。中国传统文化的包容性和同化力,正是其在历史长河中屹立不倒的关键因素之一。这也为中国传统文化的持续发展和传承奠定了坚实基础。[①]总体来说,中国传统文化的形成和发展是地域文化相互交流与融合的产物,呈现丰富多元的面貌。

2.对不同文化的吸纳和消化

中国传统文化的强大同化力和融合力在历史的长河中得到了充分的展现。在各个历史时期,不同民族和文化通过军事征服或交流,与中原文化产生了接触。这也反映了中国传统文化对外来文化的吸纳和转化能力。

(三)伦理性特征

中国传统文化中的伦理道德在社会中发挥着重要的凝聚力和调和作用。伦理道德强调家族关系和长幼尊卑原则,有助于维持社会的秩序和稳

---

①张岱年:《国学要义》,北京大学出版社,2012。

定。这种宗法社会结构以血缘关系为核心，家族和宗族在社会中扮演着至关重要的角色。在这种伦理道德的引导下，家庭被看作社会的基本单元，而长辈和晚辈之间的关系被赋予特殊的道德意义。这有助于形成稳定的社会秩序，使每个人都在这个秩序中找到自己的位置。这也为社会的整体稳定提供了一种自我调节的机制。同时，伦理道德的很多原则也延伸到了国家层面，形成一种家国一体的价值观。这种思想框架使国家和家庭之间的联系更加紧密，有助于维护社会的整体和谐。这种伦理观念的深入根植，在中国传统文化中留下了深远的影响。当然，随着社会的发展和变革，这种伦理道德观念也在不断演变和适应。在现代社会中，人们对伦理和道德的理解可能有所不同，但传统伦理在中国传统文化中的独特地位仍然为社会价值观的形成和发展提供了坚实的基础。

1. 重视道德感化是统治者重要的政治手段

在中国漫长的历史过程中，统治者一直都非常重视伦理道德的感化作用。在这种思想体系中，德行和道德被视为治理国家和社会的基石，通过强调道德价值观来规范人们的行为，达到稳固政权和维护社会秩序的目的。孔子和孟子的思想对于中国传统文化的塑造产生了深远的影响。他们强调仁爱、礼仪、忠诚等价值观，主张以德治国，通过道德的感化来影响人们的行为。这种伦理思想不仅在儒家学派中占据主导地位，也影响了整个中国传统文化的发展。"三纲五常"作为统治思想的一部分，也是以伦理为基础的。通过强调君臣、父子、夫妇之间的道德关系，以及忠、孝、仁、爱、信等常规行为准则，统治者试图通过伦理道德的引导来维护社会的秩序和政权的稳定。这种将伦理道德与政治治理相结合的传统一直延续至今，虽然在现代社会中，法治和其他手段也发挥着更直接的作用，但伦理道德仍然在中国传统文化中占有重要地位。

2. 强调伦理义务，要求个人服从整体

中国传统文化中的伦理体系注重家族本位，强调个人的责任和义务。这种价值导向在家族、社会中形成强烈的凝聚力，同时也要求个体服从整体，牺牲个人权益以维护家族和国家的利益。"五伦"即君臣、父子、夫妇、兄弟、朋友的伦理关系,体现了不同社会层面的人际关系。这些关系强调忠、孝、仁、爱等价值观,将伦理道德融入日常行为准则中。在这个体系中,个人的生活和行为受到家庭、家族、国家的严格规范,以此维系整个社会结构的秩序和稳定。尊崇孝道,将孝行视为最高的美德,使家族成为社会中最基本的单位。家族本位的价值观强调个体为家庭和家族付出,以此强化社会的凝聚力。然而,这也带来了一定的问题,如个体的独立性和权益可能受到一定的限制。在伦理体系中,强调"三纲五常"、修身、齐家、治国、平天下的理念,注重个体的自律和道德修养,这有助于培养有理想品德的君子,弘扬至善的人格,同时在逆境中保持坚守信念的气节。这种思想体系的持久影响,为中华民族的精神品格铸造奠定了基础。

（四）和谐型特征

《中国古代思想史论》中提到的"顺天"观念在中国古代文化中具有深远的影响。这种观念源于农耕文化,人们习惯性地顺应自然的变化,尊重四季、昼夜、风调雨顺,将人类活动与自然环境相融合。这种和谐的农耕生活方式不仅塑造了人们对天地的亲切情感,也深刻影响了人们的价值观和哲学思考。"天人合一"是中国古代哲学的重要命题之一,反映了中国传统文化中对天地自然和人类社会相互关系的独特理解。这种观念表达了对自然的尊崇和对人与自然和谐相处的向往。将人类与自然视为一个整体,强调人应当顺应自然规律,与自然和平共处。这种理念对中国传统文化的形成和发展产生了深远的影响,体现了一种深刻的哲学智慧。"知行合一"和"情景合一"进一步强调了中国古代哲学对真、善、美的综合追求。通过统一知识与实践、情感与景物,强调内外一体的观念,中国古代哲学试图建构一个完整的人类生活的哲学体系。这反映了中国传统文化中对综合和谐发展的追求,强调道德修养与实际行动、审美体验与情感体验的一体性。这些命题揭示了中国传统文化中的和谐精神,表达对自然、人类社会和个体内心的和谐统一的向往。这样的价值观形成了中国古代文化的特色,为后代留下了丰富的精神遗产。

1."天人合一"强调人与自然和谐相处

"天人合一"思想是中国传统文化的一大精髓,融合了对自然、人类和宇宙的独特理解。这一观念反映了人与自然和谐相处、共生共荣的理念,对中国传统文化的深刻影响贯穿了各个领域。将天地、人类、万物看作一个整体,意味着宇宙的一切都是相互关联、相互依存的。这样的观点为中国传统文化注入了一种综合、和谐的思考方式。爱物、亲和自然的理念在孟子、惠施、张载等思想家的论述中得到了深刻的展现,强调人与自然的紧密联系,以及在这个整体中每个个体都有其特殊的地位和价值。"天人合一"同时也强调了人应当遵循自然法则,与自然环境和谐共生。道法自然,意味着人应当按照自然的规律行事,顺应宇宙的运行。这种观点体现了对自然秩序的敬畏和对人类活动与自然和谐相处的追求。总的来说,"天人合一"思想为中国传统文化注入了一种生态伦理观,强调了人与自然、社会的共生共荣。这一观念对于中国传统文化的塑造和演进起到了至关重要的作用。

2."知行合一"追求道德觉悟

"知行合一"是中国古代哲学和教育的重要原则,它强调理论与实践的统一,认为只有在实际的行为中贯彻理论,才能真正实现至善的目标。这一理念对于塑造正确的人生态度和培养良好的品德具有深远的指导意义。首先,言行一致是做人的正确态度。这反映了对真实、真诚的追求。不能光说不做,或者言过其实。通过提高对道德的认识,增强对道德实践的自觉性,人们可以更好地践行仁义道德,使言行始终一致。《论语》中的"君子耻其言而过其行",表达了对于言行一致的重视。在人际关系和社会交往中,言行一致有助于建立信任,增进人与人之间的正面互动。其次,知与行是相互促进的。通过深入理解仁义道德,人们能够更好地在实践中避恶趋善。理论的认识需要在实际行动中得到验证和巩固,而实践的经验也能够丰富和深化对理论的理解。知行合一的理念帮助人们避免了空泛的理论和盲目的行动,使理论和实践在相互促进中实现良性循环。这一理念的贯彻有利于人的全面发展,对于培养人追求真理和善行的品德,塑造具有深度思考和实际行动力的人格有重要意义。

3. 创造美和审美追求"情景合一"的境界

"情景合一"体现了中国传统文化对美的独特理解,强调情感与自然、社会的和谐统一。这一理念将审美与生活、人与自然融为一体,反映了东方文化对于整体性、和谐性的追求。首先,"情景合一"深层的文化内核源于"天人合一",在审美过程中要求将人的情感与自然、社会相融合。这意味着审美活动不仅是个体主体对客体的感知,更是情感与环境的共鸣。在艺术创作中,艺术家追求表达内在情感的同时,也将这些情感与周围的环境、自然相融合,形成和谐的整体。这种整体性的审美观念反映了中国传统文化对于生活和艺术的综合性认识。其次,"情景合一"在审美中强调主体与客体的和谐交融。这体现了一种平等、相互尊重的观念,与西方文化中强调主观情感、个体表达的审美观有所不同。在中国传统文化中,审美活动是一种共同的体验,主体与客体之间不是对立的关系,而是一种和谐的统一。这种和谐体现在文学、艺术、音乐等领域,形成了丰富的东方艺术传统。最后,"情景合一"在创造美的过程中强调对于人情世故的关注。这使东方文化的艺术作品更具有人文关怀的特色,通过对人与自然、社会的和谐表达,传递出对于生命、情感、人性的深刻思考。这一特色在中国古代文学、绘画、音乐等领域中得到了淋漓尽致的展现。总的来说,"情景合一"体现了中国传统文化对于美的独特追求,是一种将情感、环境、主体与客体融为一体的审美理念,为东方艺术传统注入了深厚的内涵。

(五)务实性特征

中国传统文化的农业基础塑造了独特的民族性格和务实精神。农耕文化渗透在中国人的思维方式、生活观念及价值取向中,形成了实用经验理性的思想和强调务实的精神。首先,中国传统文化的实用经验理性思想源自农业生产。农民通过长期的实践经验,总结出了适应自然规律、提高农业生产效益的方法,形成了一种实用的理性思维方式。这种实用主义强调的是实际应用和经验积累,而非抽象的理论探讨。农业社会的生产方式促使人们注重实际操作,将实用性置于重要位置。其次,中国传统文化强调务实精神,将农耕经验延伸到生活的各个方面。农耕文化使人们习惯于"一分耕耘,一分收获"的实际奋斗,这种务实的态度渗透到日常生活中。中国人的价值观念定位于立足现实,注重实际效果和实用性。这种务实精神表现在对天时、地利的敏感,以及对本务、实际的专注追求上。最后,中国传统文化的价值取向强调"大人不华,君子务实"(《潜夫论·叙录》)。这一理念反映了对于虚华、空洞的娱乐和追求的反感,而倡导踏踏实实地去做事,注重实际成果。这种务实精神使中国传统文化更加关注实际的社会生产和人际关系,而非纯粹的理论探讨或玄虚的思考。总的来说,中国传统文化的农业背景塑造了实用经验理性的思想和强调务实的精神。这一文化特色在中国人的行为、价值观和生活方式中留下了深刻烙印,形成了独特的民族性格。

第二节　中国传统文化的生存环境

文化和环境的关系是相互影响、相互塑造的。中国传统文化的形成离不开地理环境、经济土壤等因素的共同作用。地理环境为文化提供了发展的场所,经济土壤为文化的滋养提供了物质基础,而社会结构则影响着文化的形态和内涵。中国传统文化在特殊的地理环境中生根发芽。中国大陆地域辽阔,地貌各异,这种多样性为文化的多样性提供了基础。各地的地理环境影响着人们的生活方式、产业结构,从而在文化中呈现差异。比如,黄河流域的中原文化、长江流域的巴蜀文化、楚文化和吴越文化,都在不同的地理环境中独具特色。经济土壤是文化繁荣的养料。中国传统文化在农业社会根植深厚,农业的发展为文化的繁荣提供了物质支撑。精湛的农业技术、丰富的农产品也直接影响了文化的形成。农耕文化的务实精神和对自然的敬畏都在这一经济土壤中培育而生。社会结构则为文化提供了组织和传承的框架。宗法社会的家族结构、礼制、等级制度等,都在文化的传承中扮演了重要角色。家族观念、伦理道德等是在这种社会结构中形成和弘扬的。

一、中国传统文化生存的地理环境

地理环境涵盖了人类所依赖的自然地理条件,包括气候、水文、植被等要素。这些要素不仅直接影响着人类的日常生活,也在很大程度上促进了文化的形成和发展。

(一)文化与地理环境的关系

文化地理学在文化研究中起到了重要的作用。它从地理学的角度出发,着重研究人类与地理环境之间的相互关系,特别是地理环境如何促进和影响文化的发展。地理环境不仅提供了人类居住的物质基础,还在很大程度上影响了人类的生活方式、价值观念和文化传统。反过来,人类的活动、文化习惯也会对地理环境产生影响,形成一种相互作用的关系。文化地理学的发展让人们更深刻地理解了文化的地方性和多样性。不同地区的地理条件、气候、自然资源等因素,对当地居民的生活方式、社会制度、信仰体系等都有深刻的影响。这种研究有助于我们更全面地认识文化的复杂性,并促使人们更加重视地方文化的保护和传承。在这种情境下,文化地理学也为理解中国传统文化的形成提供了一种有益的视角。通过对地理环境对文化的塑造作用的分析,可以更好地理解中国各地不同文化传统的渊源和特色。大致说来,文化地理学所涉及的文化与地理环境的关系,主要有以下四点基本认识。

(1)相互关系的根源

地理、文化、人三者的联系早在人类适应自然的阶段就开始了。最初,人们在自然环境中寻找食物、栖息之地,是地理条件决定了人类的居住地点。这个阶段人类与自然的关系更加亲密,是适应自然的过程。

(2)地理环境与文化的紧密结合

文化的发展不仅是人类社会的进步,也是地理环境因素的影响。特定的地理空间为文化的孕育提供了条件,成为文化独特性的基石。例如,沿海地区的文化可能与海洋资源有关,而内陆地区的文化可能更侧重于农业和内陆资源的利用。

(3)文化发源地的重要性

每种文化都有其发源地,一个地方的自然特征和生态环境塑造了该文化的独特性。文化的根源与地理位置紧密相连,不同的地方会孕育出不同的文化现象。地理环境成为文化发展的舞台,同时也是文化变异的土壤。

(4)文化的本质:自然的人化

文化的本质是自然环境的人化过程。通过各种文化活动,人类改造自然景观,创造出文化景观,如建筑、耕地、道路等。这些文化景观是人类智慧和创造力的体现,也是对自然的一种回应。文化的演变实际上是人类与自然互动的结果,通过劳动将自然转变成为具有文化特征的环境。

(二)文化产生、形成和发展的地理环境因素

1.地理环境制约人的活动,通过影响人类的生存方式而影响文化

共性规律是人类与自然相互制约关系的一个基本特征。早期的人类由于生产力水平的极端低下,十分依赖自然并受制于自然。在这个阶段,人类几乎是完全依赖于自然环境生存的,生产工具和技术水平相当有限,无法对自然界的力量进行有效的掌控。这种受制约的状态在人类的历史发展中扮演了重要角色,驱使着人类寻找更为高效的生存和生活方式。在进化的过程中,人类逐渐发展出更为复杂的工具、技术,提高了对环境的适应性。这一过程中,地理环境的影响仍然是不可忽视的,因为人类的活动始终受限于自然条件。人类的起源和进化发生在适宜的气候和资源条件下。这也解释了为什么早期人类主要分布在适宜生存的地区,而在极端恶劣的环境中难以生存繁衍。总体而言,人类与自然相互制约的关系在漫长的历史中一直存在,并在生产力水平的不断提高中逐渐演变。这一关系深刻地影响了人类文明的发展轨迹。

人类的谋生方式和生存活动在很大程度上受制于地理环境的条件。不同的地理环境提供了不同的生存条件,进而影响了人类的经济活动和生活方式,最终形成了多样化的文化现象。农耕文化、游牧文化、渔业文化等,是在不同地理环境条件下形成的,反映了人类在特定自然环境中对生存的不同适应方式。这些文化方式不仅在经济生产上存在差异,而且在社会组织、价值观念等方面也呈现多样性。地理环境对文化的影响是多层面的,不仅局限于经济生产,还包括人们的生活习惯、宗教信仰、社会制度等。在特定的地理环境中,人们逐渐形成适应性强、与自然和谐相处的文化体系。这也

反映了人类在与环境相互作用的过程中,通过文化的创造和传承,逐步形成对自然的认知和对生存方式的选择。总体而言,地理环境是塑造人类文化多样性的重要因素之一。了解地理环境对文化的影响,有助于更好地理解人类社会的演变和多元化。

2. 地理环境提供了文化活动所必需的物质空间场所

人类与地理环境的关系是紧密相连的,这种联系在文化方面尤为显著。地理环境既为文化提供了舞台,又在很大程度上塑造了文化的形态。悬棺葬与高山悬崖的紧密结合就是一个很好的例子,显示了文化现象与地理环境的互动关系。草原地区的开阔与平坦为赛马这一体育文化活动的兴起提供了理想场所,展现了地理环境对文化的启发作用。这样的观点也引发了人们对于文化多样性的思考,不同地理环境孕育出的各具特色的文化现象,使人类社会变得更加丰富多彩。文化的独特性常常与地理的多样性相辅相成,共同构筑起丰富多元的人类社会。

3. 地理环境通过影响生产力而影响文化的发展变化

普列汉诺夫的观点强调了地理环境对人类智慧和生产工具发展的影响,表明特殊的自然条件为人类的技术进步提供了关键的支持。[①] 这种观点也与历史上的实际情况相吻合,因为不同地区的自然资源和地理条件对人类的生产工具和文化发展产生了深远的影响。在没有金属矿藏的地方,人们可能更依赖石器,并且无法享有金属工具带来的技术优势。类似的,海洋和河流等水域的存在可能推动了航海技术和水上交通工具的发展。动植物资源的可用性也直接关系到人类能否驯服和利用这些生物作为助力。因此,智慧的发展与地理环境的特殊属性相互关联,为人类创造出各种生产工具提供了必要的条件。这也反映了人类与环境的相互作用,推动了文化、技术和社会的演进。

地理环境对生产力的发展有着深远的影响。资源丰富的地区可能会专注于资源开发,而资源匮乏的地区则需要更依赖技术创新和高效利用有限

---

①陈延琳:《普列汉诺夫论地理环境的作用》,《教学与研究》1980 年第 6 期。

资源。古代的自然障碍对交往和技术传播产生了直接的制约。高山、沙漠和大海的存在限制了人们的移动和信息传递,导致某些地区的技术和发明无法扩散到其他地方。这也强调了地理环境在影响文化和技术传承方面的重要性。当交往受限时,每个地区都需要重新发明相同的技术;而当交往扩展时,技术才有可能在更广泛的范围内传播和共享。总体而言,地理环境对人类社会的发展有着深远的影响,不仅在资源利用方面起着关键作用,在文化、技术传承方面也发挥着重要的作用。

4.地理环境通过对人的性格、心理影响而影响社会文化

地理环境对人的性格和心理气质的形成有着显著的影响。不同的自然条件、气候、地貌等因素都可以影响人们的思维方式、情感表达和行为习惯。例如,生活在极地地区的人们可能更倾向于坚韧和适应性,因为他们需要面对极端的天气条件。相比之下,生活在温暖而湿润的气候中的人们可能更为开朗和热情。地形的险峻与开阔也可以影响人的性格。居住在山区的人可能更具有坚韧和勇敢的品质,而居住在平原地区的人可能更倾向于务实和平和。这种影响甚至延伸到了语言和表达方式上。不同的地理环境中形成的文化习惯、语言风格,都反映了当地人的思维方式和心理特征。班固在《汉书》中提到的"水土风气"观点,强调了地理环境对人的性格和行为的塑造作用。这种观点在很多文化中都有类似的体现,突显了人与环境之间复杂而紧密的互动关系。

历史的发展和社会的变革似乎证明了历史唯物主义的观点,即社会形态和政治体制更受生产方式和生产力的影响。地理环境对于文化、社会结构和人的性格有影响,但并不是唯一决定性的因素。历史唯物主义的观点认为,社会的发展受到生产力水平和生产方式的制约,这决定了社会形态和政治制度的变迁。地理环境的影响在其中是一个因素,但并非主导因素。生产方式的改变和经济结构的演变可能比地理环境的影响更为深刻和具有决定性。总体而言,这些观点展示了在探讨社会演变和文化发展时,地理环境与生产方式之间的复杂关系。两者可能相互影响,但社会结构和政治体制更受制于经济基础的演进。

(三) 中国传统文化的地理环境因素及其文化特征

中国地理环境呈现出的多样性和复杂性,使其形成了丰富的自然景观和地理特征。这样的多样性在一定程度上促进了中国的文化、经济和社会发展。中国的国土广阔,各个地区拥有不同的地形、气候和自然资源。西部地区以高山和高原为主,而东部则主要由平原和沿海地区组成。这种多样性使中国成为一个生态系统的宝库,同时也带来了不同地区的文化差异和经济发展的不平衡性。地理环境的差异也在一定程度上影响了人们的生活方式和经济活动。例如,南方的湿润气候适宜水稻种植,而北方干燥的气候更适合小麦等作物的种植。这导致了不同地区农业结构存在差异。中国的地理环境也影响了交通和通信。山脉和河流的存在形成了自然的屏障,同时也促进了发展以水路为主的交通网络。这在历史上对文化和贸易的传播起到了一定的促进作用。总体而言,中国丰富的地理环境为其文化多样性和经济活动的多样化提供了基础,同时也带来了一些挑战,如地区间的发展不平衡和自然灾害的风险。

1. 地理环境的复杂性与差异性,形成中国传统文化的丰富性与多元性

国土面积的巨大跨度及地貌的多样性不仅带来了丰富的资源,同时也使各地气候、降水、温度等方面存在显著差异。这对于农业、工业和其他经济活动的开展都产生了直接的影响。由于地理环境的多样性,中国的文化也表现出了区域性和多元性。不同地区的人们因为面对不同的自然条件,形成了独特的生活方式、饮食习惯、传统手艺等。这在中国传统文化的丰富性上得到了明显体现。而中国传统文化的多元性也在经济方面表现出来,不同地区发展了各自的产业,形成了经济上的差异。从东部的工业中心到西部的资源型经济,各地在经济结构上呈现一定的差异。总体而言,中国丰富多样的地理特征为其文化多元性和经济多样化提供了基础。这种多样性既是中国社会的丰富之处,也是不同地区推动社会和文化发展的动力。

中国的地理环境差异在很大程度上塑造了各地的文化特征,形成了丰富多元的传统文化体系。不同的地理环境促使人们发展出适应当地气候、地形和资源的生产方式,从而影响了人们的生活方式、饮食习惯、服饰风格

等方面的文化。山岳型文化、草原型文化、河谷型文化和海洋型文化都展示了地理环境对文化特征的塑造。同时,细分为更小的地理区域,如齐鲁文化、吴越文化等,更能够体现出地域性的文化差异。每个地区都因其独特的地理条件和历史发展而形成了独特的文化特色,包括方言、习俗、艺术等方面的差异。这种多样性在中国传统文化中表现得尤为鲜明,使其成为一个丰富多元的文化体系。这也表明了中国人民在适应不同地理环境中创造、传承和发展文化的能力,形成了千姿百态的文化风景。地理环境的复杂性与差异性,正是中国传统文化丰富性与多元性的根本原因。

2.地理环境与外部世界相对隔绝,形成中国传统文化的封闭性与独立性

中国的地理环境形成了天然的屏障,包括太平洋、青藏高原、横断山脉、沙漠戈壁等,使中国相对于外界而言处于相对独立的地理单元。这种地理特征塑造了中国大陆的封闭性,相较于欧洲的陆海交错型地理特征,中国大陆腹地离海洋较远,海洋没有深入内地,因此表现出相对的封闭性。古代中国的海上交通受限于航海技术的不发达,大海在一定程度上成为难以逾越的天然屏障。尽管中国拥有漫长的海岸线,但由于航海技术的限制,海洋并没有像欧洲一样成为交流的畅通通道。这使中国与外界的文化交流受到了一定的制约。这一地理环境对中国传统文化的形成和发展产生了深刻的影响。相对封闭的环境促使中国形成了独特的文化传统,保留了自身的特色和独立性。这也解释了为什么中国传统文化在一定程度上能够保持相对的纯粹性和传统性。

中国的地理环境,特别是其"大陆—海岸型"的地理特征,形成了一种相对的封闭隔绝状态,这在一定程度上影响了中国传统文化的形成和发展。文化的传播和交流受制于地理条件,而中国的地理环境天然地制造了文化传播的障碍。一方面,中国传统文化向外传播面临着巨大的困难,因为四周被天然屏障所环绕,文化传播的辐射面受到限制。另一方面,外来文化受到地理条件的限制,难以充分传入中国,即便传入,也因为地理环境的抵消而受到影响。这使得外来文化对中国传统文化的影响相对有限。古代的西方文明因为距离遥远、地理屏障的存在,与中国的文化交流相对较少,对中国

传统文化的影响相对微弱。这种地理封闭性为中国传统文化提供了一种相对独立和自主的空间，使中国传统文化在相对封闭的环境中逐渐形成并发展。尽管地理环境在中国传统文化发展中起到一定的限制作用，但也正是在这种相对封闭的环境中，中国传统文化得以保持一定的纯粹性和独立性，形成了独特的文化传统。这也解释了为什么中国传统文化在漫长的历史中能够保持相对的稳定性和传统性。

中国传统文化的独立性是由中国地理环境的封闭性所决定的一个重要特征。地理上的相对独立性使得中国在较长的历史时期内相对隔绝于外部世界，推动了中国传统文化的独立发展和自成体系。中国传统文化在文字、文学、哲学、科学技术等方面都形成了特征，而这些特征正是在与外部文明相对隔离的状态下独立发展完成的。以中国文字的演变为例，在与其他文明隔离的状况下，中国文字的发展不受外来文字的影响，形成了独特的表意体系。这反映了中国传统文化在某种程度上保持了相对的纯粹性和独立性。封闭性与独立性成为中国传统文化的显著特征，这也解释了为什么中国传统文化在漫长的历史中能够保持相对的自主性和传统性。这一特征塑造了中国传统文化独有的面貌，并对中国社会的思想、艺术、价值观念等产生了深远的影响。

3. 地理环境的广阔性与完整独立性，形成中国传统文化的包容性和连续性

中国地理环境的封闭性与相对独立性为文化的独立发展提供了条件，同时，这片辽阔的土地也孕育了中国传统文化包容性的显著特点。中国地域辽阔，疆域广大，这种广袤的地理空间为各种地域文化的形成创造了条件。这种大肚能容的文化心胸意味着中国传统文化不仅容纳了特性各异的多元本土文化，而且对外来文化也表现出兼收并蓄的态度。这一特点在中国传统文化中得以显著体现。地理环境的广阔性为中国传统文化提供了巨大的承载空间和容量，使得中国传统文化能够在碰撞、交汇中吸纳、消化各种元素。这种融合力在中国传统文化中具有重要的作用，促成了文化的多样性和丰富性。总的来说，中国地理环境的广阔性与文化的包容性相互交

融,共同构成了中国传统文化的显著特点,为其独特的发展路径奠定了基础。

中国传统文化的连续性与稳定性在很大程度上得益于中国地理环境的完整独立与相对封闭。与其他古老文明相比,中国的地理独立性在一定程度上为文化的延续提供了保障。其他文明在面临异族征服的战争中遭受摧毁或中断,而中国传统文化则得以在相对封闭的地理环境中延续发展。地理环境的完整独立与相对封闭形成一种自然的屏障,保护了中国传统文化免受外部侵袭的影响。这种地理优势为中国传统文化提供了相对的安全性和延续性。

4.优越的农耕地理环境,形成了以农耕文明为代表的传统主体文化

中国自古以来一直是以农业为主导的国家,形成了悠久的农耕文明。这一文明的繁荣和发展在很大程度上归功于中国得天独厚的农耕地理环境。首先,中国大部分地区的气候条件非常有利于农业生产,主要分布在北温带、暖温带和亚热带气候区域,这些气候类型为各类作物的生长提供了良好的环境。这种气候适宜性是中国农业能够在广泛地区持续发展的基础。黄河流域作为中华文明的重要发源地之一,位于北温带,拥有肥沃而疏松的土地,成为中国农耕文化的摇篮。黄河也因此被誉为中华民族的"母亲河"。这里的自然条件为古代农业社会的发展提供了重要支持。长江流域则以其温暖湿润的气候、充沛的雨量和肥沃的土地而著称。这里的湖泊众多,为水田农耕文化的形成和发展提供了优越的自然条件。长江也被视为中华民族的第二条"母亲河"。除了黄河和长江流域,其他地区如珠江流域、淮河流域、关中平原、四川盆地等,乃至整个长城以南的中华大地,都以农耕经济为主,形成了重要的经济区域。由于中国农耕文明最早起源于黄河流域,其次是长江流域,一些学者认为中国传统文化是河谷型文化,中华文明是大河文明。这些大河流域形成了广阔的冲积平原,拥有得天独厚的自然条件和优越的地理生态环境,使中国成为世界上最早发展农耕的国家之一,也是世界上少数几个农业文明中心之一。农业人口因此成为中国社会人口构成的绝对主体,农耕文明也在这片土地上熠熠生辉。

二、中国传统文化植根的经济土壤

古代中国因其广袤的地理面积和多样的自然环境,形成了两大基本经济类型——农耕经济和游牧经济,这种差异也在中国传统文化中表现为两大主要类型:西北地区的游牧文化和东南地区的农耕文化。

(一)农耕经济与游牧经济

人类文明的演进与地理环境的不同及谋取食物的方式密不可分。最初的原始群团通过狩猎方式获取食物,这种生活方式促使其对动物繁衍规律进行深入了解。随着时间的推移,一些群体逐渐形成了专门的畜牧业部落,通过人工驯养动物来满足食物需求,进而催生了游牧经济。另外,有些原始居民通过采摘野生植物、瓜果籽粒来获取食物。这种采摘的生活方式导致其对植物的认识和熟悉,最终演化成为专门从事人工植物栽培的种植业群体,形成了农耕经济。这两种经济类型的产生不仅反映了人类对环境的适应,也展现了人类智慧的发展。农耕经济和游牧经济的区别影响了社会的结构、文化的发展,塑造了各个地区独特的人类文明。

农耕文明在人类发展史上的先驱地位可以追溯到原始社会时期。原始人类的生产力极为有限,对付野兽的能力有限,狩猎相对困难。在这种情况下,采摘野生植物和种植植物成为更为可行的生存方式。原始社会时期,人们逐渐认识到通过采摘和种植植物可以更为可靠地获得食物。农耕文明因此在时间上早于游牧文明的发展。人们开始从事农业,形成了农耕经济,建立了最初的聚居社群。农耕文明的稳定性和可预见性使人们能够更好地进行计划生产和社会组织。随着时间的推移,当人类对动物的驯养能力增强时,畜牧业逐渐独立于农业之外,形成了游牧经济。这种分工的出现使农耕文明和游牧文明成为两种独立而又相互关联的经济类型,产生了不同的文化和社会结构,也构建了明显的地域差异。这一演变过程在人类文明发展中留下了深远的影响。

长城在中国的地理格局中扮演了重要的角色,成为古代农耕与游牧区域划分的标志。从宏观的角度来看,长城以北以西的广阔地区通常是游牧经济区,而长城以南以东的地区则主要是农耕经济区。在长城以南的农耕区域中,河流流域往往形成了冲积平原,拥有适宜的气候、充足的水源,适合植物的生长,从而成为理想的农耕生产区。黄河流域、长江流域、珠江流域、渭水流域、淮河流域等都是农耕经济的典型代表。自然地理学上,农耕文化通常被称为河谷型文化,而游牧文化则被称为草原型文化。这种区分法反映了农耕与游牧在自然环境中的区域差异,具有典型的地理环境特征。尽管长城被用作农耕与游牧区域的宏观分界线,但需要注意的是,在各大片区内仍存在其他局部分界线。例如,在长城以南的农耕区域中,仍然存在一些相对小块的游牧区域,如川西高原地区。这种地理格局的形成不仅反映了自然环境对人类文化的影响,还在一定程度上塑造了中国古代社会的经济结构和文化特征。

长城在中国历史上不仅是地理屏障或军事设施,更是两种不同文化类型之间的自然界线。长城的存在反映了农耕和游牧两种文明之间的互补关系和交流秩序。在中国的历史演进中,农耕经济和游牧经济展现出一种明显的区域特征,两者相互并立、冲突、互补、交融。长城成为这两种文化类型之间的象征,而不仅是一道划定界限的障碍。古代中原王朝修建长城的目的之一是阻挡北方游牧民族南下,这突显了两种文化之间紧密关联的存在。在中国古代的历史发展中,农耕和游牧两种文明之间的互动不仅表现为矛盾和冲突,还体现了它们的互补性和共同构建的中华民族区域历史文明。这种互补关系在中国古代数千年的历史过程中产生了波澜壮阔的文化交流和融合。同时,在气候环境的周期性冷暖变化下,中国古代农耕经济区域与游牧经济区域的边缘界限并非固定不变,而会随着时间发生调整。例如,西北游牧民族多次南迁,游牧区域向南扩展,这与古代中国气候环境的周期性变化密切相关。这种灵活性也为中国古代文明的演进提供了更为复杂和丰富的历史图景。

1.农耕经济

春秋时期以前,中国经历了农耕经济的初期阶段,即农业自然经济的发展。这一时期的特点体现在土地所有制、土地交易,以及农业生产方式上。

首先,土地在这一时期是国有的,体现了"溥天之下,莫非王土;率土之滨,莫非王臣"(《诗经·小雅》)的观念。这意味着土地是属于国家的,但实际上被分封给各级贵族形成领主所有制。这种土地的国有与领主所有相结合构成了这一历史阶段的基础。其次,土地不能自由买卖,即便是贵族也不能在封地之外另行购置土地,因为土地被视为王室赐予的权利,不可私自流通。这种土地交易的限制强化了土地在社会结构中的地位,强调了土地的神圣性。最后,农业生产以集体劳作为主。在广大农村,存在着"八家共井"的农村公社土地所有制。人们在集体中进行劳动,共同参与田地的耕作、收获等活动。这种集体劳作的方式在《诗经》的一些篇章中得到了生动的描写,展现了宗族长老、青壮男子、妇女儿童一同耕作、收获的场景,呈现一种大集体耕作的生活画面。这一时期的农耕经济体现了土地国有和领主所有、土地不可买卖及集体劳动的特征,为中国古代社会的经济结构和社会组织奠定了基础。

东周以后,中国农业自然经济经历了第二个阶段。春秋战国时期,中原地区开始实行牛耕,并使用铁制农具,这标志着农业生产工具的升级。《国语》中提及的"宗庙之牺,为畎亩之勤"以及齐国以铁器耕田的文字证据,都反映了农业技术的进步。随着生产力水平的提高,农业产出的剩余产品增加,土地的争夺和领主之间的冲突变得更为频繁。领主们逐渐认识到,解除农民的人身依附关系,使其拥有私人财产,将促使农民具备更高的生产积极性。为了提高农业生产力,列国通过变法,加速了从领主所有制向地主所有制的转变,以及由集体生产向个体生产的过渡。这一变革在秦汉时期继续发展。在接下来的两千年间,中国的经济形态虽然经历了一些起伏和变化,但基本格局大体上保持不变。农业技术的进步、生产力水平的提高及土地制度的演变,都对中国社会产生了深远的影响。这一演变过程反映了中国古代社会经济结构的动态性和适应性。其特点如下。

第一,土地所有制在中国历史上经历了从国有到私有的演变过程。在春秋战国时期,土地国有和私有并存,但私有逐渐占据主导地位。公田和私田的交错现象出现,土地所有制处于混乱状态,但总体趋势是由土地国有向土地私有发展。商鞅变法中的"制土分民"促使了土地私有化的进程。其他诸侯国的变法也大致相似，使得土地私有的趋势逐渐增强。秦汉以后，土地私有化的趋势依然持续。尽管各个王朝保留了一些国有土地，如屯田、营田、官庄、皇庄等，但土地私有逐渐占据主导地位。土地私有又分为地主土地所有和自耕农土地所有两种形态。在唐代中叶以前，国有土地和自耕农土地仍占据较大比重。然而，随着土地私有化的趋势不断增强，特别是在唐代中叶以后，国有土地减少，自耕农土地逐渐面临被兼并的厄运，地主土地所有制逐渐占据主导地位。这种趋势表明，汉唐时期土地多为豪族地主所有，而宋代以后占有土地的多被称为"田主"，反映了土地占有者逐渐从豪族地主向平民化的庶族地主过渡的变化。土地私有化的趋势，尤其是地主对土地的占有趋势，逐渐成为主流。人们追逐私人田产，将其视为获取富足和安定生活的保障，形成了"田产崇拜"的现象。这种崇拜在中国历史上持续了两千余年，成为社会各阶层争相获取的最重要的私有财产之一。

第二，在中国历史上，土地的所有权经历了从封授到自由买卖的演变。这一演变与土地私有化的趋势互为因果关系，自战国时期延续至明清，土地自由买卖逐渐成为一种风俗。这与殷商西周时期的土地分封制，以及欧洲中世纪的领地世袭制、采邑制有着明显的不同。在古代中国和其他地域，土地的所有权通常来自封授而非买卖。然而，到了春秋时期，这种状况开始发生变化。晋国在春秋时期就已经出现了"爰田"（易田、换田）的现象，即土地买卖的雏形。随着时间的推移，土地买卖在战国时期逐渐普及，赵国将领赵括以赵王所赏赐的金帛广泛购买土地，商鞅在秦国推行"除井田，民得卖买"土地的政策，使土地自由买卖逐渐合法化和普遍化。《韩非子》中也记述了"中牟之人弃其田耘，卖宅圃"的情形。随着商品经济的发展，自秦汉时期一直到明清时期，土地买卖的频繁程度逐渐增加。在魏晋南北朝时期，土地主要由豪族占据，较少发生买卖，但到了宋代，土地频繁转手的现象变得广泛，有谚语说"贫富无定势，田宅无定主，有钱则买，无钱则卖"（宋代袁采《袁氏世范》）。在明清时期，甚至有"千年田地八百主"的谣言。尽管在秦汉至明清时期，皇帝会赏赐贵族土地，但这些土地一旦落入贵族之手，也可以典质、变卖,融入土地自由买卖的潮流之中。

土地自由买卖的推行对中国社会产生了重要影响,其中一个显著结果是贵族等级制度的淡化。与欧洲中世纪存在的世袭贵族政治和等级结构不同,自秦汉至明清时期,中国社会的等级结构逐渐松弛无序。首先,经济上的贫富变动导致政治上的爵位买卖成为常态。在秦汉时期,"纳粟拜爵"普遍存在,"以货为郎"和"民得卖爵"也屡见不鲜(《史记》)。到了明清时期,买官赏爵更加普遍,甚至官爵的价值以明码实价标示,成为朝廷财政收入的一部分。其次,官僚选拔逐渐摆脱等级身份的束缚。在魏晋南北朝时期,曾经出现等级制度回潮,官僚选拔更加注重家世门第。然而,从隋唐至明清,推行的科举制度打破了世家大族对官职的垄断,向广大庶族地主和自耕农开放政权。科举制度使任何没有特权身份的读书人,只要通过"苦读诗书",都有机会通过"学而优则仕"的途径跻身官僚行列。这一举措极大地拓宽了政治统治基础,也是中国封建社会文化长期领先于当时世界的重要原因。

第三,在中国社会演进的过程中,单家独户经营、男耕女织的小农经济逐渐占据主导地位。从春秋战国到秦汉时期,领主经济向地主经济过渡,集体生产逐渐演变为个体生产。在这一演变过程中,小规模的家庭耕作制逐渐替代了大规模的集体耕作制。在春秋战国时期,集体生产由"千耦其耘""十千维耦"的大规模耕作演变为"二十五家为一社"的小规模集体耕作,最终发展为个体农户的家庭耕作制。在战国时期,农户家庭成为封闭自足的生产单位,男子负责耕作,女子从事纺织,形成一个相对封闭的自给自足机制。战国时代是关键时期,各国纷纷采取措施,推动农业生产小家庭化和土地私有化。商鞅变法更是在国家层面促进了个体农业经济的发展。对个体农户的鼓励也与手工业的小家庭化发展相辅相成,特别是在提供衣物的纺织业中,家庭纺织业占据主导地位。这种男耕女织的经济形态,成为古代中国生产方式的基础,强化了自然经济的生命基础。

战国以来,历代诸朝虽然曾推行过带有军事性质的集体生产的屯田制,但在整个社会中,占主导地位的经营方式仍然是生产与消费的全过程在单家独户内完成的小农经济。这种自给自足的小农业与家庭手工业相结合的经济结构从战国时期开始出现,到了秦汉时期得以确立,并在后来的历史中基本延续,即使发生了一些起伏变化。这种经济方式的显著特点在于,自给自足的自然经济占据主导地位。农民不仅生产自己需要的农产品,而且生产自己需要的大部分手工业品。地主和贵族虽然从农民那里剥削地租,但主要是用于自己的消费,而非用于交换。尽管在这个时期交换活动逐渐发展,但它在整个经济中并没有起到决定性的作用。这表现为一个相对封闭的自给自足机制,强调了家庭经济的独立性和自主性。

在过去的两千多年中,中国社会的基础主要建立在小农业与家庭手工业相结合的自然经济上,同时还有与之相辅相成的地主、自耕农土地占有制。这种经济结构形成了一个完备的自给自足的封闭系统,具备自发的调节能力。由于它缩短了原材料到生产过程和产品到消费过程的距离,使得产品更加廉价,从而对商品经济表现出强劲的抗御力。这种自然经济在中国难以解体,主要因为它的这些特性。如果说在土地王有、集体生产的农村公社和领主经济的土壤中培养了殷商西周神权至上的官学文化,那么在土地由地主、自耕农所有,个体生产的小农经济的土壤中,则培养了崛起于晚周的以民本思潮和专制主义为两翼的百家争鸣的私学文化。在秦汉以后,这一文化逐渐定型为以儒学为正宗、兼纳百家、融汇释道的文化。总体而言,要理解中国传统文化的基本性格和发展大势,除需要关注文化自身的逻辑外,还应该理解文化得以运行的经济助力。至少,对中国传统的农业型自然经济前后两个时期的基本状态有一个准确的认识。

2. 游牧经济

游牧经济是一种专业化、非自足性的经济类型,对农耕社会有着一定的依赖性。这种经济形式的发展需要整个社会的生产和交换相当程度的发展,以及种植和游牧技术的进步。马的驯化和传播在欧亚草原游牧兴起中扮演了关键角色,而黄河流域以南农耕经济的发展与中国西北游牧民族的繁荣形成了鲜明的对比。"天苍苍,野茫茫,风吹草低见牛羊"(《敕勒歌》)生动地表达了这一地区的自然景观和经济特点。自先秦时期开始,中国西北地区就孕育出了一系列彪悍善战的游牧民族,如匈奴、鲜卑、羯、氐、羌等。

这些民族以部族和部落联盟为基础,通常居无定所,以逐水草而居为生。他们的生活方式注重骑射,而且大多数没有形成独立的文字系统。

钱穆在《中国文化史导论》中将文明和文化的区别概括为外在和物质方面的文明,以及内在和精神方面的文化。他指出,文明更侧重于外在、物质层面,而文化更注重内在、精神层面。在论及人类文化的源头时,他将其大致归纳为三种类型:游牧文化、农耕文化、商业文化。这种分类方式强调了不同生产方式和经济结构对文化的影响。游牧文化强调流动、进取,因为其生活方式内在不足,需要向外寻求资源。农耕文化则以自给自足、静定、保守为特点,因为它可以在一地继续生产,不需要不断外求。商业文化则介于两者之间,注重交流、互动。在中国历史上,游牧经济和农耕经济长期相互影响,相互依存。两者之间存在战争和掠夺,同时也有和亲、互市,以及使臣、学者、书籍等方面的往来和交流。这种相互关系不仅塑造了中国的历史面貌,也对文化传承产生了深远的影响。

(二)两大文化类型的差异

农耕文化和游牧文化在中国古代发展过程中呈现许多不同的特点,这些差异不仅表现在经济结构上,还体现在社会、文化等方面。

1.农耕文化的特点

产生发展于农耕经济区的农耕文化,主要有以下特点。

第一,农耕社会的生活模式受到自然环境的影响,对和谐、安定的追求也在文化中得以体现。尤其是农耕文化对季节变化的高度依赖,使得人们更注重和谐有序的生产安排。对天时自然的顺应,确保农事活动有条不紊地进行,形成了一种和谐的生产秩序。这种和谐性也反映在社会关系中,家庭和村落作为基本单位,形成了相对稳定的社会结构。防守性和不尚武力的文化特征也是其有趣的一点。农耕社会可能更注重守成,维持自身的安全和稳定。这种心态在军事上表现为防御性,强调修筑防线,保卫故土。长城的修筑正是一个生动的例证,为了自身的安全,农耕社会愿意进行艰苦的劳动来构筑防线,而不是追求扩张和征服。这些文化特征也在一定程度上塑造了中国古代社会的面貌,影响了政治、经济、社会等多个方面。这种对和谐、安定的追求和对防御性的偏好,在一定程度上也反映了人们对于平和生活的向往。

第二,农耕文化将土地视为最基本的生产资料。农耕社会的生产依赖于土地,而土地成为农耕居民的根和希望。这种对土地的强烈依恋体现为对故乡的死守,农耕居民通常表现出固守一隅的态度,生于斯死于斯,体现了对土地的深情。农耕文化培养了浓厚的乡土情怀,农耕居民对家乡的依恋形成了浓厚的凝聚力。这种凝聚力从乡土升华为民族凝聚力,因为农耕文化强调以土地为基础,因而易于培养人们对祖国的热爱。这种情感是民族凝聚力的基础,使中华民族在历史长河中保持了强大的凝聚力。农耕文化带来的稳定心态反映在社会生产中,表现为一种不急不躁的态度。农耕居民对土地的强烈依恋,使他们更愿意守成,保持自身的安全和稳定。这在军事防御上表现为防守性的策略,如修筑长城。同时,这种不急不躁的态度也影响了社会发展,使农耕文化更加倾向于守成和守旧。由于农耕文化在本土形成了强大的凝聚力,因此对外来文化有着较强的吸纳消化能力。农耕社会对其他文化表现出宽容大度,通过吸纳和消化异质文化,实现了自身的不断丰富和发展。这种容纳性有助于形成博大精深的主体文化。总体而言,这一说法深刻揭示了农耕文化在土地、家乡和民族认同等方面的核心特征,以及这些特征在塑造中华民族文化中的重要作用。

第三,农耕文化强调劳动的重要性,农耕社会中的农民必须亲自参与繁重的农事活动。这促使农耕居民形成了兢兢业业、脚踏实地的工作态度。自力更生的精神体现在农耕社会人们不仅勤劳耕种,而且要学会解决各种实际问题,使生产自给自足成为可能。由于农耕文化的影响,农耕居民培养了知足常乐的社会心态。农民在辛勤劳作的同时,也因为自给自足,不对外依赖,从而在现状中找到满足感。这种心态反映出一种满足于俭朴生活的文化传统。与急于求变的文化相比,农耕文化注重守成。农耕居民通常对生产方式和生活方式保持相对稳定,不轻易变革。这一特征在社会和文化传承中形成了一种安于现状、守成为主的特质,使社会保持相对的稳定性。总体而言,这一部分描述了农耕文化中对实际劳动和现实生活的关注,形成了一种自给自足、知足常乐、安于现状的文化性格。

第四,安土重迁,定居封闭,因循守旧,缺乏开拓创新意识。首先,农耕需要固定在土地上,这就导致了人们长期定居在一个地方,生活比较稳定,但也容易陷入狭隘的视野。因为他们习惯了按照季节的变化进行农事活动,而这种定期的重复使他们对于其他可能性的探索和开发不够敏感。其次,长期在同一片土地上生活,容易形成对传统的依赖和固守,不愿意尝试新的事物或者改变旧有的生产方式。这种保守和因循守旧的倾向,使得农耕文化相对缺乏开拓创新的精神。而且由于人们习惯了安于故土,很难有迁徙的冲动,缺乏探险和冒险的愿望。这也导致了缺乏与外界文化的交流和融合,形成了相对封闭的文化体系。总的来说,这些特点受到古代中国农耕社会地理环境和生产方式的制约,反映了一种相对守旧和封闭的文化氛围。

2. 游牧文化的特点

产生发展于游牧经济区的游牧文化,主要有以下特点。

第一,流动外向,开拓进取。游牧文化的特点就是与农耕文化形成鲜明对比。首先,它的流动性非常强,因为游牧生产需要跟随水草资源的分布而不断迁徙。这种流动性使得游牧文化带有极强的外向性,他们不仅要适应自己家族群体内部的流动,还需要面对与其他游牧群体的接触和交往。这种外向性导致了他们对陌生事物和陌生土地的开放态度,形成了一种勇于冒险、开拓进取的文化精神。其次,游牧文化是一种在不同地域间不断转换的文化,他们需要适应不同的环境和资源,这就促使他们具有开放的视野,愿意尝试新的生产方式和生活方式。与农耕文化相比,游牧文化更容易接触到多样化的经验和文化元素,这也促成了他们在开拓创新方面的优势。总体来说,游牧文化具有流动性、外向性、开拓进取的特点,这些特点是由游牧生产方式的基本要求决定的。这样的文化精神使得游牧民族更容易适应多变的环境,具备冒险精神和创新意识。

第二,勇敢强悍,崇尚武力。游牧文化的另一个显著特点就是强调勇气、强悍和崇尚武力。这源于游牧生产的特殊性,起初是从原始的狩猎活动发展而来,而狩猎活动常常需要直面野兽的威胁,培养了游牧民族强健的体魄和敢于冒险的性格。随着畜牧业的产生和发展,他们不仅需要保护自己免受野兽袭击,还要应对草原上的暴风雨等自然灾害的威胁。这使得他们的生产生活环境异常紧张、刺激和充满危险。这种特殊的环境不仅锻炼了游牧居民的身体素质,还塑造了他们勇敢坚韧、崇尚武力的精神。相较之下,农耕民族的生产方式相对轻松安全,没有与野兽搏斗的紧张和刺激。农耕的规律性和季节性使得生产节奏缓慢,培养出了相对平稳和谐的生活方式,缺乏与游牧文化相比的强调武力和勇气的精神。这一差异在军事冲突中也显现出来,不尚武力的农耕民族在与游牧民族的冲突中常常处于劣势。游牧文化的强调武力和勇气的特点,使得他们在战争中更具竞争力。

第三,扩张进攻,掠夺性强。游牧文化的扩张性和进攻性是与其流动性、外向性相伴随的结果。由于游牧生产需要广阔的草原来支撑牲畜,游牧民族常常不断外向流动,扩展他们的地理空间。这个扩张的过程不可避免地会与其他部落群体争夺有利的水草资源,导致冲突甚至战争。在这样的战争中,战胜的一方往往会将战败方作为掠夺对象,占领水草场地,夺取人口、牲畜和财物。特别是在面对气候变化、水草减少等生存压力时,游牧居民可能会大规模集结起来袭击农耕居民,以掠夺粮食、牲畜和其他财物来解决生存问题。游牧民族强调勇气、崇尚武力的特点使得他们在对外扩张和掠夺中具有一定的优势,更具有进攻性。这种进攻性的行为也反映了他们在面对资源竞争和生存压力时的决断和果敢。总的来说,游牧文化的扩张进攻性源自对水草资源的争夺,以及在面对生存压力时采取的应对措施。这种行为方式使得游牧民族在征服和掠夺方面表现出一些优势。

第四,地域转换频繁,文化缺乏稳定。游牧文化因其流动性而缺乏稳定性,这是一个非常明显的特点。由于游牧生产方式的要求,游牧民族频繁进行地域转换和迁徙,导致他们没有像农耕民族那样牢固的乡土地缘根基。这种不断的地域迁移使得游牧文化难以形成稳定的文化体系,相对容易受到外来文化的影响,也难以在自身文化中形成持久的传统和价值体系。与农耕文化相比,游牧文化缺乏的稳定性使得其文化更容易被其他文化类型吸收、改造或融合。这在中国古代多元文化格局中表现得尤为明显。农耕文化与游牧文化的巨大异质差异不仅构成了中国传统文化的多样性和丰富性，同时也导致了两者之间的矛盾冲突。这种矛盾与冲突在中华民族的历史发展中留下了无数血与火的痕迹，是历史的艰难考验。总的来说，游牧文化的非稳定性与地域转换频繁的特点，为中国传统文化的发展注入了多样性，但也为文化之间的矛盾带来了挑战。这种历史冲突与磨难，塑造了中华民族的历史面貌。

（三）两大经济类型民族的对垒冲突

中国古代的南北抗衡史是农耕地理区域与游牧地理区域之间长期的矛盾与冲突。长城以外的北方游牧民族与长城以内的南方农耕民族之间的对峙和战争，以及游牧民族对农耕民族的大举进攻，构成了中国古代历史的一个显著特征。西周政权在公元前 771 年面临西北游牧民族犬戎的进攻而崩塌，使中原农耕民族陷入极大的恐慌。为了应对西北游牧民族南下的军事威胁，自战国时期开始，中原地区就修筑了长城，以防御游牧民族的大规模进攻。然而，即便有了长城这一南北分隔的屏障，游牧民族攻入长城以内、建立政权并统治农耕地区的历史事例也不胜枚举，包括匈奴、女真、蒙古、满族等。这些军事征服带来了强大王朝的建立，但也伴随着对农耕民族的民族压迫和歧视。游牧民族的进攻常常伴随着残暴的行为，如在蒙古人占领中原地区过程中，其军队大量掠夺人口并将他们分配为奴隶。反抗的农耕民族则遭受野蛮屠杀，造成了许多流血悲剧。这一段历史凸显了农耕生产与游牧生产不同生产方式引起的矛盾冲突，以及这种冲突对中国古代历史的深远影响。南北抗衡的历史表明，地理环境与生产方式的不同，导致了中原农耕民族与北方游牧民族之间的长期对抗与纷争。

游牧民族主要依赖畜牧业生产，对农业生产缺乏了解和重视，导致了一系列对农耕区域的破坏和冲突。这些破坏和冲突不仅仅是在言论上的分歧，更体现在实际行动中——对农耕区域的生产设施和资源的非理性利用。这样的矛盾冲突不仅对当地的农耕社会造成了经济上的损害，也加深了两种文化之间的隔阂。游牧民族进入农耕区域所带来的生产方式冲突，使得这些地区的社会生态系统受到了严重破坏。

气候变化导致北方游牧民族南下是一方面,而游牧民族的扩张性和掠夺性则是另一方面。气候变冷使得北方的草原水草减少,牲畜难以维持生存,因此游牧民族被迫寻找新的生存空间,南下迁徙成为一种生存的必然选择。这种南下的迁徙在一定程度上是对自然环境变化的适应,但也引发了与南方农耕民族的竞争和冲突。游牧民族的社会形态和生产方式,尤其是原始父系部落联盟阶段或阶级社会初期的游牧部落,通常具有很强的军事掠夺能力。他们倚仗这种能力,通过对农耕区域的扩张和掠夺来获取财富。战争掠夺成为获取资源、牲畜和奴隶的有效手段,从而加深了与农耕民族之间的矛盾。这两方面因素共同作用,使得中国历史上发生了多次北方游牧民族向南迁徙并与南方农耕民族发生冲突的情况。这些矛盾和冲突也在一定程度上影响了中华民族的演进和历史进程。

在历史上,尽管游牧民族与农耕民族之间存在着矛盾和冲突,但游牧民族也在某种程度上为中华民族的发展壮大做出了积极的贡献。游牧民族的进取性和开拓性精神,以及他们独特的行为方式,对古代统一的多民族国家的形成和发展产生了深远的影响。他们的南下迁徙和征服活动,推动了社会结构的变革,促进了文化、技术、经济的交流与融合。一些游牧民族也在建立了统一的政权后,对中原地区进行了有效的治理和管理,为中华文明的繁荣创造了条件。尽管历史上存在着冲突和战争,但在整个中华民族的历史长河中,各民族之间的互动和交流也形成了多元而丰富的文化传统。每个民族都在中华文明的发展中留下了自己的独特印记,为中华民族的多元一体、和谐发展做出了贡献。

(四)两大经济类型文化的融合互补

在中国古代历史长河中,农耕文化与游牧文化是两个基本的、相对独立却又相互影响、交融发展的文化体系。它们之间的对立和冲突,同时也推动了彼此的交流、融合和发展。通过迁徙、互市、和亲、使臣往来等途径,农耕民族与游牧民族之间展开了复杂而丰富的交往。这种交往不仅在经济上有所互补,在文化、技术、艺术等层面也产生了深远的影响。这些文化的碰撞与融合,并非一味地取代对方,而是逐渐形成了中华文明的多元化格局。农耕文化的蓬勃发展,部分得益于游牧文化的刺激和影响。两者的交流不仅促进了各自文化的进步,也在一定程度上为中华文明的整体发展提供了动力。这种文化的有机融合,最终形成了中华民族独特的文化特色,为中华文明的繁荣与传承奠定了基础。

1. 错落杂居的民族地理分布,有利于民族融合

内迁的游牧民族进入中原地区后,与农耕民族的交往与互动不可避免地引起了文化的相互影响。这一过程不仅是单向的,即农耕文化影响游牧文化;同时也是双向的,游牧文化对农耕文化的影响同样显著。内迁游牧民族在新的环境中逐渐定居,并接触到先进的农耕文化,这推动了他们的生产方式发生重大变革。在民族同化或融合的过程中,内迁游牧民族逐渐转向农业生产,定居下来,同时在组织结构和社会制度上也呈现封建化的趋势。这种变革并非简单的文化置换,而是一种相互吸收、逐步融合的过程。这一历史现象不仅反映了文化的交融,也揭示了社会结构的演变。汉族人迁徙至北方游牧区域并发生"胡化"的现象则是一个重要的反向过程。这种双向的文化交流与融合,最终形成了中国古代社会的多元一体化格局。这样的历史进程,既充实了中华文明的内涵,也为中华民族的形成与发展贡献了丰富多样的元素。

2. 民族融合的途径

在中国古代的历史进程中,进入农耕地区的游牧民族主要通过以下三种途径融入汉族大家庭。

第一,生产实践途径。生产实践途径的变革是游牧民族融入汉族大家庭的核心。通过接触和学习汉族的农耕生产方式,游牧民族逐渐放弃了原有的游牧生活方式,转向了农耕定居的生产模式。这一变革不仅在经济结构上产生深远影响,还导致社会组织、制度、文化等多个层面的调整。从流动性到定居,从游牧到农耕,这种根本的经济方式的改变带动了整个社会结构的变革。随着土地的分配和定居,原本的游牧部落结构逐渐解体,取而代之的是以地著为居民划分标准的郡县编户制度。这种编户制度不仅改变了

社会的组织形式,也促进了游牧民族对汉族社会结构的同化。生产实践的变革还在文化上产生了深刻的影响。游牧民族通过学习汉族的农耕技术、灌溉制度等,逐渐形成了新的文化模式。语言、宗教、礼仪等方面的变化都是经济生活方式改变的副产品。这一过程中,游牧民族与汉族之间的文化差异逐渐减小,最终导致他们的文化逐渐同化。总的来说,生产实践途径的变革是游牧民族融入汉族社会的关键一环,也是中华文明多元一体的独特之处。

第二,婚姻关系途径。婚姻关系途径的确是一个强大的文化交流和融合途径。婚姻关系不仅是家庭的建立,更是不同文化、血统的交汇点。通过通婚,不同民族之间的个体建立了亲密的关系,促进了文化的交流和传承。在古代中国,特别是在北方游牧民族与农耕民族的交往中,通婚是一种非常普遍的现象。政策上的鼓励通婚,使得胡、汉之间的婚姻关系成为加速融合的桥梁。这种婚姻关系的建立不仅在亲属间促进了文化的传承,还为两个不同族群的个体提供了更直接的了解和认同的途径。通过婚姻途径的融合,游牧民族和农耕民族的差异逐渐淡化。家庭成为文化传承的场所,孩子在这样的环境中早早地接受双方文化的影响,形成了一种更加复杂而富有包容性的文化体系。这种深层次的文化融合也反映在后代的思想观念、语言习惯等方面,为中华文明的多元一体奠定了基础。在这个过程中,婚姻关系不仅是个体层面的融合,更是文化的传承和演变。通过这种方式,不同民族之间的联系变得更加紧密,形成了丰富多彩的文化交汇。

第三,权力推动途径。权力推动型的"汉化"是一个具有强制性而直接的手段。这种方式建立的目的是加强他们对被统治地区的控制,稳固统治地位。通过改革本民族的语言、服饰、姓氏等传统习俗,统治者试图将其统治下的民族迅速融入汉族文化体系。这种方式在历史上多次发生,如北魏孝文帝宣布废除鲜卑语等,以及元世祖忽必烈在元代实施的汉化政策。这种权力推动型的"汉化"往往是在统治者具有相对强大的中央集权的情况下实施的,通过政治手段强制进行文化融合。这样的汉化过程带有强烈的统一主义色彩,统治者通过规范和标准化文化习俗,试图在被统治地区建立起更加一致的文化认同。这对于统治者来说有助于加强国家的统一和稳定，同时也推动了文化的传播和融合。然而，这种权力推动型的"汉化"也往往引起了被统治民族的反感和抵制，因为它直接干涉了个体的文化认同和传统生活方式。这种文化政策往往在长期中产生了各种社会矛盾和冲突。

总之，农耕文明作为一种相对稳定和高度发展的文明形式，具有强大的吸引力和融合力。在农耕文明的环境中，游牧民族逐渐接触到先进的农业生产方式、社会组织形式、文化传承等方面的特征，这种接触不仅是一种经济层面上的互动，更是一场对文化身份的重新认同。通过生产实践途径，游牧民族不得不适应中原的农耕方式，这不仅改变了他们的生产方式，也导致了社会组织结构的变革。游牧生产方式的不稳定性在农耕文明的稳定性面前渐显劣势，因此，为了生存和繁衍，游牧民族选择融入农耕文明。婚姻关系途径则通过血缘关系的混合，加速了文化融合的进程。通过通婚，两个不同文化背景的族群在家庭层面发生融合，这直接促进了文化认同和社会交往的发展。这也是一种文化的"渗透"，通过亲缘关系，文化元素在个体层面得以传承和融合。权力推动途径则是一种较为强制性的文化整合方式，通过政治手段和权威力量的推动，强迫游牧民族融入中原的农耕文化。这种方式在强大中央集权的政权下，更容易实施，但也常常伴随着社会的不满和抵制。这三种途径相互交织，使得游牧民族在逐渐融入农耕文明的过程中，经历了深刻的文化变革。这也是中国古代多元文化最终形成一体的历史进程中的一个关键方面。

3. 民族融合的"永恒规律"

在中国的历史进程中，农耕民族的发展程度相对较高，农业生产方式也更为先进，这使得进入中原农耕区域的游牧民族在接触到这种文明和生产方式时，逐渐被吸引、同化。农耕文明的稳定性和高度发展，以及对社会组织、制度、文化等方面的引导，使得游牧民族在融合的过程中难以保持自身原有的特色。尤其是在政治、社会制度、文化等方面，农耕文明的强大影响力在游牧民族中会产生深远的变革。政权的建立、制度的改变，甚至包括语言、服饰、风俗习惯等方面的同化，都是这一融合规律的表现。

4.民族融合的历史意义

游牧民族进入中原地区,与农耕民族在文化上相互交流、融合,促进了中原文明的传承和发展。这种融合在语言、艺术、哲学等方面产生了深远的影响,形成了中华文明的多元一体化格局。游牧民族在统治中原地区后,逐渐融入汉族的政治制度,学习并改进了农耕文化的政治理念。这导致了政治结构的演变,如魏晋南北朝时期的政治制度就是游牧和农耕文化融合的产物。游牧民族在中原地区采纳农耕生产方式,改变了原有的畜牧经济结构,促使经济体系发生演变。这对当地经济的多样性和稳定性产生了积极影响。

第一,极大丰富了农耕民族的物质和精神文化生活。这种文化和物质的交流,实际上是一种文明的融合,形成了新的文化元素,让社会更加多元和富有活力。这种跨文化的融合对于社会的发展是有益的,它不仅促进了农耕民族社会的进步,也使得不同文化间能够互相启发,形成更加丰富和包容的文明。这个过程中,人们学习了新的技艺、欣赏了不同的艺术形式,甚至改变了生活方式和社交习惯,这些都是文化融合所带来的成果。这也表明了文明的传播和融合是一个动态的过程,各个文化之间的相互渗透和互动,使得社会更加充满活力。这种融合和创新,实际上也是文化传承和发展的一种方式,通过接纳外来文化元素,使得本土文化更富有创造性和适应性。

第二,多民族的融合对古代中国的发展产生了深远的影响。这种融合不仅在文化上互相影响,更在政治、经济、社会等层面上推动了中国封建社会的繁荣。历史上的几次民族大融合成为中国封建社会演进的关键时期。春秋战国时期和魏晋南北朝时期,这两个时期的多民族融合为后来的秦汉和隋唐时期的统一国家打下了坚实的基础。在政治上,不同民族的统一有助于减少内部冲突,形成强大的国家力量。这对于建立和维持一个大一统的封建王朝来说是至关重要的。在经济上,各民族的文化、技艺、经验的交流促进了社会的繁荣。这也导致了城市的兴起和贸易的繁荣,为整个国家的经济提供了活力。最重要的是,这种融合不仅是表面上的统一,更是在文化、民族关系上的和谐。唐代所展现的华夷一家的局面是中国封建社会中的巅峰之一,这种和谐的民族关系成为当时社会的一大特色,也为盛唐时期的繁荣奠定了基础。

第三,在历史长河中,多民族的融合形成了多元的文化、语言、风俗等。这种多元性不仅丰富了中华民族的文化内涵,也促进了中华民族的繁荣和发展。这种融合并非简单的同化,而是一种相互影响、共同发展的过程。多民族的融合为整个中华文明注入了活力,推动了整个民族的进步。这种多元一体的特性,使中华民族拥有了广泛的文化底蕴和创造力。

第二章　中国传统文化的发展

第一节　中国传统文化的孕育期：先秦

一、上古：中国传统文化的发生

　　盘古和女娲的传说是中国古代关于创世和人类起源的神话传说，体现了人们对于自身存在和宇宙生成的探索和想象。这些神话传说不仅是文化传承的一部分，也反映了古代中国人对生命和自然的理解。在盘古开天创世传说中，盘古是天地混沌中诞生的神祇，他在一万八千岁的时间里开辟了天地，形成了天、地、日、月、山、河等自然元素。盘古的各个身体部分代表了不同的自然现象，如日月星辰、山川河流等。这个神话传说通过富有想象力的描绘，试图解释天地万物的形成和运行。在女娲造人的神话传说中，女娲以黄土塑造了人类，并通过神奇的手法使他们成活。为了解决人类的死亡问题，女娲创造了男女婚配，让人类能够自行繁衍后代。这个神话传说强调了创世神明的智慧和对人类生存问题的关切。这些传说虽然在现代看来是幻想的产物，但它们反映了古代人类对于生命、自然和宇宙的探求和思考。神话传说是古代人类文化的一部分，通过这些故事，人们试图理解自己存在的意义、掌握自然规律，并传承文化智慧。在今天，这些神话依然是中国传统文化的一部分，作为文化符号传承着古代人类对于宇宙奥秘的独特理解。

　　在距今 3 亿年前的古生代石炭纪，原始大陆是一个整体。然而，到了历时 7 900 万年的中生代白垩纪，大陆开始破裂为几大板块，并在板块之间发生横向位移和碰撞。这些板块的漂移和碰撞对地壳产生了深刻的影响。根据古地磁的测量结果,大约 6 500 万年前,印度板块脱离了冈瓦纳大陆,向北漂移,最终与欧亚板块发生了碰撞。这一碰撞引起了新的构造运动,其中最显著的结果是喜马拉雅山脉的隆起。由于巨大的挤压作用,喜马拉雅山脉在东经 100°附近形成了南北走向、高山深谷、褶皱密集的横断山脉。这一地质变动不仅改变了地形,还对生态环境产生了深远的影响。原有的热带和亚热带森林景观消失,取而代之的是疏林草原景观。这一变化推动了生物的进化。在横断山脉东侧地区,由于地壳剧烈运动,生态环境发生巨大变化。原有的温暖气候消失,为了生存,动物们不得不适应新的环境。腊玛古猿就是在这样的环境中生存的,它们由于原有生态条件的消失,被迫下到地面,采用两足站立的方式,这被认为是生物进化链中关键的一步,标志着向人的进化。在这个地区,特别是云南元谋,人类的祖先留下了距今 170 万年的猿人化石,被命名为元谋猿人。随后,中国的不同地区陆续发现了多个时期的人类化石,如陕西蓝田人、北京人、河南南召人、安徽合县人等。这些人类化石的发现记录了人类在漫长的历史中的不同阶段的进化。总体而言,中国大陆的地质演变和生物进化历程是地球历史中令人瞩目的一部分,通过科学研究揭示了地球和生命的奥秘。

中国传统文化的曙光可追溯到旧石器时代,这一时期中华先民在极为艰苦的条件下,通过使用打制石器,逐渐适应并改造自然环境,形成了独特的文化。其中,火的使用是旧石器时代的先民取得的一项划时代的文化成就。使用火的能力被恩格斯称为“第一次使人支配了一种自然力,从而最终把人同动物界分开”[1]。在中国上古神话传说中,取火技术的发明归功于燧人氏、伏羲或黄帝等多个版本,反映了原始初民通过广泛的实践才最终发明了取火技术的文化历程。

随着时间的推移,中华先民的石器制作工艺水平逐渐提高,磨制的精致石器逐渐取代了较粗糙的打制石器。从距今约 7 000 年开始,中华先民进入了新石器时代。新石器时代的物质文化领域发生了重大革命,农业、畜牧业

---

[1]马克思,恩格斯:《马克思恩格斯文集(第 9 卷)》,中共中央马克思恩格斯列宁斯大林著作编译局译,人民出版社,2009。

逐渐取代了采集和狩猎,成为首要的生产方式。在这一时期,人们通过长期的采集活动发现了植物生长的周期性规律,开始人工种植可供食用的野生植物,这标志着农业的起源。中国上古神话中也有一些美妙的传说,如神农耕作、伏羲钻木取火,反映了对农业起源的古老记忆。这一时期的农业基础为中国传统文化的发展奠定了基础,新石器时代的先民的劳动与创造,为后来中国传统文化的繁荣发展打下了坚实的基础。

龙作为中华民族的象征,承载着深厚的文化内涵。在人类能够区分主客体之后,先民开始对自然现象提出各种疑问和解释,其中梦幻的经历引发了他们对"灵魂"存在的观念。这种观念逐渐扩展,梦中的激烈争斗、危险狩猎,以及成功失败的情景,使得先民对于"灵魂"的存在有了独特的认知,他们认为"灵魂"在人体内寄宿、不受身体约束、能够在人们睡梦中或死亡后离开躯体自由活动。

自然崇拜是中华先民最早的宗教信仰之一。他们深刻感受到自然的存在及其强大的力量,将自然物和自然力视为最古老的崇拜对象。太阳的照耀、土地的滋养被认为是他们生存的根本依靠,因此太阳和土地成为被虔诚供奉的神灵。这种自然崇拜反映了先民对生存环境的敬畏与依赖。

祖先崇拜则源于先民对自身繁衍的关注。生殖崇拜使他们崇敬创造生命的祖先,尤其在母系社会,女性祖先被供奉为重要的神灵。随着父系社会的兴起,男性祖先也逐渐成为供奉的对象。祖先崇拜常伴随着严格的仪式,先民通过这些仪式虔诚地寄托对祖先创造生命的崇敬之情。[①]

这些宗教信仰构成了中华民族丰富的宇宙观和价值观,为后来的文化传承和发展奠定了基础。

图腾崇拜在中华先民中具有重要地位。图腾一词来源于美洲印第安人的语言,表示氏族的徽号或标志。在新石器时代,中华先民相信自己的氏族与某种动植物或无生命的事物有特殊的联系,将其作为氏族的崇拜对象和标志,即图腾。图腾可以是自然物,也可以是抽象概念,如龙、凤等。这些图

---

①云杉:《文化自觉 文化自信 文化自强——对繁荣发展中国特色社会主义文化的思考(下)》,《红旗文稿》2010年第17期。

腾反映了先民对自然力量的崇敬和对氏族起源的神秘认知。考古发现和神话传说中都存在丰富的图腾崇拜的资料。例如,黄帝率领六兽搏斗的神话中,这六兽实际代表六个具有不同图腾的氏族。在河姆渡遗址、陕西半坡遗址等地,出土的器物上刻有鸟、鱼、兽等的图案,这些都是对应氏族图腾的象征。在南北不同的新石器时代文化遗址中都发现了龙的图腾,表明中华对龙的崇拜至少有五千年的历史。龙作为图腾的一部分,具有多元的形象,包括龙头似牛、猪、熊、虎,龙身似蛇、鱼,龙爪似禽。这种多元的形象可能是不同氏族图腾的拼合,代表着地域划分下的全民族保护神。中国传统文化的多元发展不仅有考古学的证据,也在神话传说、民族学和民俗学中得到了说明。中华民族的多元组成和中国传统文化的多元发展相辅相成。中华先民早期自称"诸夏"或"华夏",这一族群形成于黄土高原,分为黄帝和炎帝两支,黄帝是五帝之首,而炎帝是其弟。夏、商、周等历史时期的始祖也与黄帝有关。这些不同的族群在融合中形成了中国传统文化的多元性。

黄帝作为中华民族共同祭奠的先祖,是中国传统文化的代表性人物。根据传说,商人的始祖契相传为黄帝的曾孙,而周人的始祖后稷则与黄帝的元妃有关。这些神话传说体现了对黄帝作为中华民族祖先的尊崇。在中华民族的远古历史中,黄帝与炎帝进行了激烈的争斗,最终炎帝溃败并流落东方。炎帝的后裔蚩尤向华夏集团发起了进攻,导致了一场决定性的战斗。在"涿鹿之野",黄帝与蚩尤进行了决一死战,最终黄帝抓住了蚩尤并将其处死。这场战斗的胜利加强了华夏集团在中原地区的地位。随后,华夏集团又在与苗蛮集团的冲突中取得了胜利。连续的胜利巩固了华夏集团在中华民族及其文化多元发生中的主导地位。这使得"华夏"成为中华民族的历史称号,代表着中国传统文化的主流。这些神话传说反映了古代中华先民对于历史起源和族群关系的探索与想象。这些故事拥有极为神秘的色彩,并在文化传承中扮演了重要的角色,塑造了中国传统文化的核心价值观和历史认同。

二、殷商西周：从神本走向人本

商代文化的发展经历了一个由以神为本向以人为本转变的过程。在早期，人类对自然的敬畏和对神灵的信仰是文化的基石。在殷商文化的初始阶段，商人主要从事游耕农业，他们的都城也在不断变迁。然而，随着时间的推移，商人对自身能力的信心逐渐增强，实践经验的积累使得他们更加依赖人本的力量。在商代文化中，盘庚时期是一个重要的阶段。在盘庚的领导下，商族从奄（今山东曲阜）迁徙并定都于殷（今河南安阳）。这一时期的发展标志着商代文化的繁荣和人本思想的逐渐升温。

商代后期，商文化中崇拜神灵的传统逐渐淡化，而更加注重社会秩序、政治制度和人类努力的体现。商代文化的这一演变，是文化发展中一种从以神为本向以人为本转变的体现。商文化的特征和成就也为后来的文化奠定了基础，为中国历史文化的发展留下了深刻的痕迹。

甲骨文的出现是中国文字发展中的一个重要里程碑。从科学的角度看，汉字的演变是一个历经时光沉淀和社会认可的过程。在原始社会晚期，陶器上的抽象符号和概括式图形符号已经普遍存在，但这些符号只是一种表意符号，尚不能等同于文字。汉字的形成是这些符号在社会中脱离体力劳动的专门知识人才的引领下，经历质变和创新的结果。在殷商时期，社会处于迷信时代，专门从事人神交流的"巫史"起到了关键作用。他们将占卜的行为和言辞刻在龟甲和兽骨上，形成了甲骨文。甲骨文承载了陶符的传统，同时为后来的金文奠定了基础。在甲骨文上，可以看到汉字结构的规律，这就是后来所说的"六书"：象形、指事、会意、形声、转注、假借。这种演变过程使得甲骨文成为中国最早的书写形式之一，为文字的发展提供了重要的历史文献。

殷商文化的神本特色在观念、方法和特点方面有着鲜明的表现。这种文化背后的宗教信仰和精神实践深刻地影响了殷商时代的社会结构和日常生活。在观念上，宗天尚鬼的信仰是殷商文化的核心。宗天表现为对自然神的虔诚崇拜，特别是对太阳神的崇拜。这种观念体现在日常生活中的迎日出、送日入的仪式中，以及对天神的祭祀活动中。殷人相信天神是他们的宗祖神，而祖先契更被认为是天的儿子，建立了宗天与祭祖密不可分的关系。另外，尚鬼表现为对死者灵魂的迷信，认为人死之后精灵不灭，成为鬼神。这种信仰使得祭祀祖先成为极为重要的仪式，人们诚惶诚恐地奉祀祖先，相信祖先的亡灵时刻都在监视人间的事务。在方法上，殷商文化表现出嗜酒和占卜的特点。嗜酒成为一种人神交流的方式，尤其是在头脑清醒时，占卜则是为了取得神的旨意。殷人在日常生活中几乎事事都要先卜而后行，表现出对占卜方法的极度依赖。占卜成为一种宗教仪式，涵盖了各个方面，如年岁丰歉、吉凶、战争胜负等。在特点上，殷商文化的神本特色表现为重巫。巫史在政治生活中占有崇高的地位，是神人交流的媒介，具有权威的地位。他们不仅在政治上有一定的权力，而且在社会中是精神领袖。这种神权的实际掌握使得巫史在殷商社会中发挥着重要的作用。总体而言，殷商文化的神本特色在一定程度上影响了社会结构和人们的日常生活。然而，极端的神权统治和对神的极度依赖也在一定程度上导致了殷商的覆亡。

周的人本文化。周朝的建立标志着中国历史上的一个重要时期的开始。周朝作为一个部落，在数百年的时间里从附庸逐渐崛起，最终成功推翻商朝的统治，建立了自己的王朝。"天命靡常"成为周朝的宣传口号和旗帜。这一口号在一定程度上是对殷商遗民的一种威慑和告诫，提醒他们顺应历史潮流，不要逆天而行。同时，也是为了告诉周初的统治者，要牢记天命不易，必须"宜民宜人"，以人事努力去争取上天的认可。这种理念体现了一种天人合一的观念，认为人事与天命关系密切，人君应该通过"宜民宜人"来获得天命的保佑。"受禄于天"的前提条件并非仅仅是丰厚的祭品和虔诚的祈祷，更在于统治者的仁慈和对百姓的关爱。这反映了周人对于政治理念的深刻思考，强调了人治的因素。通过宜民宜人的施政，赢得百姓的拥护和上天的认可，使得周朝的统治能够得以巩固。总的来说，周朝建立时的思想旗帜表达了一种人治观念，认为通过善治百姓、宜人宜民的方式，可以获取上天的认可和庇佑，实现天人合一，确保王朝的长治久安。

"德"这一概念在周人的思想中具有深刻而广泛的内涵。在政治层面，周人认为统治者的"德"直接关系到民众的生计和福祉。这一观念强调了领导者的德行对国家治理的至关重要性,与"宜民宜人"思想相呼应。同时,个人修养方面的"德"也成为周人思想的核心,提倡君子之道,以达到政治和伦理的完美统一。"保民"作为"宜民宜人"的实践,是对殷商"尚鬼"文化的反驳,强调治理是为了人民的幸福。通过对"保民"的实现,周人试图避免殷商时期的社会动荡和政权更迭。这种思想反映了周人对实际政治的关切,强调了领导者对人民的责任和担当。周公的告诫中强调了为民除恶的紧迫性,与民同乐的思想也在其中体现。他警示领导者不可松懈,要像治理身体的病痛一样,全力以赴。这种理念的核心是"天威之明,唯德是辅",即通过德治国,使人民心悦诚服,实现社会的和谐。"德"的出现被看作中国传统文化史上的重要里程碑,它不仅为后来的思想观念奠定了基础,也影响了中华民族的文化心理和文化形象。周公因为提出"德"这一思想,成为后世仁人志士心中的偶像。这表明周人在面对历史变迁时,思考政治理念和社会秩序,为中国古代政治哲学的发展奠定了基础。

制礼作乐在周人文化中的意义深远。随着周人取代商人,他们面临着整合社会秩序和建立自身合法性的任务。为了巩固社会秩序,周人通过制礼作乐,将上下尊卑等级关系固定下来,建立了完备的宗法制度。礼制作为一种行为规范,成为统治阶级约束和引导社会行为的手段,保持社会的稳定和有序。礼制的内容和形式都得到规范,礼节仪式要遵循严格的等级身份规定,强调君臣、父子、兄弟、夫妻的上下尊卑之别。礼的出现体现了周人对于社会秩序的强调,通过礼仪的规范,强化了人与人之间的血缘关系和社会等级,有助于维持统治阶级的权威和社会的稳定。而乐则作为一种审美文化,与礼相结合,共同构成了礼乐制度。乐不仅包括歌舞曲艺,还包括其他与礼制相配合的艺术形式,如诗歌、乐器演奏等。乐的作用在于通过情感的表达,影响人们的心灵,培养审美情感,使人在道德和行为上自觉遵守礼制规范。乐的感染作用有助于形成一种自律的文化规范,提升人们的精神境界,有助于统一民心,实现"治道"。制礼作乐的意义也在于其对后来中国传统文化的深远影响。周代的伦理道德精神,尤其是对德治主义和民本主义的强调,成为中国传统文化中的重要组成部分。礼乐制度在中国传统文化史上留下了深刻的烙印,对后代的道德观念和文化传承产生了深远的影响。

三、春秋战国:中国传统文化"轴心时代"

春秋战国时期,是中国历史上动荡而多变的时代,充满了战乱和政治变革。公元前770年,周平王东迁至洛邑,拉开了这个时代的序幕。在接下来的大约300年里,发生了无数政治变故,其中包括"弑君三十六,亡国五十二"等惨烈事件,社稷的安危成为无数诸侯争夺的焦点。战国时期更是战争频繁,发生了超过220次的大小战役。人们为争夺领土和城池而血战不断,孟子所言的"争地以战,杀人盈野;争城以战,杀人盈城"《孟子·离娄章句上》道出了战国时期的残酷现实。礼崩乐坏,传统的礼乐制度逐渐瓦解,社会秩序岌岌可危。然而,在这个混乱的时代,中国传统文化却迎来了辉煌的时刻。诸子百家的思想百花齐放,孔子、荀子、墨子等诸子纷纷涌现,形成了各具特色的学派。这个时期的文化繁荣,为后来的发展奠定了坚实基础。儒家、道家、法家等思想流派的兴起,为中国思想史注入了丰富的内涵。总的来说,春秋战国时期虽然是一个战乱动荡的时代,但也是中国传统文化发展的关键时刻。在血与火的洗礼中,中国古代文明焕发出独特的光芒,留下了丰富而宝贵的文化遗产。

(一)春秋战国的文化背景

社会的大变革为各阶级、集团的思想家提供了展示自己观点的舞台。特别是"士"阶层的崛起,由于宗法制度的崩溃和社会剧变,使得他们获得了更大的人身自由,有了更多的政治参与意识,成为社会转型时期的文化主体。他们具有道德修养、博大胸怀和开放心态,为文化的繁荣奠定了基础。学术环境的宽松也是文化辉煌的重要因素。兼并战争打破了孤立、静态的生活格局,为文化传播提供了重组的机会。同时,随着周天子"共主"地位的丧失,宫廷文化官员转移到下层或列国,推动了私家学者集团的兴起。这些因素的聚合为中华民族的精神发展提供了千载难逢的契机,使得诸子百家的思想在这样的文化背景下蓬勃发展。这个时期的"百家争鸣"气势恢宏、盛大壮观,为中国传统文化史上的丰碑贡献了浓墨重彩的一笔。

(二)百家兴起及其学派的历史特征

"百家"只是对诸子学派众多、学说纷繁的一种概括,在这众多的学派中,儒、墨、道、法、阴阳五家影响最为深远。首先,儒家以孔子为代表,注重礼仪、道德、家庭伦理,强调仁爱和人伦关系,为中国传统文化的发展奠定起了重要作用。其次,墨家提倡兼爱、非攻、尚实用,强调实用主义和社会改革,对后来的农家思想和法家思想有所影响,为中国传统文化注入了实用主义的元素。道家强调无为而治、道法自然,主张追求道的境界,对后来的道教产生了深远的影响,形成了中国传统文化中独特的哲学思想。法家注重法治、重视法律的制定和实施,主张依法治国,为后来的法治思想奠定了基础,对中国封建社会的法治建设产生了深刻影响。阴阳家则探讨自然界的变化规律,对后来的道教、中医等领域有所贡献,形成了独特的自然哲学观念。这五家学派各具特色,相互交流、竞争、吸收,为中国传统文化的多元发展提供了丰富的资源,奠定了中国思想文化的丰富基础。

1. 儒的醇厚

儒家的理念是多方面的,既包括历史观、社会伦理观,也包括对认知手段和教育的强调。孔子提倡的仁义道德和人伦观念,对中国传统文化产生了深远的影响,成为塑造国家认同和社会秩序的基石。特别引人注目的是对社会伦理观的关注,以家庭人伦为出发点,强调家庭伦理的重要性,并通过家庭关系的规范来推广到社会政治层面。这种由内而外的道德观念,以仁义为核心,强调个体责任和社会秩序的和谐共生,有助于建立一个稳定、有序的社会。此外,孔子对教育的看法也是儒家理论的重要组成部分。他认为,通过教化和教育,可以培养人们的仁爱之心,使他们具备知仁、循礼、行义的品质。这种注重教育的观念,将儒学塑造成为一种重视人的修养和道德提升的学说。总的来说,儒家的理念在多个方面都涵盖了对社会、政治、道德、认知和教育等层面的思考,形成了中国传统文化的核心价值观。这一体系不仅在古代中国产生了深远影响,也在后来的历史中一直扮演着重要的角色。

2. 墨的谨严

墨家是百家争鸣时期的一支独特的学派,与儒家形成鲜明对比。墨子创立的墨家强调实用主义和社会改革,他们的思想在一定程度上反映了当时社会的现实状况和底层人民的诉求。墨子强调的"尚力"和"节用"表明其对物质生产和社会分配有着深刻的关注。他们关注社会中的贫富差距,批判统治者横征暴敛,强调对基本需求的满足。这种关注底层人民利益的态度,使墨家的思想在社会中找到了一定的共鸣。墨子提倡的"非攻"思想,反对侵略战争,主张和平共处,对当时频繁发生的战乱提出了强烈的反对。他们通过弘扬"兼爱"理念,倡导普遍的爱,试图达到社会的和谐与太平。墨子的这些观点,反映了他们对社会正义和人道主义的关切。尊崇天神的"天志"观念,以及"尚贤""尚同"的理念,体现了墨子对一种理想社会秩序的追求。墨家的思想虽然在后来逐渐消失,但在一些农民暴动和侠义之士身上留下了影响,表明其思想在一定程度上影响了后世的价值观念。总体来说,墨子提出的墨家思想在百家争鸣时期为社会变革提供了一种独特的理论体系,他们对社会不公和战争问题的反思,对中国古代社会产生了一定的影响。

3. 道的飘逸

道家思想的独特性在于其对世俗的超然态度,以及对宇宙规律和自然法则的深刻思考。老庄的道家思想主张"天道无为",认为道是世界的本源和宇宙的总规律。这种观点与儒家的入世思想形成鲜明对比,强调超越尘世的束缚,追求超然的境界。道家的"无为而治"的思想表达了一种超越劳碌无益的行为,主张顺应自然、不勉力而治理天下。这种思想也与后来的相对主义和朴素辩证法有关,强调事物矛盾的相互依存和相互转化。这种观点在一定程度上具有启发性,使人们对事物的发展变化有了更加宽广的视野。老庄的辩证法体现在他对矛盾的看法上,他认为矛盾双方存在相互依存的关系,遵循"物极必反"的法则。这种辩证法对后来哲学和科学的发展产生了一定的影响,也为相对主义的兴起提供理论基础。总体来说,道家思想的出世主张和对自然法则的关注,以及对矛盾的辩证思考,为中国古代哲学体系的多元发展做出了独特的贡献。

老庄思想的演变呈现一种相对主义的趋势。老子提出"祸兮,福之所倚;福兮,祸之所伏",强调事物的相对性和矛盾的变化。庄子在此基础上发展了相对主义,认为是非、生死、可与不可都是相对的,其性质、差异、矛盾关系都在不断变换之中。这种相对主义的观点在庄子的思想中表现得淋漓尽致。庄子的"万物齐一"的理念,将事物的多样性归结为一个统一的原则,强调万物的统一性。这种思想对后来的哲学和宇宙观产生了深远的影响,也在一定程度上影响了中国传统文化的发展。重视个体价值与精神自由是道家思想的另一个重要特点,尤其是在庄子的思想中更为明显。他突出了个体的地位、尊严和价值,主张超越社会束缚,归于人的自然本性。这种强调个体的独立性和价值在一定程度上反映了对人性的深刻洞察。最后,庄子通过"超世""顺世""游世"三种境界的阐释,展示了对人生意义的不同层次的思考。这种对人生境界的探讨使庄子的思想更加具有深度和广度。总体而言,道家思想除关注秩序等级外,注重超然、相对、个体价值和精神自由等方面的理念,为中国传统文化注入了多元的哲学思想。

4. 法的冷峻

法家的思想在战国时期为政治理论提供了独特的视角。他们以冷静理性的态度分析社会现象,强调组织和领导的理论和方法,对政治实践提出了一系列切实可行的建议。商鞅主张以法为治国之本,强调统一的法令是治理的基础。然而,韩非子认为商鞅只注重法而不重视术,认为法律体系需要结合有效的术和权势,才能真正实现治理。申不害则注重君主的权术,主张君主要隐藏权谋于心,以防臣下篡权。但韩非子批评申不害只注重术而不注重法,认为合理的法制也是至关重要的。慎到则提出了"势"的概念,认为君主应该借助权势来确立统治地位。然而,韩非子指出,慎到所说的"势"仅仅是"自然之势",而实现天下治理还需要"人为之势",即法令的有力支持。韩非子在前人观点的基础上,将法、术、势三者有机结合,形成了法家的政治学说。他主张在治国方略上要实行言行讨伐,通过法律手段来维护社会秩序;在文化政策上要以法为教,以吏为师,通过赏善罚恶来塑造良好的社会风气。尽管法家在儒家主导的后来时期逐渐式微，但其理论对后世政治思想产生了深远的影响。在历代统治者的实践中，往往采用"阳儒阴法"或"霸王道杂之"的策略，即在儒家的道德教化基础上，加以法家的刑罚手段，以求达到更有效的统治。

5. 阴阳流转

阴阳学派对中国古代哲学产生了深远的影响，特别是在系统思想方面。邹衍等阴阳学派的思想家将阴阳概念引入自然界和历史发展的解释中，形成了一种整体性的思维方式。阴阳最初指日照的向背，但在春秋战国时期，阴阳的概念被赋予更为深刻的哲学内涵。通过阴阳的相互对立、消长，阐释了自然界中五行相生的循环运转。这不仅解释了自然界的变化，还被应用于历史哲学，解释了王朝更替和历史发展的规律。在《月令》中，阴阳学派通过东方、南方、西方、北方与春夏秋冬相配的观念，将时间与空间、方位与季节有机结合，构建了天人一体的思维框架。土作为大地和皇权的象征，在阴阳家看来，代表了人。这种综合性的思考方式深刻影响了后代哲人，为中国古代哲学奠定了独特的基础。阴阳学派的思想将时间、空间、天地人一并考虑，形成了中国古代独特的系统思维。这种整体性的观念在后来的哲学发展中得到继承和发展，成为中华民族早期系统思想的一个重要组成部分。

孔子、墨子、老子、庄子等创立诸子学派的思想家，的确是中国传统文化史上的巨擘。他们不仅开创了各具特色的学派，还以广博的学识、深刻的思想影响了后世。这一时期的思想家在宇宙、社会、人生等领域进行了深刻的探讨，为中国传统文化奠定了基础。《周易》《尚书》《礼记》《春秋》等著作的编撰和修订，标志着中国传统文化的系统整合和理论体系的初步建立。这些著作不仅对后来的学术发展产生了深远影响，也成为中国传统文化的基石。这一时期的诸子百家的探索和创造使中国传统文化精神在各个方面得到了升华。他们各自独特的观点和学说为中华民族的文化奠定了坚实的基础。因此，将春秋战国时期称为中国传统文化的"轴心时代"是十分贴切的表述，因为在这一时期，中国传统文化经历了深刻的变革和发展，形成了多元而丰富的学术传统。

(三)华夏族的最终形成

春秋战国时期是中国传统文化形成和发展的关键时期,同时也是华夏族最终形成的时期。在这个时期,中原地区的古老部族经历了兼并战争,最终统一到少数几个大国的版图之中。这种兼并战争导致了中原地区的族群重新组合和重新分布。在这一时期,北方的狄族主要被晋国兼并,西方的戎族主要被秦国兼并,东方的夷族多投靠齐鲁,南方的苗族等则为楚国所统一。在这些兼并过程中,各族群之间相互影响和交流,使得原本不同的族群在文化、语言、政治制度等方面逐渐趋于一致。最终,经过春秋战国时期300年的变迁,各个部族在这个过程中逐渐融合,语言文字、生活方式、政治制度、礼仪文化等方面也趋于一致。从此以后,中国燕山以南、长江以北的黄河中下游及淮、汉流域的广大地区的居民基本上融合成为一个统一的民族,这也标志着中华民族的最终形成,并为后来的大一统中国奠定了基础。

第二节 中国传统文化的成型期:秦汉

公元前221年,秦王嬴政完成了统一大业,建立了秦王朝,开创了中国历史上第一个封建专制主义的中央集权国家。这一时期被称为秦朝时期。然而,秦朝的统一并没有实现长久维持,它只存在了15年。秦始皇通过强硬的中央集权政策,对各地实行严格的统治,推行法治,修筑了著名的万里长城,统一度量衡和文字,进行了焚书坑儒的行动,但这些措施也引起了社会的不满和反抗。

公元前206年,秦朝灭亡。其后的楚汉战争,最终由刘邦建立了新的统一的西汉王朝,拉开了汉朝时期的序幕。这一过程中,社会经历了巨大的动荡和变革,形成了中国历史上的一个重要转折点。

一、秦朝——开创文化大一统和思想大一统的先河

秦统一中国是中国传统文化史上的一个划时代事件,标志着中国传统文化共同体的基本形成。在秦统一之前,春秋战国时期的思想逐渐演变为

"尊王攘夷"观念,随着秦始皇的统一政权的建立,这一观念被更加强调和推崇。"大一统"一词最早见于《春秋公羊传·隐公元年》,其中的"大"意味着尊重和重视,而"一统"原指诸侯天下皆统一于周天子,后来演变为全国实现"六合同风,九州共贯"的格局。秦始皇通过强有力的中央集权政治,推动了全国的统一,形成了一个集中统一的国家。在形成中国传统文化共同体的过程中,有一些深层次的结构因素。春秋时代的"尊王攘夷"逐渐被华夏居中,夷、蛮、戎、狄分居东南西北四方的五行五方思想所取代,这表明文化认同观念的逐渐统一。此外,"九州"说的出现也明确了中国传统文化共同体的共同地域观念。共同祖先黄帝形象在神话系统中至尊地位的确立,更是文化认同感的人格化标志。列国诸侯在各自的势力范围内为语言、风俗、经济、文化的最终统一,为后来的中国传统文化共同体的形成打下了基础。

(一)文化一统理论的艰难抉择

《吕氏春秋》是一部旨在综合各家思想,成为统一国家理论基础的著作。然而,在实际的历史发展中,法家学说成为秦国统治的主导思想。在商鞅变法的影响下,秦国在政治、军事和经济方面都取得了显著的成就。法家学说的实际效果让秦始皇对其产生了深刻的认识,并意识到其在建立强大中央集权国家方面的作用。因此,秦始皇采纳了法家的观点,全面实施申韩之术,强调法治和严刑峻法。[1] 然而,在实践中,秦始皇对法家学说的理解可能偏向了极端,片面地实施了严苛的法律制度,忽视了法家学说中更为平衡的观点。焚书坑儒、大肆执法,导致了历代君主思想专制的恶例。这种过于极端的行为最终引起了社会的不满和反抗,也是秦始皇统治失败的一个重要原因。历史对于这种片面实践的抉择给予了公正的回应,秦始皇的统治虽然在短期内带来了统一,但也在其后的岁月里付出了代价,秦朝因其残酷的统治方式而短暂存在。

(二)思想大一统的措施

秦始皇在统一六国后,着手进行一系列的政治变革,旨在加强中央集

---

[1]鲍硕来:《新时代中华优秀传统文化创造性转化的思考》,《安庆师范大学学报(社会科学版)》2022年第5期。

权,确立尊君称帝的体制,加强国家的统一和稳定。首先,秦始皇采纳了古代"三皇""五帝"的称号,将君主称号改为"皇帝",使天子的地位更为崇高,规定了皇帝之命为"制",令为"诏",并使用"朕"自称。这种称号的改变旨在加强皇权,使君主地位更加尊贵。其次,秦始皇进行了政治体制的改革,设立了三公九卿制度,分工明确,政权、军权、监察权相对独立,但最终都归于皇帝辖制。这一制度的建立有助于加强中央政权的控制和运作。再次,秦始皇废除了世卿世禄制度,实行朝廷任命的非世袭的官僚制。这一改革旨在打破世卿世禄制度下的地方豪强势力,强化中央对地方的控制,实现了政权的集中。另外,秦始皇废除了分封制,实行郡县制,将原有的分封诸侯的制度改为由中央直接任命郡县官吏,进一步加强了中央对地方的统治。最后,在法律方面,秦始皇制定了秦律,整合了六国的法律条文,确立了一套相对一致的法典。这有助于加强法治,维护社会秩序。这些变革都体现了对"要在中央、事在四方"的政治构想的追求,加强了国家的一元化统治,为后来的中央集权制度奠定了基础。

(三)文化大一统的举措

秦始皇在统一六国后,实行了一系列的政治、经济、文化统一措施,旨在加强国家统一,统一文字、度量衡、货币等,推动各地文化的交流和经济的发展。一是"书同文",他以整齐的小篆为标准文字,废弃了战国时代各国不同的文字形式,确立了文字的统一标准。这有助于消除各地经济、文化交往中的语言隔阂,促进统一文化的形成。二是"车同轨",秦始皇拆除了各国所筑关隘,修筑驰道,加强了中央与各地的联系,方便了商业贸易和文化交往。这一措施有助于推动各地区的经济互通互济,促进统一经济体系的建立。三是"度同制",秦始皇统一了货币单位和度量衡标准,建立了一套统一的度量衡体系,为中华民族共同的经济活动提供了便利条件。这有助于规范经济交往,促进统一货币的流通。四是"行同伦",通过"以法为教"的方式,秦始皇试图统一人们的文化心理,强化法治观念,推动社会的文化统一。五是"地同域",通过废除封邦建国制度,彻底消除地区壁垒,将各地区统一于中央朝廷的政令之下。这为统一文化的空间条件提供了基础。总的来说,这些措施有助于加强国家统一,形成中央集权的国家政体,促进了中华民族共同体的形成。

二、汉朝——宏阔的文化精神

(一)反思与抉择

秦朝的覆灭与秦皇父子急功近利、严刑峻法有关,这种统治思想选择性失误在一定程度上导致了社会的不稳定和反抗情绪的激化。秦朝统治者过于强调急功近利、严刑峻法,导致了社会的不满和矛盾的积聚,最终爆发了大规模的反秦斗争。刘邦等汉朝的创立者从秦朝的失败中吸取教训,进行了深刻的反省,并选择了与秦朝不同的政治道路。陆贾提出了"无为而无不为"的基调,汉朝采取了减轻赋税和徭役的政策,使社会得以恢复和发展。这为汉朝实现了大一统后的太平盛世——"文景之治"。在汉初,司马谈和淮南学派的刘安等人进一步深化了对统一思想的探讨。尽管《淮南子》中包含"变相的有为论",但这一学派的思想对汉武帝来说并不太符合口味。随着统治阶级力量的逐渐强大,时代精神也逐渐由休养生息向积极有为转折,统一思想的课题再次被提出。总的来说,秦朝的失败经验对后来的统治者产生了深远的影响,使其在统治中更加关注人民的疾苦和社会的稳定,采取了更为温和的统治方式。

董仲舒在汉武帝时期表现出色,他被任命为博士,提出了"天人三策"和鼓吹黜百家、尊儒术的主张。他强调黜百家,集中发扬儒家经典的思想,以此为基础进行国家治理。他的观点与李斯在向秦始皇上议论焚书的观点形成鲜明对比,但在禁绝异端、强调帝王一统的意志方面,两者有着一定的相似之处。董仲舒以"六经"("六艺",《诗经》《尚书》《礼记》《乐经》《周易》《春秋》)为指针,主张高举"崇儒更化"的旗帜,寻找与地主制经济和专制君主政体相适应的文化形态。他的独尊儒术的主张不仅被汉武帝采纳,而且在汉代及后来的历史中延续了两千年之久。总体来说,董仲舒的思想在当时的汉武帝朝廷得到了实施,对后来儒家文化的发展产生了深远的影响。他的理论主张为儒家在中国传统文化中的确立和长期统治奠定了基础。

(二)尊儒兴学,制度教化

汉代实施了"罢黜百家,独尊儒术"的文化政策,这使儒学在当时的文化思潮中占据主导地位,成为主流。为了巩固这一政策,汉王朝采取了一系列措施。首先,在教育方面,汉王朝设立了儒学的《诗经》《尚书》《周易》《礼记》《春秋》五经博士,罢黜秦朝时期的各家博士。同时,在各地设立庠序之学,以"崇乡里之化",并推行"以经取士"的选官制度。这一制度的实施使儒学得到了广泛传播,博士弟子数量达到三千之众,为后来文官制度的确立奠定了基础。其次,在社会制度方面,汉代儒学将礼制度规范化、普及化、世俗化。他们将孔子的人生信条"非礼勿视,非礼勿听,非礼勿言,非礼勿动"(《论语·颜渊》)具体化为各种规范和守则,包括治国理家、学问道德、日常生活等方面。礼文化制度的普及,使得汉代社会形成了一张笼罩天地、纳人神、齐万物的文化网络。传统节日也在这一时期形成定制,如元宵、清明、乞巧、重阳等,这些细致入微的礼制塑造了封建时代中华民族的整体精神风貌。总体来说,汉代对儒学的推崇和实践使其在文化、教育、社会制度等方面发挥了重要作用,为后来中国封建社会的形成和发展奠定了基础。

(三)儒学的经学化

汉代之后,儒家的经典在政治、思想和文化领域占据主导地位,表现为儒学的经学化。最初,儒学的"经"包括孔子删定的"六经",后来《乐经》失传。随着时间的推移,汉武帝时代增加了《孝经》《论语》,形成了"七经",后来发展到唐代扩大为"九经""十二经"。其中,《礼记》分为"三礼",即《仪礼》《周礼》《礼记》,"春秋经"有三传,《尔雅》也被加入。宋代又增加了《孟子》,形成"十三经"。在经学内部,存在着今古文之争。古文经是指鲁恭王刘余从孔子旧宅壁中发现的儒家经书,使用古籀文写成。这两派学者在学术观点、研究原则和方法上存在分歧。今文经学主要注重政治、阴阳灾异等内容,流于空疏荒诞,而古文经学注重文字训诂、明典章制度,较为朴实平易。在今文经学中,《春秋公羊传》尤为重要。董仲舒以治《春秋公羊传》为起点,撰写了今文经学著作《春秋繁露》,阐述了"天人感应"、阴阳五行、"三统"循环学说,构建了天人一统的模式,对中国传统思想和文化有重要影响。古文经学在王莽摄政时兴盛,东汉继续发展,郑玄等学者成为代表人物。这一时期的儒学经学化,对中国传统思想和文化的发展产生了深远的影响。

(四)经学的凋谢

东汉王朝覆亡后,经学的繁荣时期终结,经学自身存在一些不可克服的致命缺陷导致其凋谢。首先是经学的神趋向,内容以天人感应、谶纬灾异为主,儒学演变成了儒教,孔子被塑造为"通天教主"。经学拒绝吸收其他学派的思想精华,导致其失去吐故纳新的活力。其次是烦琐形式,今古文经学分别强调"无一字无精义"和"无一字无来历",注重逐字逐句地解释经文,形成烦琐的学风。再次是僵化学风,门户壁垒使学术传授过于保守、静止、教条化,缺乏活泼的思想。学术传承强调固守遗训,崇拜师说,导致死记硬背而缺乏创新。最后,魏晋时代玄学的兴盛带来的冲击,玄学以唯心本体论替代神学目的论,抛弃了经学的虚妄、粗俗的神学命题,以高度抽象的义理思辨取代了经学的烦琐考据和象数比附。经学在清代畸形地热闹了一阵,但最终只是回光返照,未能重新焕发生机。

第三节　中国传统文化的发展期:
魏晋南北朝

汉末董卓之乱标志着东汉王朝的瓦解,并导致了近 400 年的战乱时期。军阀割据,王室贵族相互争斗,北方游牧民族入侵,引发了社会大动荡。这一时期出现了魏、蜀、吴三国鼎立,随后又有西晋、十六国割据、北魏、东魏、西魏、北齐、北周等政权的兴起和衰落。南方也有东晋、宋、齐、梁、陈等王朝的兴衰。整个社会陷入"山岳崩溃""狼烟四起"的混乱状态,生灵感到前所未有的生命危机。文化人敏感地感悟到"兴废之无常"(《魏文帝集》),感叹"人生若尘露"(阮籍《咏怀八十二首》)。即使具有雄才大略的曹操也在诗中发出"对酒当歌,人生几何"(《短歌行》)的苍凉之声。在这个动荡的时期,人们被迫思考个体生命与价值的根本问题。这一时期的文化经历了凤凰涅槃,焕发出新的生机。

一、儒的裂变

两汉儒学在鼎盛时期虽然光芒照耀,但也埋下了危机的种子。儒学核心的"天人感应"宇宙论在今文经学家手中演变为谶纬神学,而古文经学派则因过于注重文字训诂而显得烦琐破碎,两者都陷入了难以摆脱的困境。社会动荡的出现更宣告了儒学的"不周世用"。儒学的失落与名教的危机相互呼应,尤其是对"三纲"观念的批判在魏晋南北朝时期愈演愈烈。

(一)对君臣理论的挑战

阮籍在《大人先生传》中提出了无君无臣,天下太平的观点,这是对名教君臣理论的强烈反对。他认为有君有臣会导致万弊丛生,因此主张消灭国君,建立一个没有君臣的乌托邦社会。鲍敬言也持有类似的观点,他认为古代没有君主的时代胜于当世。他主张消灭国君,推崇"无君无臣"的理念,试图构建一个理想的社会模式。这种非君论观点构成了中国政治文化中的反文化思潮,与专制主义理论形成了鲜明的对立。这些思想不仅引起了当时士人对现实的深刻反思,而且也给后世留下了深远的影响。

(二)对父子理论的非议

孔融的言论颇具叛逆性,他与祢衡一同表达的观点挑战了儒家伦理观念。孔融认为,子女只是父母"情欲"的产物,因此,他否定了子女对父母的必然孝顺义务。这样的言论与儒家强调孝道、家庭伦理的传统观念相悖,在一定程度上被视为对儒家传统的一种反叛。这也反映了当时社会上对传统观念的一些质疑和挑战。

(三)对妇德的反叛

在魏晋南北朝时期,尤其是在名教危机的背景下,儒家礼教对妇女的束缚相当严格,对其社会角色和行为有着严格的规定。然而,与此同时,一些记载显示,妇女在这一时期也开始展现出一定程度的精神解放。《世说新语·贤媛》中记载了一些妇女的活动,如游山玩水、吹拉弹唱、饮酒谈玄、追踪高范等,显示了妇女在社会活动中的积极参与。这些活动反映了一些妇女对传统礼教的一定程度的突破,展现了她们的精神独立和解放。儒学的衰落和名教危机的出现,也标志着在这一时期,传统的儒家观念和价值体系面临着挑战。这一时期儒学的式微可能与社会变革、思想解放等因素有关。在这个时期,各种不同的思想观念相互碰撞,形成了丰富多元的文化局面。

二、玄学的崛起

(一)玄学产生的背景

魏晋玄学的兴起与社会动荡、庄园经济的发展密切相关。在这个时期,社会处于不断变革的时局,人们对于现实矛盾和人生意义的思考更加迫切。同时,大规模发展的庄园经济使得一些世家大族更加关注个体的生存和发展,而非整体国家利益。在这个背景下,魏晋玄学涌现出一批杰出的思想家,如何晏、王弼、阮籍、嵇康、向秀、郭象等。这些人在思想上展现了风度飘逸、潇洒不羁的个性,他们对于传统儒学进行了批判性的反思,并在道家、墨家等多元思想的基础上,形成了独特的玄学理论。玄学注重对人生、宇宙、道德等问题的深刻思考,强调超越尘世纷扰,追求心灵的宁静和对真理的体悟。这一思想倾向在当时的社会氛围中得到了一定的共鸣,成为士人追求精神寄托和自我解放的一种方式。

(二)玄学的含义及其内容

玄学起源于老庄哲学,强调"玄之又玄,众妙之门"(《老子》)。在《庄子·天地》和《老子·天道》中,玄德、玄圣等概念得到强调。在两汉时期,张衡的《玄图》中将"玄"与"自然之根"联系起来。在魏晋时代,"玄远""玄化""玄旷""玄言""玄教""玄悟"等概念开始盛行。玄学家将《周易》《老子》《庄子》结合起来,建立起一种新的思辨哲学体系。魏晋玄学家专注于辨析名理,强调纯粹的哲理思辨,与两汉时期儒者不同。他们摒弃烦琐的注释,注重义理分析和抽象思辨,以清新俊逸的论证方式反对沉滞的注释。玄学将本体论推崇为哲学首要问题,超越外在形象,摆脱道德实践性与政治实用性。在这一时期,人们通过把握人的本体精神来理解人格美的真谛。玄学追求"贵无",将"道"看作最高的哲学范畴,既是万物的本体,也是最高的人格理想。这体现在对个体人生意义价值的思考上,追求独立于现实功利之外的逍遥自足的世界。魏晋时期的玄学思想对中国传统文化产生深远影响,特别是在理想与现实的碰撞中,士人往往以魏晋名士的行为模式作为平衡心理的典范,形成了中国士子玄、远、清、虚的生活情趣。通过这些观点,可以看出魏晋时期的玄学对中国哲学和文化产生了深刻影响,成为中国传统文化中一个重要的思想流派。

三、仙道丕显和佛光流照

玄学在动乱时代的兴盛体现了人们对个体存在意义和价值的关切,同时也为道教和佛教在中国的传播提供了一定的社会土壤。这些思想流派共同构成了中国古代哲学和文化的重要组成部分。

(一)道教兴盛的原因

道教鼓吹通过修炼达到长生不死的目标,这一理念在动荡时期特别吸引人们的注意。这不仅是对死亡的一种否定,更是对超越现实苦难的一种追求,为人们提供了一种精神寄托。与其他一些思想流派不同,道教并非仅限于帝王贵族,而是鼓励平民通过修炼也能够达到长生不死的境地。这使得道教在广泛的社会层面上产生了吸引力,为普通百姓提供了一种超越现实的可能性。道教的长生理论具有一定的社会功能,使人能够感到对命运的支配和克服人生苦难的希望。这种理论有助于缓解人们对死亡的恐惧,同时提供了一种积极的生活态度。道教构建的"神仙乐园"为人们提供了理想化的生活模式,是对美好生活的追求的极致体现。这对于渴望精神安慰和美好生活的人们来说,成为一种吸引力所在。道教不仅在上层士大夫中活跃,还分为神仙道教和符水道教两大层次,适应性广泛。这使得道教在社会各个方面都产生了深远的影响,包括民俗、民风、文学、科技、建筑以及政治斗争。

（二）佛教大传播的土壤

在魏晋南北朝时期,社会的动荡和人们生活的艰难使人们普遍感到生命的脆弱,仿佛人命如朝霜、人生如尘露。在这种背景下,人们渴望寻找安身立命之地,而玄学、道教和佛教的兴起为他们提供了不同的精神寄托。首先,玄学的兴起为一部分士人提供了超越有限的精神境界。通过追求"道",他们试图开拓出一种超越现实的无限玄妙之境,以求得精神解脱。然而,相对于生活中的实际问题,玄学并没有提供切实的答案。其次,道教的展开使人们对长生不死、得道成仙产生向往。然而,这种追求在实践中面临着困难,因为长生不死在现实中是不可能的。尽管道教给予人们对超自然力量的信仰,但在实际生活中,人们仍然需要面对生老病死等现实问题。与此同时,佛教的传入为人们提供了一种从苦难中解脱的可能性。佛教强调"轮回"说,即人死后神魂不灭,会在不同的生命形态中轮回。这一说教对于解除"生命忧患"具有独到的疗效。佛教认为人的肉身必然灭亡,但灵魂经过轮回后还会再次回到具体的形式。这使人们对死亡不再那么恐惧,因为他们相信灵魂会再次得到新的生命。此外,佛教的"善恶报应"原则也为人们提供了一种解释生活困境的方式。根据这一原则,人们所经历的苦痛可能是前世恶行的报应,而今世的善行将决定来世的命运。这一说教使人们对现实的苦痛能够更加理性地对待,因为他们认为这是前世行为的结果。

总体而言,魏晋南北朝时期,玄学、道教和佛教在满足人们对精神寄托的需求上发挥了各自的作用。玄学提供了一种超越有限的境界,道教为人们提供了对超自然力量的向往,而佛教通过"轮回说"和"善恶报应"原则解除了人们对生死问题的恐惧,为他们带来了一种新的精神启示。这三种思想体系共同构成了当时复杂多变的意识形态格局。

第四节 中国传统文化的隆盛期:隋唐宋

一、隋唐:文化的隆盛期

魏晋南北朝是一个多元文化激荡的时代,各种思想、艺术和哲学交汇融合,最终孕育出了气度恢宏的隋唐文化。这个时代就像是文化的热炉,将各种元素淬炼成一片辉煌的光景。隋唐文化时代的春回大地,让人感受到了一种焕发的活力。那时社会繁荣,人们的思想也更加开放,艺术、文学、科技都达到了一个新的高度。这种春天般的景象,不仅体现在物质层面的丰富,更表现在人们精神世界的富饶。而所谓的霸气的洪流,正是那股强大的文化力量在推动着时代前进。这种气魄不仅表现在文学艺术上,更体现在社会制度、科技进步等方面。这是一种创造光芒的文化精魂,宛如巨龙在天空中盘旋,展现出一种宏伟而雄壮的气势。这段历史是中华文明的巅峰时期,留下了许多千古传世的文化瑰宝。这种独特的文化氛围影响深远,成为后来时代的典范,像是历史的巨轮在那个时候奋力前行,开启了一个灿烂的文化新纪元。

(一)宽松的文化背景

唐代的辽阔疆域和强大规模为文化的宽松创造了条件。唐代横跨了广袤的地域,融合了多元的文化元素,形成了开放包容的文化氛围。唐天子不仅仅是汉天子,更被各蕃君长尊为"天可汗",显示了多元文化在唐代的融合。

"八面来风"正是唐代文化宏阔的源头,反映了文化的多元性和开放性。隋唐皇室将胡文化的豪爽之气注入汉文化系统,实现了胡、汉文化相融合。这种文化效应不仅是简单的融合,更是在吸收外域文化的基础上,进行消化、改造,形成了具有独特气派的唐代文化。

隋唐文化对外域文化的吸纳和整合,展现了博大的胸襟。文化的融合不仅局限于内部,还积极吸收其他文化系统中的精华,使唐文化具有超越前朝的独特气质。这种开放姿态促使唐代成为向周边文化地区辐射的文化源地,对周边地区产生了深远的影响。

魏晋南北朝时期的多元文化激荡为隋唐文化的整合提供了契机。这段历史为人们的多元思想提供了宣泄的渠道,促进了文化的创新。多元文化的涌动犹如清流滋润着人们的心田,为隋唐文化的崛起奠定了坚实的基础。这个过程是一个历史的继承与发展,使得中国传统文化在隋唐时期达到了一个巅峰。

唐代是中国历史上一个空前强盛的时代,而这种强盛不仅体现在政治和经济上,更在文化创造的激情方面达到了高潮。这个时期的豪迈感和文化繁荣,正是多种因素共振的结果。

其中,隋唐文化强盛的主体是寒士的崛起。相比魏晋南北朝时门阀士族的统治,唐代统治者对门阀士族的压抑使得大量中下层地主阶级士子有机会通过科举考试进入仕途,成为活跃而能动的社会力量。① 这种社会结构的调整使得寒士成为建构唐代隆盛文化的重要主体,为文化的繁荣提供了新的动力和视角。

太平乾坤为隋唐文化提供了政治条件。在贞观之治和开元盛世时期,唐太宗的勤政务实、实施的一系列政策为统一的中央集权国家奠定了雄厚基础。这样的政治环境为文化的繁荣提供了稳定和宽松的背景,使得各种文化力量都能够充分发展。

这种"合振"现象,即多种力量的共振,为唐代文化的蓬勃发展创造了良好的条件。在这个时代,政治、社会、文化各方面都呈现一种和谐的状态,形成了一个新的时代,为中华文明的传承和发展奠定了坚实基础。

(二)隋唐科举制的作用

唐代在治国方针上确立了开放与才能充分利用的原则,其中科举制的推行起到了至关重要的作用。这一制度的首创性在于通过严格的考试选拔官吏,实现了机会均等,使政府公职向所有有才能之士开放。这种开放的气

---

①司淑子:《面向"传承中华优秀传统文化"的非遗档案资源建设开发调查分析》,《档案管理》2023 年第 1 期。

派不仅有利于激发人才的潜力,也为国家的稳定奠定了基础。

首先,科举制的推行使得隋唐政权具有了开放性与流动性。大量中下层地主阶级士子和自耕农出身的读书人通过科举考试进入仕途,参与和掌握各级政权。这打破了门阀世胄的垄断,使寒士在政治生活和文化生活中具有了一定的独立性与主动性。这也为社会的多元性和社会流动性创造了条件,让更多有才华的人有机会为国家服务。

其次,科举制成为古代读书人生活的中心。由于科举制成为官员来源的主要途径,甚至后来成为唯一的途径,古代读书人围绕着这一中心设计自己的生活道路。虽然科举制并没有完全促进社会的全面开放,但对于士人走出象牙塔,走向大千世界,形成宽大胸怀有着深远的意义。这使得文人阶层更加关注社会现实,参与到广泛的社会活动中,促使文化的繁荣与社会的进步相互交融。唐代科举制度的实施为社会的开放性和流动性提供了契机,使得知识精英更加广泛地参与到国家治理和文化建设中,为唐代的繁荣与进步创造了有利条件。

科举制度的封闭式考试录取确保了公正性和法定性,不考虑生员的出身,唯才是举,从而广泛地从社会各阶层选拔人才。这有助于扩大政权的统治基础,使官员和候补官员基本上都来自知识阶层的精英,从而普遍提高了官僚队伍的人文素质。唐太宗曾经在见到新进士时感叹"天下英雄,入吾彀中矣"(《唐摭言·述进士》),显示了科举制度对官员选拔的重要性。

科举制度的推行也带动了学校教育的发展。唐时学校分京师学和州县学,各级学校主要研习儒家经典,同时还学习律令、书法、算学等专门技能。科举制度既是一种选官制度,又是一种教育制度,对社会的功能发挥起到了积极的推动作用。这也为知识分子的培养提供了更广泛的机会,促使他们更加努力地学习和进取。

科举制度作为中国文官政治的核心特色,影响深远,甚至传播到西方。由于其公正性和广泛性,科举制度对世界文明产生了影响,尤其在东亚地区。传教士将其带回西方后,直接影响了西方资本主义国家文官制度的建立,成为中国传统文化的一大特色。

唐代文化展现了一种兼容并包的大气文化,有容乃大。在国力强盛的基础上,唐文化以朝气蓬勃的世俗知识分子为主体,表现出一种无所畏惧、包容一切的气质。唐代实行文化开明政策,积极鼓励文学艺术的多样性,保持了对纯文学和纯艺术的开放态度。这种文艺思想和政策的推动促使文学艺术在唐代生动活泼地发展,展现了一种对文化多样性的认同和鼓励。

唐太宗的三教并行政策在唐代意识形态中产生了深远的影响。尽管在唐代,由于各君主的不同偏好,有时在"三教"(道教、佛教、儒学)之中各有所偏重,但总体上形成了一种并行不悖的景观。

1. 道教风行

唐代道教在上层统治者中得到了格外的宠爱,表现在对老子的崇拜及在宫殿和庙宇的建设中。李唐王室奉老子李聃为先祖,因此唐高宗封老子为太上玄元皇帝,展示了对老子的特殊尊崇。在东都洛阳,玄元皇帝庙的建筑气派宏大,描绘了"山河扶绣户,日月近雕梁"(杜甫《冬日洛城北谒玄元皇帝庙》)的场景,显示了对老子的极高崇敬。在长安的太清宫中,不仅有玄宗雕像,而且后来还出现了五位唐代皇帝的塑像,分别是高祖、太宗、高宗、中宗、睿宗,这些皇帝侍立在老子塑像左右,表现出毕恭毕敬的态度。这种场景充分说明了唐代上层统治者对道教的高度崇拜和信仰。这种对道教的宠爱不仅是宗教信仰的表现,也反映了当时统治者在意识形态上的取向。对老子和道教的崇拜在唐代上层社会形成了一种文化氛围,同时也在政治上产生了影响。这种宗教与统治者的紧密联系,为道教在唐代的繁荣提供了有力的支持。

2. 佛教兴旺

初盛唐时代是佛教扶摇直上的时期,表现为长安和洛阳等地寺庙的林立和佛塔的众多。在长安,寺庙荟萃,城中坊里的60%都设立了寺庙,这反映了佛教在都城中的广泛传播和影响。长安城内的佛塔更是难以计数,显示了佛教在这一时期的繁荣和受到的社会广泛关注。而在东都洛阳,武则天于龙门进行了大规模的开创造像。卢舍那大佛是其中的代表,佛像高17.14米,端坐正中,神王、金刚、菩萨、弟子侍立左右,如众星拱月,端严华妙。这些造像不仅在规模上宏大,而且在雕工上精湛,呈现了佛教艺术的辉煌。这一时期佛教的兴盛可能与社会的相对稳定及统治者对佛教的支持有关。佛教在这一时期被广泛信仰,不仅在城市中心有寺庙建筑,而且在郊区和乡村也有佛教活动的蔓延。佛教的兴盛也表现在文学和艺术上,成为当时文化的一部分,对社会的影响深远。总体而言,初盛唐时期的佛教繁荣展现在寺庙的建设和艺术创作上,形成了佛教文化的鼎盛时期。

3.儒学昌明

唐代儒学的振兴在很大程度上得益于唐太宗的支持。唐太宗在位时,颁布诏书寻找前代通儒子孙,并进行引擢,命国子祭酒孔颖达等学者编纂《五经正义》,以推动儒学的传承和发展。唐太宗还诏令21位经学家配享孔子庙庭,加强对儒学的崇尚。这种"重儒术"的大力倡导为唐代学术界带来了新的局面,学者纷纷向往,儒教逐渐复兴。

在唐代,统治者对道教、佛教和儒学都表现出尊重和支持。这种多元宗教的并存,使得唐代文化具有充实而光辉的气质。对儒学的振兴和推崇,使其在文化领域重新崛起,成为社会主流价值观的重要组成部分。同时,唐代对外域文化的广泛吸收也为文化的繁荣提供了动力。唐文化不仅受到了胡文化的影响,富有阳刚之气,而且其通过吸收外域的文化精华,包括南亚、中亚、西亚等地的知识和艺术,从而成为一种世界性文化。唐都长安成为世界性都市,吸引了来自各国的外交使节和留学生,形成了多元文化的融合与共生。

玄奘的西游经历和其后撰写的《大唐西域记》更是丰富了唐代文化的内涵,为后来《西游记》等文学作品的创作提供了重要素材。唐文化在其繁荣的宽容背景下,形成了热烈、高亢、绚丽的盛世文化,对东亚文化产生了深远影响,形成了以中国为中心的东亚文化圈。

(三)辉煌的文化成就

1.诗歌的精彩艳绝

闻一多在其著作中曾表达了对唐代诗歌的特殊崇敬,他强调"诗的唐朝",将诗与唐朝紧密联系起来。唐代的诗歌在中国文学史上占有特殊的地位,被认为是中国诗歌的巅峰时期。唐代是一个全民族诗歌繁荣的时代,不仅文人创作的诗歌广受传颂,社会各阶层的人们也都积极参与到诗歌的创作中。文人的诗篇流传于"士庶、僧徒、孀妇、处女",传颂在民间,形成了一种全面的文学热潮。这一时期,人们的口耳相传成为诗歌的传播方式,形成了"行人南北尽歌谣"的局面。《全唐诗》作为一部收录了大量唐代诗作的文集,充分展现了唐代诗歌的辉煌。该文集中包含了48 900余首诗歌,涵盖了2 300余位诗人。这还不包括那些湮没于历史尘埃中的作品和诗人,显示了唐代诗歌的丰富多彩和广泛影响。唐代诗歌以其豪放、清新、婉约等不同风格的作品而著称,代表了中国古典诗歌的巅峰之作。这一时期的文学繁荣对后世产生了深远的影响,成为中国文学史上不可忽视的一部分。

初唐四杰展现了初唐时期的豪迈和向往,而盛唐时期则孕育了李白、杜甫等文学巨匠,形成了中国古典诗歌的巅峰。初唐时期,国家从分裂走向统一,社会发生着深刻的变革,初唐四杰通过他们的作品将这一时期的动荡和激荡表达得淋漓尽致。他们不仅描绘了国家的兴亡,还表达了对功业不朽的强烈向往,展现了一种青春的豪情。盛唐时期,以李白、杜甫为代表的诗人创作了许多雄奇豪放的作品,诗歌气象雄浑,表达了对祖国壮丽河山的热爱。这一时期还涌现了许多边塞诗人,他们通过豪放的笔墨描绘了边疆的风情,为唐代诗歌增添了独特的色彩。中唐时期,诗歌风貌逐渐变得阴郁沉重,不同群体的诗歌呈现不同的风格。元稹、白居易等诗人通过揭示社会的不公和疾苦,使诗歌更加接近民生,顺应了时代的需求。晚唐时期,面对王朝的衰亡,诗人们努力在诗章中歌吟残缺之美。他们通过咏史怀古和抒写爱情,表达对时代变迁的深沉感慨。晚唐诗以其美的凄然的气象,为唐代诗歌画上了一幅凄美的终章。总体而言,唐代诗歌的历史发展经历了多个阶段,每个时期都有其独特的特点和贡献,共同构成了丰富多彩的唐代诗歌文化。

李白的诗歌风格充满豪放、奔放、激昂的气息,他的作品常常表达了对自由、豁达、不拘泥于世俗规范的向往。在李白的诗中,他通过丰富的意象、豪放的文字,将个体情感与自然景物融为一体,展现了他对大自然的热爱和对个体情感的奔放表达。他不仅吸收了楚辞、魏晋诗歌等前人的精华,而且在其中加入了自己独特的风貌,使其成为中国文学史上独一无二的存在。李白的个体情性、品性与逍遥无待的精神,是李白诗歌中的一种重要主题。他通过诗歌表达了对个体情感的追求,对尘世琐事的不屑一顾,以及对自由自在、逍遥无拘的向往。这种精神在李白的诗歌中得到了充分的展现,也为后来的文人树立了一种追求真实、不拘泥于世俗的典范。总的来说,李白的诗歌是中国文学史上的瑰宝,他的作品以其独特的风格和丰富的意象,为后来的文学创作提供了重要的启示。

杜甫的诗歌是那个时代社会的一面镜子,反映出人民的苦难和社会的动荡。他以深刻的洞察力揭示了当时社会政治、经济问题,而且他对民生的关切和深情也让他的诗歌充满人文关怀。在杜甫的作品中,特别是在安史之乱后,他对战乱、饥荒所带来的苦难表达得淋漓尽致。他不仅停留在对个人遭遇的痛苦表达上,更是通过自己的遭遇引发对整个社会、国家命运的深刻思考。他的诗歌中蕴含着儒家理想人格精神,以使命感为立身之本,以对社会的关切为己任。杜甫之所以能够在诗歌中传达出如此深刻的社会观察和情感表达,正是因为他身临逆境,深受苦难折磨,从而更加敏锐地感受到社会的冷漠和人民的苦痛。这种与民同呼吸、共命运的情感,让他的诗歌具有强烈的感染力和共鸣力。在这些描写中,他展现了对社会的深情和博大的关爱,使得他的作品超越了个人的遭遇,成为代表着一个时代精神的杰出之作。

王维的诗歌展现了一种淡泊超然的禅意境界,他以恬静淡泊的心态对世俗的纷扰进行超越,体现了一种内心的平和与宁静。这种“禅”的精神在他的作品中得到了淋漓尽致的表达,成为他个人生命哲学的体现。他在诗中所描绘的山水景色,以及与之相伴的心境,都透露出对自然的敬畏和对人生的淡然态度。在他的诗中,清新淡泊的意境常常通过简洁而精致的语言表达出来,使人感受到一种超越尘世的宁静。王维不仅在心态上追求淡泊超然,他的艺术创作也体现了这一理念。在他的泼墨山水画作中,通过简约的笔触和抽象的表现手法,展现出一种超越形式的审美境界。这种“灭文章,散五采"的艺术风格,与他诗歌中的禅意相呼应,共同构筑了一种清雅高远的精神风貌。王维的影响力深远,他的诗歌不仅是文学的杰作,更是一种思想的表达。他所倡导的淡泊超然的"禅"的精神,在后世产生了深远的影响,成为中国传统文化中的一面旗帜。他以中和为美的理念,对后代士人产生了深刻的影响,使得他的诗歌一直被看作中国文学的经典之一。

2. 书法极妍尽美

唐代书法的发展是中国书法历史上的一个高峰时期。南北朝时期的南帖、北碑两大流派在唐代得以融合,形成了多样而丰富的书法风格。其中,南帖强调流美、婉丽清媚,而北碑则追求方严、雄奇方朴。孙过庭的抒情论为唐代书法注入了新的思想,他强调书法艺术的奥妙在于表现自身情性,将抒情元素融入书法创作中。这种思想在张旭和怀素的作品中得以体现,尤其是张旭的狂草书法,以飞速流动的线条展现出独特的艺术魅力。怀素继承了张旭的风格,将激情的线条表达得淋漓尽致,展现出强烈的思想情感。在篆书、草书、楷书等领域,唐代书法都取得了显著的成就。篆书方面,阳冰篆法为后来的书法家所学习。而在草书方面,狂草风格达到了登峰造极的水平,成为艺林中备受重视的流派。至于楷书,则有独特的风采,颜真卿等楷书大家将唐楷推向了新的高度。唐代书法的全面成熟为后来的书法发展奠定了深厚的基础,同时也在中国书法史上留下了丰富多彩的艺术遗产。

3. 画的灿烂求备

唐代的文化是中华文明的辉煌巅峰,同时涌现了众多杰出的诗人、书法家和画家。在绘画领域,吴道子是一位具有创新精神的杰出画家,他的作品展现了豪放而独特的风格,为唐代画坛注入了新的生机。吴道子的创新主要体现在线描技巧的改造上。他引入了"莼菜条"型线条,通过加粗加厚、波折起伏的线条表现衣纹的复杂变化,呈现一种立体感和动感。这种线条的运用不仅使人物画中衣纹生动有致,而且更进一步表达了力感与美感,展现出吴道子独特的艺术风格。吴道子的人物画,以其独特的线描技巧和神采飞扬的表现手法,展现出一种豪放而富有生命力的艺术特色。他的作品不仅曲尽色彩阴阳画法的特色,更是在表达力感和美感方面取得了卓越的成就。孟子所说的"充实之为美"在唐代文化中得到了充分体现,诗歌、书法、绘画等方面都达到了一个丰富而繁荣的阶段。唐代文化的辉煌成就,不仅是古代哲人观念中"充实而有光辉"的体现,更是中国传统文化史上的巅峰之一。这段历史不仅让人们感叹当时的文化繁荣,也为后世留下了宝贵的艺术遗产。

二、两宋:内省、精致趋向与市井文化的勃兴

安史之乱是中国封建社会一个重大的历史事件,对文化产生了深远的影响。这次动荡引发的社会危机促使了文化的转型,从唐型文化过渡到宋型文化。唐型文化以其开放、生命活力强的特点而著称。李白的诗歌、张旭的狂草书法、吴道子的画作都充满了昂扬奔放的民族自信和大气盘旋的氛围。这种文化风格在唐代达到了巅峰,但安史之乱的爆发导致了社会动荡和危机,唐型文化也因此受到一定程度的冲击。随着安史之乱后社会的变革和人们对安定平和生活的向往,宋型文化逐渐崛起。宋型文化相对封闭、内倾,注重理性的反省。理学的兴起就是宋型文化的一个显著特征,它强调知性的反思和对经典文化的传承。宋代的词学也体现了文化淡雅的特质,婉约幽隽,表达出内敛、含蓄的情感。在建筑和服饰方面,宋型文化追求简朴清秀。建筑上,专用木材的本色体现了朴素自然的审美追求。而服饰上,"唯务洁净"是宋代的时尚理念,强调服饰的简单、整洁和清秀。这种文化风格与唐型文化的豪放奔放形成鲜明的对比。安史之乱的影响使得中国传统文化在转型中经历了新的发展阶段,从唐型文化到宋型文化的转变体现了社会变革对文化的塑造作用。

(一)变更的土壤

南北文化的差异在中国历史上一直是显著的,而北宋时期的文化重心南迁更加深化了南北文化的差异。这一历史背景为宋代文化的发展奠定了独特的基调。北方主要指黄河流域,而南方主要指长江流域。北宋时期,文化重心南迁的趋势已经显著,学术活动以南方为主,洛阳成为"二程"(程颢、程颐)讲学的地方。靖康之难的爆发更是促使文化重心南迁的强大推动力,

金人攻破汴京,北方沦为金人统治,而宋室南渡江南,南方成为文化的新中心。这种南方文化的崛起,带来了文化内涵的变化。南方的山水清雅、秋月平湖的意境代替了北方的平塞瀚漠,表现出一种含蓄委婉的文化氛围。人物品评的心理审美也从北方的豪迈征服性向南方的内秀人物品评心理转变,文化向内省、精致的方向发展。同时,北宋是一个积弱积贫的朝代,社会动荡和北方的繁荣表象却掩盖了其实质上的虚弱。这种社会矛盾和士大夫心灵上的阴影,推动了一部分士大夫对人生、宇宙社会秩序及历史文化的深刻反思,表现出社会责任感。另一部分士大夫在社会文化的转变中感到自信心的崩溃,为了寻求新的心理平衡,他们转向心灵的安适与更为细腻的官能感受,形成了内倾、封闭的心理特征。这一时期文化的变迁,不仅反映了社会历史的变动,也体现了南北文化差异的深刻影响。

（二）理学建构

理学的确是一种以儒学为主体的思想体系,在两宋时期逐渐形成并发展壮大。这一学派也被称为"新儒学",主要因为它在儒学传统的基础上进行了创新和发展。"理"在理学中扮演着至关重要的角色,被视为宇宙最高的本体,是哲学思辨结构的最高范畴。理学对儒学进行了深刻的改造,吸收并融合了佛、道哲学的精华,形成了一种伦理主体性的本体论。理学强调人的伦理行为,以及通过修养达到与宇宙理道的合一。宋代理学经历了开创期、奠定期和集大成期三个阶段的发展。周敦颐被认为是"道学宗主",他在理学的开创期发挥了重要作用。张载与"二程"是理学的奠基者,他们为理学的发展奠定了基础。而朱熹则使理学在集大成时期趋于成熟,对理学进行了深入的整合和系统化整理。在理学的发展过程中,对佛、道思想的吸收和改造是一条贯穿始终的主线。这体现在对"理"的理解上,以及在伦理提高为本体这一主题上的思考。理学通过这样的思想体系,成为儒学发展的重要分支,为后来的文化传承和发展奠定了基础。

（三）礼制秩序重建

礼在中国传统文化中一直扮演着重要的角色,是一种强劲的意识形态。

然而，在历史的动荡和外来文化的渗入下，礼制秩序逐渐式微。在这样的背景下，理学家通过理的本体说，重新解释了"理"与"礼"的关系，将其看作本末、文质关系，从而使"理"的原则在社会生活中得以实现。这使得礼在以"理"为最高范畴的伦常系统中获得至关紧要的位置。

在理学家的思想体系中，他们详细论证了"穷天理，灭人欲"的基本原则。从这个原则出发，对妇女的约束被推向了极致，提出了"饿死事极小，失节事极大"的命题，导致中国妇女遭受了前所未有的历史性损伤。这表明理学家试图通过强调"理"的原则，对社会伦理进行规范。

同时，理学家强调"内圣"经世的路线，将传统的"内圣"之学提到空前的本体高度。在宋代这个积弱的时期，整个社会更加青睐"内圣"之学，认为圣贤的道德品质胜过世俗的功勋，主张政治活动应从属于"内圣"，以"内圣"为指归。这对中国传统政治文化心理产生了深远的影响，形成了"内圣外王"的观念，强调圣贤的道德规范在政治活动中的至高地位。

理学强调"内圣"角度，对于理想人格的建树提供了深刻而富有意蕴的指导。在"内圣"观念下，理学家传达了三个关键的理念，这些理念在中国传统文化中留下了深远的影响。首先，"孔颜乐处"表达了圣贤之乐不在外物，而在自我。这意味着理想人格的建树应该注重内在修养和自我意识，实现自我与万物的混为一体。这反映了对内在精神境界的追求，使个体能够超越物质追求，寻找更高层次的生命意义。其次，"民胞物与"强调百姓都是我的同胞，万物都是我的朋友。这要求每个人的人格完成必须置于大众群体人格的完成中。这种共情和社会责任感的强调，塑造了理想人格的社会关怀和人际关系的理念，体现了共同体意识。最后，"浩然正气"意味着执着于人格理想与道德信念，不被任何外来压迫所动摇。这表达了对高尚道德标准的坚守，对理念的不动摇。这种正直坚韧的品质成为理想人格的一部分，为中华民族注重气节、道德和社会责任的文化性格赋予了深刻内涵。文天祥的"人生自古谁无死？留取丹心照汗青"（《过零丁洋》）传递出的社会责任感、历史责任感及道义责任感，正是这种理学观念在实践中的生动体现。这些理念不仅是理学的核心价值，也深刻地影响了中国传统文化中理想人格的塑造。

(四)精致细腻的士大夫文化

理学强调知性反省、心性的修养,与两宋时期的士大夫文化的精致、内趋性格相一致。在这一时期,士大夫对文学、艺术、道德伦理等方面进行了深刻的思考,强调个体的内在修养和精神层面的追求。这种精致、内趋的性格表现在文学艺术上,如宋代词的婉约幽媚、宋画的细腻清丽,都突显了内在情感的深度和精致的审美追求。士大夫在文学创作中注重表达内心感受,将个体的情感和思想以细腻的笔触表达出来。此外,士大夫文化还强调知性反省,注重心性修养。在理学的影响下,士大夫更加关注个体的道德品质和人格修养,追求心性的纯粹与升华。这种内在的趋向与理学强调的知性反省和心性陶冶相契合,形成了一种深刻的文化特征。总体而言,两宋时期的士大夫文化展现了一种精致、内趋的性格,这将使知性反省和心性修养的关注融入文学艺术和日常生活中,为中国传统文化注入了深厚的内涵。

其一,豪迈奔放的宋词。在宋代词坛上,豪迈奔放的词风也是一个独树一帜的流派。以苏轼、辛弃疾为代表,这一词风的特点主要体现在以下三个方面。

一是豪放豁达。在苏轼、辛弃疾等豪放词人的词作中,表达了豪放豁达、奔放不羁的个性。他们不拘一格,敢于突破传统的束缚,表达真实而直接的感情。豪放词以豁达豪放的气韵展现出词人豁达洒脱的心态,散发出一种奔放的生命力。

二是豪情壮志。豪放词强调男儿本色,歌颂豪情壮志,表达对时局的关切和对人生理想的追求。辛弃疾的《青玉案·元夕》中"风雨送春归,飞雪迎春到。已是悬崖百丈冰,犹有花枝俏",表达了对时光流转、岁月更迭的感慨及对英雄壮志的向往。

三是豪放豪迈的艺术风格。豪放词在音乐和艺术表现上也更为豪放豪迈。在音乐方面,豪放词倾向于活泼明快的节奏,富有激情和张力。在艺术表现上,词人以豪放的笔墨,描绘宏伟壮丽的画面,展示出豪放豪迈的艺术风格。

总体而言,豪放奔放的宋词代表了一种豪情壮志、豁达洒脱的个性特征,它与婉约含蓄的宋词形成了鲜明的对比,共同构成了宋代词坛上的两大主流。这种豪放的词风在文学史上留下了浓重的一笔,为后来的文学发展提供了丰富的艺术资源。

其二,文人画是宋代绘画中的一支独特的流派,突显了士大夫的文人气质和审美追求。这一流派的形成与发展反映了宋代文人的审美取向和对艺术的独特理解。

士大夫参与绘画的现象在宋代变得更加自觉和集体化,形成了一种文人画的观念。这一观念强调诗、书、画的统一,将绘画视为表达情感、表现个性的手段。这种绘画不再局限于纯粹的再现性,而更注重艺术作品所传达的情感和意境。

文人画的格调高雅,表现在对题材的选择上,如画竹、画梅、画菊等,这些被视为高尚品德和自身风采的象征。通过这些高雅的题材,文人画展现了士大夫的文化品位和道德情操。另一显著特征是神韵超然,强调画作的神韵和艺术的抒发。文人画注重表达画家的个性、情感和审美观,抛弃了过分追求形似的手法。这使得文人画在艺术表达上更具独特性和审美深度。最后,文人画与文房文化相互渗透,文人将绘画视为生活环境的点缀,而文房成为文人美感的沃土。文房内的笔、墨、纸、砚等用具也逐渐富于装饰性,成为文人审美追求的对象。

综合而言,文人画在宋代是文人审美追求和个性表达的载体,反映了士大夫对艺术的独特理解和对高雅品位的追求。

(五)市民文化

在北宋时期,东京开封府(汴京)是当时的首都,也是一座繁荣的商业中心。这一时期的城市生活和市民文化呈现丰富多元的面貌。画家张择端的《清明上河图》生动地展现了当时开封城的繁华景象,描绘了熙熙攘攘的市井生活,展示了商市的繁荣和市民文化的兴盛。

瓦舍成为市民文化的代表之一,是市民展示自我的场所。在瓦舍里,各种文艺节目争奇斗艳,包括杂剧、杂技、讲史、说书、说浑话、散乐、诸宫调、角抵、舞旋、花鼓、舞剑、舞刀等,形成了丰富多彩的演出文化。勾栏是专门供演出的圈子,瓦舍中有多个这样的勾栏,都上演着各种精彩的表演,吸引了众多市民观众。

瓦舍文化的观众群体非常广泛,以市民为主。文人将瓦舍看作展示市民情趣和品位的场所,而有些文人则投身到瓦舍演出中,被称为"书会先生"与"京师老郎"。这些文人具有较高的文化修养和艺术见解,能够创作戏剧脚本和说话话本,成为瓦舍演出的重要参与者。

"说话"在这一时期分为四大类,包括小说、讲史、讲经和合生或说浑话。其中,"小说"和讲史最受听众欢迎。这种市民文化的兴盛反映了北宋时期商业繁荣、市民阶层崛起的社会现象,也体现了市民对于娱乐和文化的需求。

（六）教育和科技成就

宋代的文化繁荣不仅表现在文学、绘画、市民文化等方面,教育也是一个重要的方面。官学系统在宋代呈现三个显著的特点:首先,学校教育制度等级差别不断缩小。例如,宫学向宗学转化后不再有亲疏之分,国子学向太学转化后也不再问门第,这种变化有利于低级官僚子弟及寒门子弟获得更多机会,脱颖而出。其次,宋代重视地方学校的发展。到了北宋末期,地方州县学的发展达到了高峰,为更多人提供了接受教育的机会。最后,宋代形成了一种新型的教育组织——书院。宋代有近四百所书院,这些书院成为儒生士大夫研究学术、推行道德教育的基地。书院不仅是学问研究的场所,也是精神上自得的地方,展现了"真正的学问研究不在学校而在书院"的特色。这些教育方面的发展和深刻变化使得整个宋代社会的文化素养超过了汉唐时期。同时,宋代在科技方面也取得了骄人的成就。在中国四大发明中,指南针、印刷术、火药武器等发明创造在宋代达到了鼎盛。此外,在数学、天文学、地理学、地质学、医药学、冶金术、造船术、纺织术、制瓷术等方面也都有显著的进展。可以说,宋代在科学理论研究和技术应用推广方面都取得了卓越的成就。

第五节 中国传统文化的嬗变期:元

唐末五代时期,西北草原的游牧民族再次对中原农耕世界发动了大规模的撞击。这一时期,契丹、党项、羌、女真等游牧民族在东北、华北和西北地区相继建立了政权。随着北宋的建立,形成了北宋—辽—西夏、南宋—金—西夏的对峙格局。到了13世纪初,成吉思汗崛起于大漠,率领蒙古铁骑南征北战,建立起了庞大的蒙古汗国。在这一时期,大河上下、长江南北首次在中国历史上被一个草原游牧民族统一。这个统一过程是在剧变、震荡和战火中进行的,中华民族与中国传统文化在这个历史时期经历了剑与火的考验,展现出了包容万千的生命活力。这段历史是中国封建社会中一个极为重要的时期,涌现了众多英雄人物和历史事件,对中国的历史和文化发展产生了深远的影响。

一、文化背景

征服与被征服。契丹、党项、羌、女真和蒙古等游牧民族对北宋进行了长期的包围和轮番的撞击,导致了双重文化效应。一方面,北宋人因为长期的战乱和被动挨打而产生了深深的悲愤,南宋人则是因为国破家亡而产生的悲愤,这一情感渗透到宋文化的各个方面。优秀词人如李清照、陆游、辛弃疾、岳飞等在其作品中表达了这种忧患和悲愤,而范仲淹与王安石所推行的变法也是在这种背景下孕育的产物。另一方面,契丹、党项、羌、女真等游牧民族也在征服过程中从汉文化中吸收了丰富的营养。这些经济后进的游牧民族在军事上征服了汉地,但一旦深入汉地,就不可避免地受到了先进的农耕文明的同化。这演绎了一幕又一幕征服者被征服的戏剧。在这个过程中,契丹、党项、羌、女真等游牧民族表现出对汉文化的尊崇,甚至翻译了《史记》《汉书》等经典文献。在辽朝,孔子备受推崇,苏轼的词更为人所喜爱。西夏国不仅翻译了《论语》《孟子》,还大量任用汉人做官。金国更是将儒学奉为国学,学习汉学的经书及《老子》《荀子》等诸子典籍。这充分展示了文化在征服和融合中的复杂而丰富的交流过程。

在汉文化与契丹、党项、羌、女真等民族文化融合的过程中，上层统治者并没有轻易放弃本民族的传统。例如，西夏一方面接受了一些汉文化的元素，实行"汉礼"，另一方面也保留了"蕃礼"。金国统治者为了阻止女真族的汉化，采取了一系列措施，鼓吹"女真旧风"，宣传"女真旧风最为纯直"。然而，在农耕世界的包围中，游牧民族文化的汉化是一个不可避免的趋势。蒙古族作为北亚游牧民族，与突厥系民族有着相通的血缘、语言和生活方式。虽然在成吉思汗之后，蒙古的军事和政治重心一直在西方，但对已占领的汉地采取了"西域法"或"蒙古法"进行治理。在这个过程中，一些汉地的农田被圈占为牧场，百姓被征发为重差役，人口被掠为奴。直到忽必烈时期，蒙古统治者对中原文化采取了欣然接受的态度。忽必烈向儒生士大夫征集意见，开始改革旧俗，推行汉制。他在潜邸延聘文学之士，询问治道，集结了大批儒生士大夫，开始实行"汉法"。尽管这一汉法并不彻底，北方的旧俗在汉地得到了保留，但统治体系和文物制度的"汉化"面貌已经相当明显。

二、元杂剧及文化意义

元代是一个政治现实和思想现实严峻的时代。封建朝廷被蒙古族所取代，而整个汉族面临着国破家亡的深重痛苦。这使得传统信念受到了前所未有的挑战。然而，元代也是一个充满活力的时代，蒙古铁骑的南下精力充沛，带来了草原游牧民族的勇猛精进的性格。这种率意进取的精神因子注入了长期衰老的封建社会。随着原社会僵硬躯壳的破坏，长期被束缚的思想情绪得以抒发。整个社会的思想文化陷入了一种失去原有重心和平衡的混沌状态。① 尽管元统治者对汉文化中能有效维系统治的正统意识形态给予了重视，但对传统理性和政治现实的怀疑、漠视、厌恶甚至反对的心理还是在社会各阶层中弥漫。元代时期，对汉文化的怀疑和反感在社会底层尤为显著，这在元代杂剧中得到具象化。元代杂剧辉映千古，反映了当时社会

---

① 张长思、杨建营、张长念：《中华优秀传统体育文化教育传承的目标、内容与方略》，《首都体育学院学报》2022 年第 1 期。

心理的特征。

杂剧勃兴于元代，有以下三点原因。

首先，女真和蒙古统治者对歌舞戏曲的喜好促进了北方都市艺人的聚合。南宋时期，女真统治者对伎乐的喜好表现得尤为明显。《蒙鞑备录》中提到，国王出师时常有美女随行，奏十四弦等官乐，进行异彩纷呈的舞蹈表演。这种对伎乐的热爱传承到金、元时期，使得贵族阶层在军事活动之外，仍然保持对各种艺术表演的浓厚兴趣。在征战之际，金、元贵族依然渴望享受艺术和娱乐。他们在战乱的时刻也不忘借助军事压力向宋廷索取各种艺人，包括杂剧、说话、弄影戏、小说、弄傀儡、打筋斗、琵琶、吹笙等。这一需求导致了北方都市聚集了大量的艺人，形成了繁荣的文艺活动场所。

其次，蒙古贵族的等级制度将文士儒生置于社会底层，他们被排在"老九"这一低贱的地位，仅次于娼妓、工匠，在科举制度暂停的时期，文人陷入了穷困潦倒的境地。由于这种社会排斥，一些文人逃离尘世，隐居山林，而另一些却选择流连于唱唱打打的勾栏瓦舍。这种日复一日的流连，使得一些潦落的文人与杂剧产生了一种亲缘联系。这些文人在勾栏瓦舍中与艺人为伍，自称"浪子班头"，并投身于杂剧的创作，这形成了一个独特的创作队伍，由具有高度文化素养的文人与杂剧艺人共同组成，他们的合作推动了杂剧的发展，使其得以发扬光大。这一时期的文人通过参与杂剧创作，为自己赢得了一种特殊的文化身份，为社会底层的文学创作注入了新的活力。

最后，在元代的社会背景中，由于蒙古贵族的民族歧视政策，将儒生士子置于社会底层，导致了他们心灵深处的悲愤与不平。这种情感迫切需要找到排遣的出口，而在元代的文化氛围中，尤其是在词曲领域，蒙古统治者的文化辖制相对较为宽松，这为杂剧等艺术形式提供了一个相对自由的表达空间。在这个时代，杂剧作者得以相对自由地表达当时深沉的悲愤情结。杂剧独特的艺术特征，如情结展现的系统性、生活真实呈现的直观性，为艺术家提供了排泄郁闷情感的可能性。因此，一些文人如关汉卿、马致远、宫大用、张小山等投身于杂剧创作。元代杂剧在精神上具有两大主调：一是倾吐民众的愤怒，二是讴歌非正统的美好追求。这反映了当时社会的混沌和文人阶层对于现实的不满,也展现了他们对于理想和美好的向往。

元代杂剧的第一主调是倾吐民众的愤怒,而代表作之一便是关汉卿的《窦娥冤》。在这部杂剧中,窦娥是一位安分守己、与世无争的弱小女子,然而她却无法逃避无边的黑暗和众多的恶棍,面临着无边的险恶。窦娥深切感受到的是一种整体性的黑暗,她在绝望中迸发出惊天动地的呼喊,谴责黑暗现实,倾吐内心的愤怒。此外,《蝴蝶梦》《鲁斋郎》《陈州粜米》等清官戏也直接贴近百姓渴求正义而不得的心态,表现了 13 世纪中国人民的郁闷与愤懑之情。元代杂剧的第二主调是对非正统的美好追求,这一主题集中表现在一批爱情、婚姻剧中,其中的代表作之一就是《西厢记》。这些剧作通过描绘爱情、婚姻的曲折经历,表达了对美好、幸福生活的向往。这种追求非正统的美好,可以理解为在动荡的社会中,人们对理想、幸福的向往和追求。《西厢记》主要描述相国小姐崔莺莺与“白衣秀才”张君瑞对爱情与婚姻的自主追求,尽管面临正统世界的阻止与威压,但作者以高超的艺术手法将这种阻力转化为失败的一方。崔莺莺与张生心头的爱情之梦最终变为美丽的现实,展现了叛逆精神的胜利。

元代杂剧的繁盛标志着中国戏剧艺术的成熟,使中国成为世界上的戏剧大国。元杂剧作为中国传统文化大系统中的元素,也展现了中国传统文化固有的特征。在表现手段上,元杂剧主要依赖歌词文采和音乐曲调,其形式为叙事诗,基调为抒情,情节的推移通常以“过门”为主,与西方戏剧强调戏剧冲突、依赖情节构建张力的风格大相径庭。

三、中外文化的相互激荡

13 世纪蒙古的崛起是中西交通史上的一大重要篇章。成吉思汗及其后继者创建了史上前所未有的巨大帝国,其统治范围从太平洋西岸一直延伸到黑海沿岸,覆盖了整个欧亚大陆的大部分地区,打破了以往的地理隔离。原先的疆域边界被蒙古帝国一举扫清。在这个空前广阔的帝国疆域内,元蒙统治者建立了一套完善的驿站系统,使得从元大都或其他中国城市到中亚、波斯、黑海及其北部的钦察草原,以及俄罗斯和小亚细亚等地都有了便捷的驿道相连。这一交通网络的建设极大地促进了东西方之间的贸易、文化和人员流动,推动了不同文明的交流与融合。

(一)景教的复苏与天主教的传入

景教在中国的历史颇具波折。在盛唐之初,景教在中原地区曾有较大规模,寺庙遍布百城,信徒众多。然而,唐武宗在9世纪进行大规模毁佛运动时,景教也遭到了废除。蒙古铁骑的征服开辟了景教在中原地区的通道。随着蒙古族的入主中原,景教再次盛行起来,教徒分布在山西、陕西、甘肃、河南、山东、直隶及广东、云南、浙江等地。在这一时期,罗马教皇派遣方济各会教士约翰·孟德高维诺前来传教。约翰在大都兴建了两座教堂,学会了蒙古语言文字,还翻译了《新约》和祈祷诗篇,开始传授信徒。传教活动不仅在元大都进行,而且向外地扩展,教徒数量逐渐增多,有3万余人之多。景教在元代的传播,表现出宗教在历史发展中的韧性,适应了时代的变迁,重新焕发出生机。

(二)科技的发展

马可·波罗的《马可·波罗游记》为西方人提供了有关中国的宝贵信息。他用引人入胜的描写,将我国描绘成美丽、富饶和繁荣的仙境,激发了西方人对东方的向往。这样的描述在一定程度上推动了后来一系列西方航海家的探险和远征,如达·伽马、哥伦布、麦哲伦等,他们开辟了新的航道,寻找着这个遥远的梦。元代对外部世界的大规模开放带来了文化的交流和科技的传播,中亚波斯人、阿拉伯人的迁徙使得中国接触到了一批科技人才,阿拉伯天文学、数学等先进科技成果通过他们流入中国,为中国的科技界带来了新的思想和理念。元代天文学家郭守敬就在此基础上发展了中国传统天文学,制定了中国历史上使用时间最长的《授时历》。同时,由于蒙古人的西征,中国传统文化也向西传播,中国四大发明之一的火药通过蒙古军和阿拉伯人的战争传入阿拉伯,再传入欧洲。印刷术、历法、数学、瓷器、茶、丝绸、绘画、算盘等中国传统文化元素也通过不同途径传播到欧洲、阿拉伯和俄罗斯等地,丰富了世界文化的面貌。这种文化的相互渗透和交流在历史上留下了深远的影响。

第六节　中国传统文化衰微与转型期：明清

原始文化的神秘、春秋战国的澎湃、汉唐的巨龙盘旋、两宋的内敛和明清的沉暮，每个时期都像是文化大河的一朵浪花，都承载着时代的气息和人们的智慧。这种关于凤凰涅槃的想象，就像文化在每一次的变革中都能焕发出新的生机，不断迎接着新的黎明。

一、空前严厉的文化专制

朱元璋的经历是个传奇，从田舍郎到天子堂，这一跃迁着实引人注目。在封建社会，门阀观念和等级思想严重，社会地位的变动常常遭到贵族文人的排斥。朱元璋身世卑微，出家当和尚，再经过一番"造反"成名，这种非传统的崛起方式在当时引起了许多观念的冲突。对于文化人的忌讳，尤其是对于那些文化水平较高、口才辩才过人的人，是更加严重的。这种对文字的过分敏感，甚至将读音误解为讽刺，导致了大量儒生士人因为言辞而遭受飞来横祸，这实在是历史上的一段令人唏嘘的篇章。文人以文会友，却因为文字而招惹祸端，这也反映出当时社会的政治风气和文人命运的曲折。

清代文字狱是一个黑暗的历史时期，尤其是对于镇压汉族的民族意识。戴名世案和吕留良文选案等大案涉及数百人，显示了当时政权对于异议的严重打压。清统治者不仅在大兴文字狱中压制了民族意识，还通过《四库全书》的编纂展开了大规模的行动，以清除威胁封建统治思想基础的"异端"学说。这一举措表面上是对文化的弘扬，实际上却是在操控文化以巩固统治。乾隆帝的禁书活动更是将对异议思想的打压进行到了极致，禁毁书籍达3 100多种、销毁书版8万块以上。这种大规模的文献清理，使得许多珍贵的文化遗产在历史的长河中失传，是中国传统文化的一场浩劫。

二、启蒙思想的前奏

明代中后期社会风尚的变迁展现了文化的丰富多元。从原先的"非世家不架高堂,以俭为贵"到中后期社会生活的奢靡,"以俭为鄙"的观念逐渐改变。这种变革带来了观念的巨大变异,挑战了传统礼教。在这一时期,社会开始突破钦定礼制,打破等级名分的限制,形成一种对传统观念的背离。传统观念强调"贵义贱利",追求道德和道义的胜利,禁止追求个人的功利和物质愿望。然而,在明代中后期,社会观念开始向金钱崇拜倾斜,人们羡慕商人的物质生活,甚至出现了崇商弃农、崇商弃管的倾向。文学作品也反映了这一时期的社会变革,由描写英雄豪杰、才子佳人转向以商人为主体的市民,反映了社会结构和价值观的演变。婚姻观念也开始有所改变,追求真知情爱的人文潮流涌现,挑战了原有的伦理宗法。这一时期的文化变迁呈现了社会多元化和思想解放的趋势,为后来的发展奠定了一定的基础。

三、主体意识的觉醒

从王阳明的"致良知"开始,人们逐渐认识到自我独立的重要性,超越了家族、社团等身份的简单组成部分,开始关注个体的价值和欲望。王阳明等人对朱学的批判,表现为对传统礼教的反思,强调人的主动性和能动性。这种思想的演变涉及宇宙论、认识论、价值主体论,对外在规范人心和束缚欲望的观念提出疑问,强调了人的本体性。这种反叛的精神成为晚明人文思潮的哲学基础,为后来的思想解放奠定了基础。黄宗羲、唐甄、顾炎武、王夫之等思想家在反对专制君主方面发表尖锐的观点,揭露君权作为人民异化力量的一面,展现了一种与传统对立的叛逆精神。虽然在实质上仍然在反对"坏皇帝"和拥护"好皇帝"的范围内,但这种反专制的文化精神已经达到了民本传统的极限,为未来可能的变革埋下了伏笔。同时,对个性自由的追求在明清文化中表现得淋漓尽致,包括对人格独立和思想自由的追求。这一时期的思想变革与欧洲文艺复兴有相似之处,都反映了对封建蒙昧主义的反叛及对人主体性的高扬。这种启蒙的文化运动标志着一个时代的转变,为未来的社会变革埋下了思想的种子。

四、明清时期的文化成就

明清两代的科学总结展现了中国古典文化的丰富与成熟。各个学科和技术分支都经历了大规模的总结和发展,形成了许多经典之作。李时珍的《本草纲目》是对中国医药学的全面总结,收录了大量的药物和药方,成为东方医学的经典之作。徐宏祖的《徐霞客游记》涉及地理学、地质地貌学、矿物学等方面,其中关于石灰岩溶蚀地貌的研究在时间上领先欧洲两个世纪。宋应星的《天工开物》总结了农业、手工业等方面的生产技术,被称为技术的百科全书。徐光启的《农政全书》则是中国古代农学的总结性巨著,对农业领域做出了重要贡献。在古典文化方面,《永乐大典》《四库全书》《康熙字典》等被认为是在不同领域的超级巨著,展现了中国古代文献整理和知识系统化的水平。而在文学领域,《红楼梦》作为古典长篇小说的顶峰,展现了作者深厚的文学造诣。[1]《聊斋志异》则是古典文言小说的巅峰之作,为中国文学贡献了丰富的奇幻传奇。这一时期的科学技术总结与古典文学的繁荣相辉映,标志着中国古代科学技术进入了全面总结的历史时期,为后来的发展奠定了基础。

五、西学东渐及其中断

明清之际,欧洲经历了资本主义的崛起和文艺复兴的繁荣,这一时期的全球格局发生了深刻的变化。文艺复兴是资产阶级革命的先声,标志着对传统权威的挑战,同时反对罗马教廷的改革运动也在欧洲兴起。地理大发现进一步缩短了世界交通的距离,使得中国成为耶稣教扩张的重要目标。在这一背景下,欧洲吸收了来自中国的科技、哲学、逻辑学、艺术和神学等方面的成就。欧洲不仅从中国引入茶、丝绸、绣品、瓷器和漆器等商品,还将一些明清时期的脍炙人口的小说转化成戏剧、绘画、雕塑等艺术形式。这些艺术形式在世界范围内产生广泛的影响,成为全球共同拥有的宝贵文学遗产。这一时期的文化交流和互动,使得东西方之间产生了深刻的影响。欧洲从中国汲取灵感,同时中国的文学、艺术和商品也在欧洲广泛传播,促进了世界文明的交流与融合。这种跨文化的互动不仅丰富了各自的文化传统,也为人类文明的发展提供了多元的动力。

---

[1]屈哨兵:《充分体认中华优秀传统文化,做好语文教材中的传承实践研究》,《教育导刊》2022年第6期。

第三章　中国传统文化的基本内容

第一节　中国传统哲学

一、中国传统哲学的发展

中国传统哲学的萌芽可以追溯到殷周时期。西周初年的《尚书·洪范》提出了五行学说,将金、木、水、火、土五种元素作为构成世界最基本的事物。同时,殷周时期的《周易》中出现了原始的"阴阳"观念,通过八卦体系(乾、坤、震、艮、离、坎、兑、巽)解释自然现象和社会关系,体现了朴素的唯物主义和朴素辩证法思想。春秋战国时期是中国哲学史上最辉煌的时期,被称为"百家争鸣"的时代。在这个时期,各种哲学思想争相涌现,形成了不同的哲学流派。这些思想家和流派在其时代反映了不同的精神面貌,成为中华民族精神文化的基因之一。影响最大的阶段和哲学派别包括先秦哲学、两汉经学、宋明理学等。先秦哲学主要包括诸子百家,代表性的有儒家、道家、墨家、名家等。两汉经学以儒家经典为主,强调儒家传统的发扬光大。佛教哲学是在印度佛教传入中国后形成的一支独特的哲学体系。而宋明理学则是对儒家经典的注释和发扬,强调理学的思想体系。这些哲学流派在中国哲学发展的历史中起到了重要的作用,对后来的思想和文化产生了广泛而深刻的影响,形成了丰富多彩的传统哲学体系。

(一)先秦哲学

先秦时期是一个思想百花齐放、百家争鸣的时代,各种学派纷纭涌现。儒、道、墨三家是其中最为重要的代表,各自有着独特的思想体系和价值观。

1. 先秦儒家的哲学思想

原始儒家以孔子为发端，他的思想对后来的儒家产生了深远的影响。在原始儒家中，除了孔子，还包括颜子、曾子、子思、孟子、荀子等代表人物。孔子注重礼仪、道德和人伦关系，倡导仁爱之道，提倡君子之风。他的思想集结在《论语》中，强调修身、齐家、治国、平天下，是儒家思想的奠基人。颜子、曾子、子思是孔子的弟子，他们在传承孔子思想的同时，也有自己的见解和发展。孟子是儒家思想的重要代表之一，他在孔子思想的基础上进一步发展了仁爱之道，强调人性本善，提出了"性善论"。荀子是儒家学派中的一位重要思想家，他对人性的看法与孟子不同，主张人性本恶，需要通过严格的教育来修正。他在《荀子》一书中详细阐述了自己的哲学思想。原始儒家的经典包括《诗经》《尚书》《礼记》《乐经》《周易》《春秋》等，以及《论语》《孟子》《荀子》等儒家经典著作。这些经典为后来儒家学派的形成和发展提供了理论基础，成为儒家思想的重要来源。

(1) 孔子的哲学思想

孔子是儒家学派的奠基人，他的思想产生于春秋末期，是一个被描述为"天下无道"、周礼已经崩溃的时代。面对社会动荡和伦理沦丧，孔子提出了一整套以"仁"为核心的学说，旨在恢复周礼，实现他的政治理想。孔子对"仁"的论述非常丰富，其中最基本的观点是将"仁"视为"爱人"和"克己复礼为仁"。孔子认为仁者是具有博大同情心的人，拥有与他人共鸣的天生恻隐心。这种同情心表现为"爱人"，是一种对他人痛苦和欢乐的感同身受。仁者要表现出宽容忠恕的精神，能够理解别人的处境，并以慈爱之心对待他人。孔子强调克制自己的欲望，通过自律和自我克制来达到"仁"的境地，这就意味着仁者应该在言行举止上符合"礼"的规范。通过"克己复礼"，人们能够在外在行为上体现出"仁"的品质，达到个人修养的完善。

孔子认为，"仁"与"礼"之间存在着密切的关系。如果说"仁"是人的内在品质修养和高尚精神境界，那么"礼"则是外在的制度和规范。孔子通过强调"礼"的作用，试图通过外在规范来促使人们内在的品质修养和精神境界达到"仁"的高度。这种内外结合的方式有助于塑造完美的人格，调节人际关系，缓和社会矛盾，维护社会秩序。

（2）孟子的哲学思想

孟子在继承孔子思想的基础上，深化和发展了儒家的思想。他对"仁"的思考超越了孔子的层次，为其找到了人性的根据，并提出了"四德"（仁、义、礼、智）的概念。同时，孟子进一步强调了"仁政"学说，并在人性论上建构了天人合一的思维模式。孟子认为，人天生就具有"恻隐、羞恶、辞让、是非"四种善端的萌芽。这表明人性本善，内在的良知使人具有对他人痛苦的同情、对恶行的羞耻、对正义的认同及对是非的分辨。经过"修身""养性"的培养，这四种善端可以发展成为"仁""义""礼""智"这四种美德。孟子强调通过教育和修养，使人们培养出良好的品德和行为，形成"四德"并体现在个人和社会生活中。孟子提出"民为贵，社稷次之，君为轻"的理念，强调君主的责任在于保障人民的幸福。他认为国家的财富在于土地、人民和政事，而人民是最宝贵的。孟子强调，君主的合法性和权威来自他对人民的负责，对人民实行仁政才能赢得天下。孟子建构了一个天人合一的思维模式，认为人类和天地之间存在着紧密的联系。他提出了"尽心""知性""知天"的认识路线，认为通过完善自己的品德和修养，可以达到对天的认知。他强调，通过"尽其心"来认识自己的本性，从而达到"知天"的境界。孟子的这些思想对中国历史产生了深远的影响，尤其是"重民"的思想，在后来的政治理论和实践中得到了广泛传承。他的理念奠定了儒家思想的重要基石，成为后来儒家学派的重要参照。

（3）荀子的哲学思想

荀子的思想与孟子有着显著的区别，尤其在对人性和自然规律的看法上。荀子主张"天人相分"，强调自然界和人类社会各有其独立的职能和规律。他认为天道有常，不为人类而改变，提出了"制天命而用之"的观念，即人类可以通过规范和管理自然规律来达到掌控命运的目的。[①] 荀子与孟子在人性观上存在巨大分歧。荀子认为人性本恶，他认为人类天生就有恶的倾向，需要通过"师法之化，礼义之道"来进行道德教化，实现"化性而其伪"。与孟子的性善说相对立，荀子更加强调环境和教育对人性的塑造和影响。

---

①杨立国、彭梓洺：《传统村落文化景观基因传承与旅游发展融合度评价——以首批侗族传统村落为例》，《湖南师范大学自然科学学报》2022年第2期。

荀子强调礼和法的重要性，认为礼和法是相辅相成的，是社会秩序的重要基石。他提倡"法后王"的政治理念，即法律制度应当在君王之上，君王要依法治国。他坚持尊卑等级名分的必要性，主张通过"正名"来维持社会秩序。荀子的思想对儒家政治哲学产生了深远的影响。他强调礼治和法治相结合的政治观点，为后来的儒家政治理论提供了有力支持。他的观点也影响了中国政治制度的演变，尤其是对法治的重视。荀子的思想奠定了先秦儒家学说的基本格局，对中国政治哲学、道德哲学和历史哲学的发展产生了深远的影响。他的理论为儒家学派的形成和发展提供了独特的思想基础，为后来的儒学传统注入了新的元素。在中国传统文化中，儒家学说的不同流派共同构建了丰富多元的思想体系，为中国社会的演变和文明的传承贡献了重要力量。

2. 先秦道家的哲学思想

道家思想在中国历史上与儒家形成了长期的对抗与较量，其代表人物主要有老子和庄子。

（1）老子的哲学思想

老子哲学思想的核心在于"道"，这个概念既包括宇宙的本源，也是天地万物运动变化的规律，更是社会生活中的准则。他通过"道生一，一生二，二生三，三生万物"（《老子·第四十二章》）的观点阐述了宇宙的生成和演变。他认为"道"是自然而然的，是按照固有规律运动变化的，表达为"道法自然"。老子强调"生而不有，为而不恃，长而不宰"，强调"道"对万物的自然影响，主张无为而治的政治理念。他认为"道"常常在无为中发挥作用，同时又在不为中实现自身的目标。这一理念也体现在"道常无为而无不为"的说法中。老子提出了"反者道之动"的命题，表达了一切事物都存在正反两面的对立，并意识到对立面的不断转化。他引用"祸兮福之所倚，福兮祸之所伏"（《道德经·第五十八章》）来说明事物之间的矛盾性。基于这种矛盾性的认识，老子提出了"不争"的处世与修养原则，强调顺应自然，不与自然抗衡。总的来说，老子的哲学体系以"道"为核心，通过对宇宙、社会、个体等层面的思考，提出了诸多深刻而富有启发性的观点，影响深远，成为中国哲学的重要代表之一。

（2）庄子的哲学思想

庄子对老子的观点进行了深刻的继承和发展，他强调了"道"的无限性，并在人生哲学上提出了独到的见解。庄子认为，"道"产生天地，而天地和气产生万物，物的生灭是气的聚散。这体现了他对"道法自然"观点的延伸，强调了事物的自然生成和变化。他拒绝了有神的主宰，强调"道"是无所不在的、自本自根的。在人生哲学方面，庄子与儒家观点产生了分歧。他批判仁、义、礼、智等儒家价值观，认为这些观念违背了人的自然本性。庄子主张抛弃这些价值观，使人们能够按照自然本性生活。他强调要消除名利欲望，保持心灵的恬淡虚静，追求超越凡俗的境界。然而，庄子的人生理想与现实生活存在矛盾。在现实中，人们受到是非、贵贱、贫富、生死等因素的困扰，面临各种物质条件的限制。这导致了人们的痛苦和不自由，形成了他所说的"有待"。庄子认为，要超越"有待"，达到"无己、无待"的境界。"无己"意味着超越自我和社会的限制，忘记物我对立；"无待"则意味着不依赖任何条件。他在《逍遥游》中描绘了这样的人生境界，形容人如大鹏神鸟般，超然遗世，翱翔太虚，背云气，表达了追求超越的理想。

老子和庄子的哲学对中国哲学产生了深远的影响，为自然主义的发展奠定了基础，并在本体论和辩证法等方面做出了重要贡献。他们的思想强调"道法自然"，主张顺应自然规律，反对过度干预和人为的约束。这为中国哲学的自然主义奠定了基础，影响了后来许多哲学流派的发展。在人生哲学方面，他们反对等级、宗法、专制思想，强调个体的自由和自然状态。这种思想对中国知识分子的心理产生了深刻的影响，激发了对个体自由和独立思考的追求。老子和庄子的哲学观点成为中国传统文化深层结构的一部分，塑造了中国人对于自然、人生、社会的独特理解。他们的思想渗透到中国传统文化的方方面面，为后来的文化、哲学、道德观念提供了丰富的营养，形成了中国传统文化的独特面貌。

3. 先秦墨家的哲学思想

墨子的"兼爱"思想是他在反对儒家学说过程中提出的重要理念。他认为社会纷争和道德沦丧是因为人们缺乏相互之间的爱，因此提出了"兼爱"，即"视人之国若视其国，视人之家若视其家，视人之身若视其身"。这与儒家的"差等之爱"形成鲜明对比,强调了对所有人平等的爱。而他将"利"作为实践"兼爱"的具体内容,认为通过相互利益的交往可以促进社会的稳定。在墨子的思想中,他引入了"天志"和鬼神的概念,将其作为评判社会政治和道德行为的标准。他批判了当时盛行的命定论,主张人们的命运在于人事本身,而非命运的支配。这反映了他对人的自主性和社会责任的强调。在认识论方面,墨子提出了"三表"作为认识真理的准则,强调以人民群众的经验和实际利益作为判断是非的标准。这为当时的真理标准问题提供了独特的解决途径,体现了墨子在认知领域的创新思考。墨家在战国时期曾与儒家争雄,保持着"显学"的地位,但随着封建大一统国家的建立和巩固,儒学的"独尊"地位逐渐确立,墨家最终演变为"绝学"。尽管墨子的思想在历史上逐渐式微,但他对道德、政治和认知领域的独到见解在中国哲学史上产生了深远的影响。

(二)两汉经学

1. "经"的本义及演变

"经"的本义指的是"编丝缀属之称",它的形制类似于纵横交织的纺织物。在古代,典籍是由熟牛皮绳贯穿竹简而成,这种编织的结构使得书籍被称为"经"。在战国时代,各家著作都被泛称为"经",并没有特定的宗教或学派专属。然而,随着时间的推移,特定的学派开始独尊某些经典,其中儒家在汉武帝时期以后逐渐崭露头角。儒家的经典成为统治阶级所推崇的经典,而"经"这个词汇也开始逐渐被特指为儒家的经典,如《论语》《孟子》等。因此,经典逐渐成为儒家典籍的专用术语,表达了对这些重要文献的尊重和崇敬。这种专属化的使用在后来的历史中得以保留,使得"经"成为儒家文献的特定称谓。

2. 两汉经学的形成及其主要内容

汉武帝实行"罢黜百家,独尊儒术"的文化政策,将儒家思想确立为国家官方的学术体系。这一政策使得先秦诸子之学逐渐被取代,两汉经学崛起,成为主导的哲学思潮。在两汉经学中,董仲舒是一位重要的代表人物,他宣扬了"天人感应"这一思想,强调天地之间存在相互感应的关系。他认为天人都具有阴阳之分,五行相生相克,宇宙间的万物变化是由这种阴阳五行的运动引起的。在这一变化中,体现了天的意志和德性,阳代表天的恩德,阴代表天的刑罚。他主张天"亲阳而疏阴,任德而不任刑",并将这一原理应用于统治者,认为君王应该按照天的意志来统治,得到天的支持。基于"天人感应"的原理,董仲舒提出了关于君臣、父子、夫妻等主从关系的神学论证,同时强调了修身正己的重要性。他提出了"性情"说,将人性划分为先天素质和后天欲望,强调了通过修炼、按照"三纲五常"的标准要求自己,最终达到善的境界。他的"仁、义、礼、智、信"五常之道成为社会规范的基础,对维护社会稳定和巩固封建统治产生了深远的影响。董仲舒还试图将天道与人事相比附,论证"道之大原出于天,天不变,道亦不变",以天意来神圣化和绝对化封建统治秩序。这种思想成为维持封建社会秩序的一种理论依据。

3. 两汉经学的地位和作用

两汉经学在中国传统文化发展的历史背景下,对先秦儒家思想进行了第一次综合,形成了一种新的理论体系。其中,"天人感应"论赋予了儒家的天人合一思想以神学的色彩,将天地之间的关系视为相互感应、相互关联。这一理论不仅强调了个体修养,也为社会制度提供了一种自觉的、从社会控制角度出发的伦理规范。"三纲五常"的伦理规范既是对先秦儒家注重仁义、个人修养思想的继承,又在社会制度层面上发展了理论。这体现了儒家思想从个体修养到社会制度的延伸和拓展,为社会提供了一套规范,强调了社会秩序的建设和维护。阳德阴刑、独尊儒术的主张则表明儒家思想在与封建专制王权的结合中,呈现一种自觉性。这种自觉性使儒家思想进入了一个新的阶段,不仅强调对道德伦理的关注,还在社会制度中找到了一种为专制王权服务的理论基础。总的来说,两汉经学在儒家思想的发展中,既传承了先秦儒家的个体修养思想,又在社会制度的层面上有了新的发展,成为中国儒家传统思想体系的一个重要组成部分。

(三)宋明理学

1. 宋明理学形成与发展脉络

宋明理学是中国儒学发展史上的一个重要阶段,它在宋元明时期形成,是对儒、道、释三家思想的新综合。以儒学为主体,吸收了佛、道的智慧,构建了以理气论、心性论为核心的道德形而上学体系。北宋时期,儒学复兴,出现了一批重量级思想家,如周敦颐、邵雍、张载、程颢、程颐等,他们对儒学进行了深刻的反思和发展。这一时期是宋明理学的发端,理学开始成为主导的儒家学派。南宋时期,朱熹将宋明理学推向了巅峰。他集大成,建立了比较完备的理学体系。他强调心性之善、理气之辩,强调个体的道德修养,将理学推向了新的高度。明代时期,王守仁进一步发展了宋明理学,他在陆九渊的基础上建立了心学体系,与程朱理学形成了一种相对抗衡的关系。他提出"致良知"的理念,认为人们应当通过修养和实践,追求良知的发现与实践。总体来说,宋明理学在中国儒学史上具有重要地位,它在整合各家思想的基础上形成了一套独特而丰富的理论体系,对后来的儒学发展产生了深远的影响。

2. 宋明理学的主要代表人物及其哲学思想

(1)朱熹

朱熹是宋代理学的杰出代表,他在理学的发展中扮演了集大成者的角色。他的理、气、心、性的范畴不仅继承了孔孟、周程等先儒思想,还吸收了佛、道两家的思想内容。朱熹将这些范畴统一起来,熔铸为"天理",将儒学的伦理规范和道德精神提升为宇宙的本体。在朱熹的理学体系中,他通过理本气末、理一分殊的论述,推导出世界万物的产生及其统一性,将"性即理"作为中心命题,从宇宙本体论中推衍出人性与物性的关系。他运用天地之性与气质之性来解释人性中的善恶问题,并通过居敬穷理的修养功夫,达到人性的完善,实现人性与天理的统一。朱熹的理学融合了理气论和心性论,形成了一个相对完备的理论思想体系。这一体系适应了统治阶级对纲常伦理的重视和中央集权的需要,因此在中国封建社会后期成为统治思想的一部分。朱熹的思想对后来的中国政治和思想文化产生了深远的影响,为维护封建社会秩序提供了理论支持。

(2)王守仁

王守仁的心学在宋明理学中占有重要地位,其学说的核心包括"心即理""知行合一"及"致良知"。首先,王守仁提出了"心即理"的观念,主张万事万物之理不外于人的心。他否认心外有理、有事、有物,强调心外无物,突出了"心即理"的本体论。这意味着物不可离开心而独立存在,理在心中,不能独立于主体之外。其次,王守仁强调"知行合一",将知与行看作一个整体。他从"知行本体"的概念出发,揭示了"知行合一"的内涵。在他的理论中,知是指人的意识,主要是道德意识;而行则包括了一切行为,既包括主观与客观的实践,也包括纯主观的心理行为。这种"知行合一"的观念强调了道德意识与道德实践的统一。最后,王守仁提出了"致良知"学说,即扩充良知。他强调在现实生活中要除去自私念头和不正当欲望,保持善良心地,同时在行为实践中将善意具体地表现出来。这表明"致良知"是一种修养德性的功夫,要通过实际行动来强化良知,使之得到扩展和完善。总体来说,王守仁的心学深刻地探讨了人的心性、道德意识与实践之间的关系,强调了道德修养的重要性。其学说对后来的儒学发展产生了深远的影响。

3.宋明理学的地位和影响

宋明理学在儒学发展史上起到了积极的推动作用,提高了中国哲学的思维水平,形成了独特而丰富的理论体系。然而,随着理学成为封建社会后期的官方哲学,一些观点被统治阶级利用,成为维护封建专制主义的工具。尤其是在明代,王守仁的心学与理学结合,强调个体的修养与致良知的实践,被统治阶级用来加强社会控制和巩固封建统治。这种思想体系在一定程度上强调了个体的内在道德修养,也被用来维护封建社会的等级秩序。同时,理学在人性方面的负面观点,如对人性本恶的看法,也被用来加强对社会成员的控制。这在一定程度上导致对人的本性的否定,将个体置于一种受控制的状态。

总体而言,尽管宋明理学在思想水平上取得了一定的成就,但在特定的历史背景下,部分观点的滥用给中国社会和人民带来了一些灾难。这也反映出哲学思想在不同历史时期的复杂作用和影响。

二、中国传统哲学的特征

由于历史悠久、文化丰富,中国哲学涌现出许多不同的学派和思想流派,各自有着独特的观点和体系。概括起来,中国传统哲学有以下基本特征。

（一）重人生

中国古代哲学家对人生问题的研究是从生活实践中出发,涉及了多个方面,包括儒家、道家和佛教等不同哲学传统。儒家强调人的修养和品德,注重个体在社会中的责任和义务。心、性、情、气、意、良知等概念都是儒家用来理解人性、人生和道德的重要元素。儒家追求的人生境界包括通过修身养性、实现仁爱、参与社会治理来实现个体和社会的和谐。道家注重个体的内在修养和对自然法则的顺应。逍遥、解脱、飘逸是道家理想的人生境界。通过追求无为而治的原则,道家倡导个体与自然的合一,以达到精神上的解脱和超越尘世的境界。佛教关注苦谛、空谛、无常谛,强调解脱生死轮回、追求涅槃的境界,即摆脱轮回、超越苦恼的状态,是佛教对人生最终目标的追求。通过修行般若智慧和慈悲心,佛教徒寻求个体灵魂的净化和解脱。将儒家的真性、道家的飘逸、佛教的超脱融合起来,可以得到一个更全面的人生哲学境界。这种综合体现了对道德、精神和超越的综合追求,强调了个体在社会和宇宙中的平衡与和谐。这种境界不仅注重个体的内在修养,同时关注个体与社会、自然之间的和谐共生。

（二）重践履

孔子对知行关系进行了深刻的思考。他强调实践的重要性,认为真正理解和掌握一种知识的人,并非仅仅是了解它,而是能够将其付诸实践,并在实践中体验到乐趣。他的"知之者不如好之者,好之者不如乐之者"(《论语》)表达了对实际行动和体验的重视,将知识的价值与实践的愉悦联系在一起。中国传统哲学家强调个体应该践行尽性,即按照自己的本性和道德准则去实际行动。这并非仅限于理论的传授,更注重将思想付诸实际,通过个体的修德来实现知行的统一。中国传统哲学注重言行一致,强调个体的言论和实际行动应当一致。这意味着个体在言传身教时,应当与自身的实际行为相一致,不言而信,通过自身的榜样影响他人。实践不仅仅是指生产实践,更重要的是个体的修身养性和品德修养。通过实际行动来完善个体的性格和品德,使知识得以具体化为实际的道德行为。这种知行关系的关注使中国传统哲学具有强烈的实践性和实用性。哲学不仅是理论的探讨，更是关乎个体品德和社会伦理的实际行动。这种强调实践的哲学观念对中国传统文化产生了深远的影响。

(三) 重道德

中国传统哲学的核心可以说是一种道德哲学。儒家强调的"三纲五常"，以及道家的修道积德，都突显了道德实践在个体和社会中的重要性。儒家的"三纲五常"体现了各种关系中的道德准则，强调个体修养与社会伦理的统一。通过明德、亲民、至善等原则，儒家倡导了一种以道德为基础的社会秩序。道家注重的修道积德，强调个体通过道德实践来提高自身修养，追求道德的完善。这种个体修养不仅有助于提升个人的精神境界，也在家庭、社会中产生良性的互动。君臣、父子、夫妇、兄弟之间的关系被塑造成一种基于仁爱、忠诚、孝顺、恭敬等道德美德的理想模式，体现了社会和谐的理念。这种强调道德实践的传统，的确在一定程度上导致了中国哲学中知识论的相对不发达。相较于西方哲学的强调理性思辨和学科划分，中国传统哲学更注重实践和道德的指导。这并非中国哲学缺乏智慧，而是强调了一种不同的哲学取向，将道德实践置于更为突出的地位。

(四) 重和谐

《周易》中提到的"太和"，表达了中国传统哲学中对和谐的追求。这种和谐被看作至高无上的状态，体现了整体的平衡与和谐。张载的理念进一步强调了这种和谐的动态性，将"太和"与"道"相联系，强调了包容矛盾和差异的整体和谐。在中国传统哲学中，追求人与自然的和谐及人与人之间的和谐是密不可分的。在孟子的观点中，"人和"被视为最高原则，强调了在各种关系中实现和谐。这体现在君臣、父子、夫妇等方面，强调了以和谐为指导原则来处理人际关系，从而实现社会的和谐与稳定。儒家强调"持中"，即保持中庸之道，是实现和谐的根本途径。通过对持中原则的体认和践履，人可以实现与自然、他人、社会及天道之间的和谐与平衡。中庸之道被看作中国传统哲学的基本精神之一，强调在各种复杂的情境中保持平衡，达到整体的和谐状态。这种对和谐的重视体现了中国传统哲学中对人类与自然、人际关系等方面综合平衡的深刻关切,形成了独特的思想传统。

（五）重直觉

中国传统哲学更注重生活实证和主体直觉体验,而不像西方哲学那样强调形式上的精密论证和逻辑结构。这种特点使得中国哲学著作更为灵活,更富有启发性,但同时也导致了相对较少的系统性和严密性。中国哲学家往往通过生活经验和直觉的体悟来达到对人生、宇宙、道德等问题的理解。这种通过实际体验和直觉得出的思考,往往难以通过传统的逻辑论证来确切表达,因而形成了一些较为抽象而灵活的哲学概念。尤其在禅宗中,强调直觉与顿悟,明心见性的思想更是突出了中国哲学对于非语言、非概念化的重视。这种直觉性的认识方式有时难以通过言语来传达,更强调个体的体悟和体验。正是这些特点,导致中国传统哲学在知识论方面相对贫乏,而在道德哲学方面发展得较为丰富。这种以实际经验和直觉为基础的哲学思维,使得中国哲学形成了独特而深刻的传统。

第二节　中国语言文字

一、汉语的特点与魅力

汉语是世界上使用人数最多的语言之一,具有深厚的历史和文化底蕴。它是中华民族的语言,也是华人社群的共同语言。汉语的影响力不仅局限于中国,还扩展到周边国家和地区,对于亚洲各国的语言和文化都有重要的影响。汉语以其独特的书写系统——汉字而闻名,这种表意文字在世界文字系统中独树一帜。汉字不仅传达语音信息,还携带着丰富的文化内涵,每个字形都可以追溯到漫长的历史和文化传统。汉字的书写方式也影响了周边国家,如日本、韩国、越南等,它们在一定程度上采用了汉字或汉字的衍生形式。此外,汉语的语法结构独特,表达方式灵活多样。汉语中的成语、谚语等文化表达方式也为语言增添了深厚的文学内涵。汉语的丰富表达方式和深刻文化内涵使其成为一种值得学习和探索的语言。

(一)汉语的特点

汉语的象形文字系统——汉字,是世界语言系统中独特而令人着迷的一部分。每个汉字都代表一个独特的意义,并且通过字形和结构反映了与之相关的事物或概念。这种表意文字的高度统一和规范使得汉语在书写上具有独特的美感和艺术性。

1. 音韵和美

汉语一字一音节的语音结构是其最显著的特点之一。每个音节都包含元音,这使得汉语在发音上显得清晰而优美。这种语音结构为汉语赋予了独特的音韵之美。不论是在朗读还是歌唱中,汉语都能够灵活地发挥声音的魅力。每个字母代表一个音节,使得其在不同的音乐节奏或朗读节奏下,基本语义不受影响,保持清晰表达。相较之下,一些拼音文字由于一个单词可能包含多个音节,在音韵的处理上就相对受限。而汉语的每个音节独立而清晰,使其在音韵表达方面具有优势。另外,汉语在句子中的强调重音处理也是一大优势。根据语义的不同层次进行重音的设置,使得表达更加生动且具有层次感。这种灵活性在一些拼音文字中可能较难实现。总体而言,汉语语音的独特结构为其赋予了鲜明的音韵特色,使其在朗读、歌唱和表达上都具备了独特的优势。

2. 无与伦比的文字

汉字的象形性质使得察形识义成为可能,这使得学习者能够通过对字形的分析深入理解汉字的本意,进而引发更多的联想和感悟。这一特点也有助于构建词汇和理解词义。汉字的构字规律性强,这为学习者提供了一种"触类旁通"的学习方式,通过掌握一些基本的构字规律,可以更快速地识别和理解新的汉字。这也为短期内突破识字关提供了一种有效的方法。汉字的自由组合性使得其在构建词语和表达意义上非常灵活。相对较少的基本汉字掌握,可以帮助学习者进行一般的日常阅读,这对初学者来说是一个鼓舞人心的优势。另外,汉字的简单构造方法及构字部件的数量相对较少,使得汉字在信息处理方面具有更大的优越性。相对于拼音文字,汉字更容易被识别和记忆,也更符合汉语的语言结构。最后,汉字的诞生和记录历史的特点让它在文化传承方面有着独特的优势。这种历史的延续性和相对不易割断的特性,使得用汉字记录的文化和历史信息更加稳固而持久。①

3."海纳百川"的词汇系统

汉语以其灵活性和包容性而著称,能够吸收和借用其他语言的新鲜词汇,使其词汇系统更为丰富多样。在文学作品中引入其他语言的词汇,如法语的"rain"和英语的"pluie"在余光中的文字中,展示了汉语的开放性。这种引用并没有削弱汉语自身的表达能力,反而为表达丰富的情感和意境提供了更多的选择。此外,大量的音译外来词也大大增强了汉语的表现力。随着社会的发展和国际交往的增加,汉语吸收了许多外来词汇,丰富了其词汇体系,同时也满足了人们对新事物、新潮流的准确表达需求。这种词汇的兼容性和开放性,使得汉语在不同领域、不同文化间的交流中更具适应性,也为表达丰富的思想和情感提供了更多的可能性。这也反映了汉语作为一门语言的生命力和时代感。

4.简洁的语法

"大道至简"描述了汉语的语法特点。汉语的语法结构简洁、规范,逻辑性强,使得学习汉语变得轻松而愉快。相较于一些其他语言的复杂语法结构,汉语的语法相对较简单。主语、谓语、宾语的基本搭配,以及词序的相对固定,使得表达清晰直接,同时也减少了学习的难度。汉语的词汇和句子结构的简明性,并没有降低其表达的深度和广度。相反,这种简洁性为说者提供了更大的自由度,可以更灵活地表达思想和情感。此外,汉语语法的稳定性也使得学习者更容易适应和掌握。逻辑性强的语法结构有助于学习者更好地理解句子的组成和含义,提高语言运用的效率。汉语作为世界上最优秀的语言之一,承载着丰富的文化内涵,辐射着深厚的历史底蕴。这一语言的特点和文化的传承,使得汉语在全球范围内具有重要的地位和影响力。

(二)汉语的特殊魅力

随着信息技术的飞速发展,特别是汉字计算机输入技术的不断成熟,汉

---

① 谭志满、杨文:《民族地区新乡贤参与传统文化传承创新的路径》,《中南民族大学学报(人文社会科学版)》2021年第2期。

语在数字化时代的应用变得更加便捷。汉字输入法的进步使得电脑、手机等设备上的汉语输入更加高效,也为汉语在全球范围内的传播提供了更为便利的工具。同时,人们对科学认知的不断深入也促使对汉语的认识发生变化。汉语作为一门语言,在其独特的语法结构、形式美感及表达方式上展现出的优越性,逐渐得到了世界各国语言学家和认知科学家的认可。这种认可不仅是对语言形式的赞赏,更是对其表达深度和文化内涵的尊重。今天,汉语正以其独有的魅力走向世界。越来越多的人对学习汉语产生兴趣,汉语的国际影响力逐渐增强。同时,中国在国际事务中的地位提升也为汉语的传播提供了更为有利的环境。这一趋势不仅体现在语言学科领域,也在文学、影视、科技等领域中表现出来,为汉语的全球传播打开了更广阔的空间。

1.人类最宝贵的思维利器

汉语的单音节和双音节构词方式,以及语音与语义的高度对应,使得汉语在信息传递上具有天然的优势。相较之下,一些拼音文字的语言,如英语,常常需要多个音节组成一个单词,而且单个音节本身并没有对应的语义。这使得在理解和处理信息时,需要更多的思维过程来将多个音节组合成有意义的单元。这或许是导致运用汉语思维速度较快的原因之一。汉语的单音节或双音节的构词方式,以及汉字的独特性质,使得信息的处理更为迅速和高效。认知科学对于思维速度和语言结构关系的研究支持了这一观点。汉语的语言结构在相同时间内能够传递更多的信息,从而增强了思维的效率。这也为中国人在某些认知任务上表现更出色提供了解释。总体而言,语言对于思维的影响是一个复杂而深刻的课题,而汉语的独特性质似乎为思维提供了一种更为高效的工具。

2.超强的信息承载能力

汉语的语素是表示实在意义的单字,这使得汉语可以通过自由组合成新的名词和概念来表达新思想。这种偏正构词法,如用"火"与"箭"组合成"火箭",相比英语的新单词创造,更为灵活。相较之下,英语在面对新事物时需要创造新的单词,而汉语则可以通过组合既有的字来表示新概念。这使得英语在处理新信息时显得笨拙,同时增加了人们的认知难度。汉语具有强大的兼容性,可以混用汉语、阿拉伯数字和西方拼音文字。这使得用汉语撰写的学术论文更容易融入多种表达方式,而英语则相对难以融入其他语言元素。英语单词数量每天都在以惊人的速度增长,从而给阅读带来困难。相比之下,汉语表达相同概念所需的单字数量较少,使得阅读更为轻松。汉语具备音、形、义三重信息载体,相对于英语的二维符号,汉语表达能力更强。相同内容的书籍在西方语言中需要更多的纸张,而联合国文本中,汉语文本总是最薄的一本,体现了其节省资源的优势。

3. 简洁、平易而不失严谨

关于历史是否有一个恒定的方向,以及这个方向是前进的还是倒退的,历史上的哲学家持有不同的观点。一种观点认为历史具有进步的趋势,这种观点在思辨历史哲学中较为常见。依照这一观点,历史是一个不断发展、进步的过程,人类社会在经历各种变革后逐渐朝着更高级、更发达的状态发展。这种进步往往被视为在经济、科技、文化等方面的不断发展。辩证法的思想在这里也发挥了作用,认为历史的发展是通过对立和矛盾的斗争推动的。另一种观点,历史批判哲学家则对这种进步性提出疑问,有时甚至否定。他们可能认为历史的发展并非一帆风顺,而是充满曲折和反复。这种观点可能强调历史的复杂性,强调人类社会在发展过程中也可能出现倒退、退化的现象,而非一味地向前推进。在现代,对于历史的观点也受到了不同学派和思想体系的影响。一些人可能认为在某些方面取得了进步,如科技和社会制度的发展,而在其他方面却面临诸多问题,如环境破坏和社会不平等。因此,人们对于历史的理解往往是复杂多样的,涉及不同领域和层面的评估。

总体而言,历史哲学中的观点多种多样,对于历史的方向、进程和进步性的看法也因时代、文化和个体观点而异。

由于汉字是表意文字,一个字往往包含较为具体和丰富的含义,因此相对较少的字数就能表达丰富的信息。这使得初学者能够在短时间内掌握足够的字词量,从而更容易进入阅读和学习的过程。相比之下,一些西方语言使用的是拼音文字,需要记忆更多的字母组合,而且一个字母或音节的含义相对较为抽象。此外,许多西方语言的词汇量庞大,特别是在专业领域,需要大量专业术语的积累。这给学习者增加了阅读和学习的难度,需要投入更多的时间和精力。对于学习汉语的外国人来说,一旦他们掌握了基本的汉字和语法结构,就能够相对容易地适应各种专业的学习。这也为中文的传播和学习提供了便利,使更多的人能够涉足不同领域,包括中医等使用古汉语的专业。然而,虽然汉字的简化减轻了初学者的负担,但中文仍然有其复杂性,尤其是在书写和发音方面。每种语言都有其独特之处,各自带来挑战和机会。

汉语的构词规律为其简洁、平易又严谨的特点提供了基础。汉语通过字根、词缀的组合,能够灵活地创造出新词,而这些词在形式上常常能够直观地表达其含义。这使得汉语在表达概念时能够简练而又具体。以"鸡"为例,通过添加修饰语素,"小鸡""公鸡""母鸡"等词汇形成了清晰的概念体系。这种构词方式不仅降低了记忆的难度,也让人们更容易理解和运用这些词汇。这种直观的表达方式有助于语言的学习和应用。相比之下,英语的构词方式可能更为独立和离散,导致相关概念的词汇形式差异较大。这对于初学者来说可能增加了记忆的难度。例如,英语中的"cock"和"hen"并没有明显的联系,而"chicken"则同时表示小鸡和鸡肉,需要通过上下文来区分。总体而言,每种语言都有其独特的结构和特点,汉语因其构词规律而在表达上显得简单而直观,这为人们的交流提供了便利。然而,每种语言都有其复杂性和学习曲线,因此理解并欣赏不同语言的特色是语言学习的一部分。

4. 强大的生命力

首先,汉语的延续性确保了文化和历史的传承。通过汉字这种持久不衰的书写系统,人们能够直接接触古代文献和历史文化,如《诗经》等。这种延续性超越了时间的限制,使得汉语成为一个连接现代与古代的纽带,让人们能够在语言中感受到历史的沉淀。其次,汉语的同化力使得它在历史上能够吸收和融合外来文化。不论是在汉朝时期的匈奴、蒙古,还是在元朝时期的满洲人,他们都在相对短的时间内融入汉文化,使用汉语,并最终成为中国传统文化的一部分。这种同化力展现了汉语对于多元文化的包容性。最后,汉语的凝聚力则在于其作为一个共同的文化符号。尽管中国拥有众多的方言和多元的民族,但汉字作为书写的标准仍然能够超越口音和方言的差异,成为统一的书写系统。这种凝聚力让中国人能够用相同的文字交流,共同参与文化传承,形成了一个庞大而有凝聚力的社会整体。总体来说,汉语的这些特点为中国传统文化的传承、融合和团结提供了坚实的基础。

5. 独特的益智功能

汉字的象形性质赋予其强烈的形象启示性,这是其他一些表意文字所不具备的特点。通过观察汉字的形状,人们可以联想到与其意义相关的事物或概念,这有助于记忆和理解。这种形象启示性的特征使得学习汉字的过程更富有趣味性,也能够促进思维的发展。关于使用汉语与英语对智力的影响,的确有一些研究表明说汉语的人更多地使用右脑。这可能与汉字的视觉和形象性质有关,因为处理汉字信息时需要更多地依赖右脑,而处理英语等拼音文字则更多地依赖左脑。这种不同的脑部活动可能对认知功能产生一些影响,但需要注意的是,对于这方面的研究仍在不断深化,有待更多证据的支持。汉语是一种宝贵的文化遗产,其千年不断、经久不衰的存在,既是中华民族的瑰宝,也是全人类的共同财富。汉字作为一种独特的表意文字,以其丰富的内涵、灵活的表达方式,为人们提供了一个深入了解中国传统文化的途径。汉语的美和深度使得它在世界上独树一帜,为跨文化交流搭建了重要的桥梁。

二、汉字的特点与发展

(一)汉字的特点

汉字是一种经历漫长演变的表意文字,起源于古代的图画文字,经过几千年的发展,形成了独特而严密的系统。与其他古老文字不同的是,汉字的延续性和稳定性非常强。许多古老的文字在历史发展中因各种原因逐渐消亡或被取代,而汉字一直被使用,没有经历过停止使用、转变为拼音文字或变得不可识读的过程。这种延续性不仅体现在书写系统上,还体现在文学、历史等方面。这使得汉字成为世界上唯一一种能够追溯到远古时代的连续使用的表意文字。汉字的保持和传承,除与中国传统文化的深厚底蕴有关外,还与汉字的表意性质有关。汉字的形状往往与其意义相关,这种直观的表达方式使得人们更容易理解和记忆。汉字的独特特点,使它在演变过程中不仅保留了表意文字的传统,而且适应了时代的发展,成为世界上最古老、最有严密系统的表意文字之一。在世界文字的发展方向上,汉字的独特性和生命力的坚强,为其他表意文字提供了一种有益的参考和启示。

1.超越时空的巨大魅力

从时间的角度来看,汉字的形体演变相对较为稳定,这使得古代的文献和文字在现代仍然能够被理解。虽然汉语的字音发生了较大变化,但字形的稳定性确保了文字在传承中的延续性。这为汉字的连贯使用奠定了基础,使得先秦时期的古书在今天仍然能够为人们所阅读,为历史和文化的传承提供了重要的工具。

从空间的角度来看,中国的方言众多,语音差异很大,但汉字作为一种统一的书写系统,能够超越方言的障碍。不同方言区的人虽然口语不同,但只要用汉字书写,他们就能够互相沟通,这为中国的统一和文化交流提供了有力的支持。总体而言,汉字的独特性在时间和空间上都展现了其超越性,为中文文化的传承和交流提供了有利的工具。

2.形义关系十分密切

汉字的构字方法,包括象形、指事、会意、形声等四种主要的构字方式。这些方法在漫长的历史中形成,并一直延续至今,构成了汉字这一独特的文字体系。象形、指事、会意、形声这四种构字方法展示了汉字作为表意文字的特性。它们不仅反映了事物的形态,还通过抽象符号或组合方式表达了难以直接描绘的概念。这样的构字方式使汉字具有一定的形象性和直观性,使人们通过字形就能直接理解一些基本概念。此外,汉字作为表意文字,使谜底的构造可以依赖于字形、笔画、部首、偏旁等因素。这样的字谜游戏通过挑战人们对汉字形状和意义的理解,促使思维活跃,增添了趣味性,同时也反映了汉字的丰富文化内涵。总体而言,汉字的构字方式和其作为表意文字的特性为中文文化的独特性和深厚底蕴提供了重要支撑。

3. 独特的形体构造

汉字的构造是在二维平面上进行的,这使得汉字的形态变化非常丰富,同时也为汉字书写提供了灵活性。在两维平面上,汉字的构件可以通过不同的组合形成不同的字形,而相同的构件也可以在不同的位置组成不同的汉字。这种灵活性使汉字在表达概念和意义时具有很大的变化空间。"木""林""森"及"叶""古""杲""杳"等都展示了构件在空间中的不同排列所带来的差异。相比之下,拼音文字通常是线性排列的,字母按照一定的顺序组成单词。这种线性排列相对较为简单,而汉字的二维构造则赋予了汉字书写更多的艺术性和变化性。这也是为什么汉字书写常被形容为"灵动自如、形象传神、飘逸潇洒"。此外,汉字书写中字的大小和笔画的变化也是汉字美的表现之一。通过掌握字的笔画和结构,书写者可以灵活运用不同布局,达到表达不同情感、氛围和风格的目的。这使得汉字书写既有规范的结构,又有丰富的表现形式,展现了其独特的书写美感。

4. 音、形、义三位一体

汉字音、形、义的三位一体是其独特的特点。在声音方面,汉字音节的特征着重体现为元音占优势。在汉字的音节中,元音可以独立存在,而辅音则不能单独构成音节,这导致汉字的音节结构中,元音在发音上占据主导地位。这种特点使得汉字的发音更加悦耳动听,声音相对较为清晰。相比之下,一些其他语言的音节结构中可能更依赖于辅音,而元音在音节中的地位相对较弱。这使得汉字在发音上更加突出,也为其独特的语音特点贡献了一部分。总体而言,汉字的音、形、义的整体结合,以及在声音方面的独特特点,为中文语言赋予了独有的音韵之美。这也是汉字在朗朗上口、音律悦耳方面的体现。

(二)汉字的发展

汉字作为中华民族的通用文字有着丰富的历史和演变过程。汉字起源于图画,最早的形式是殷商甲骨文,这种刻在龟甲和兽骨上的文字主要用于占卜记录。甲骨文的线条瘦硬、方折,展示了早期汉字的书写风格和结构。

在甲骨文时期,汉字的结构方式已经包含了象形、指事、会意、形声等形式,人们已经开始使用已有的字作为构件组合成新的字。这为汉字系统的进一步完善奠定了基础。然而,在甲骨文中一些字的构件仍然不够固定,存在一定的灵活性。

随着时间的推移,汉字经历了不同历史时期的演变。金文是铸在青铜器上的文字,线条肥厚粗壮、庄重美观,字形趋于一致且排列整齐。在金文时期,形声字大量增加,异体字相对减少,结构趋于定型,表现出汉字在书写和结构上进入了更成熟的阶段。

这一演变过程不仅反映了汉字书写技艺的发展,还体现了社会文化的变迁。汉字作为世界上最古老的文字之一,承载了中华文明的深厚历史,也为中华民族的书写传统和文化做出了重要贡献。

大篆是由太史籀进行文字改革的产物,其书写风格较为古老,线条刚劲,构造相对宽泛。随着战国时期诸侯纷争,字形开始出现较大变异,不同地区的书写形式差异显著,但仍然上承西周春秋金文。

小篆则是秦始皇推行"书同文"政策后推广使用的字体,其线条化的特点减弱了象形性。小篆的出现标志着文字的规范化,异体字减少,构件写法趋于一致,形声字增加,形成相互联系的文字体系。

隶书在汉代成熟并通行,打破了小篆的线条化,实现了书写的笔画化,使汉字失去了图画性,突出了符号性。这是古今汉字发展的分水岭,为后来的字体演变奠定了基础。

楷书流行于魏晋时期,成熟于隋唐时期,一直延续至今。楷书的形体由隶书的扁方逐渐变为正方或竖长方,偏旁部首标准化,形成固定的形体。楷书结构严谨,易写易读,摆脱了图画意味,成为由点画组成的方块形的书写形式,是汉字书写发展的又一次进步。

这一演变过程不仅反映了汉字书写技艺的发展,也体现了历史、文化和社会的变迁。不同时期的字体演变展现了中文书写的丰富多彩的历史,为中华文明的传承留下了深刻的印记。

在古汉字阶段,书写单位是各种各样的线条,这些线条是根据事物形体的变化而形成的。汉字在这个阶段具有较明显的图形性,形态更加灵活,直接反映了事物的外形和结构。这时期的汉字如甲骨文和金文,线条繁多,结构相对自由,具有一定的艺术性和表现力。随着时间的推移,特别是在隶书和楷书阶段,今汉字的书写单位逐渐演变为各种类型的笔画。这些笔画经过自然发展和规范,形成了样式固定、数量有限、书写规范的现代汉字书写体系。在今汉字中,原始的图形性逐渐淡化,汉字的形态更加规范和统一。这种演变不仅使汉字的书写更加规范和便于传承,也为印刷、教学等方面提供了便利。这两个阶段的汉字演变体现了汉字书写的历史发展和文化演进,同时也反映了社会变迁和书写技艺的进步。

从汉字所经历的实际变化中,我们可以看到汉字发展的三个规律和趋势。

其一,汉字表意特点的坚持是其独特之处,这种灵活性和适应性是汉字演变的一个显著特点。对于汉字来说,它们不仅是静态的符号,而且随着社会、科技和文化的发展,它们的形态和含义也在不断变化。汉字通过调整义符,使其更好地反映现实生活中的新事物、新概念。例如,原本用于表示石头制成的进攻武器,随着火药的发明,义符被调整为"火",更好地表达了新的概念。同样,"州"字通过添加义符"水",强调了陆地与水域的关系,增加了更多的信息。这种表意特点的灵活调整不仅使汉字适应了不断变化的社会需求,也为汉字的延续和传承提供了一种动态的方式。这反映了汉字作为一种演化的符号系统,其不断调整以适应时代变迁的能力。

其二,汉字演变的复杂性。一方面,人们希望书写时能够轻松自如,于是汉字逐渐简化,符号变得更加流畅。例如,将鱼和鸟的尾巴简化成一横,使书写变得更加迅捷。同时,像"火"在做底时简化为四点,形成类似于"点"的形状,也是为了书写的方便。另一方面,识读的需求又迫使汉字保持一定的丰满和区别度,以便于辨认。简化过度可能导致信息的丢失,使识别变得困难。这就形成了一个矛盾:追求简便的书写会牺牲一定的识别准确性,而过于注重识别则可能增加书写的难度。在这个矛盾中,汉字不断进行调整,以实现简繁适度的优化造型。这种演变既受到个体书写需求的影响,又受到整体识读要求的制约,形成了汉字发展的动态平衡。这种平衡不仅体现在形状上,也反映在汉字的功能上,同时满足了书写和识读两个不可或缺的环节。

其三,汉字的发展在不断完善和简化自己的构形体系中取得了许多进展。一个表意文字面临的挑战是词汇的不断丰富和意义的增多,这可能导致字形的无限增加,超过人们有限的记忆能力。为了应对这个问题,汉字必须在对构件进行规整的前提下,形成一个严密的构形系统。由许慎编写的《说文解字》是在人为调节的基础上,第一次将这个构形系统整理和描写出来的著作。从小篆开始,汉字就有了一批兼有意义和声音的成字构件作为构形的基础,总计有 400 多个。其他汉字则由这些构件按一定规律组合而成,形成了一大批义符和声符相互制约的形声字。这些构件可以充当义符或声符,根据它们的组合方式,形成了汉字的形声结构。例如,有关木的字如"檀""榆""枫""柏"都以"木"为义符基础,但通过声符的不同,如"桐""铜""筒""洞"这些"同"声的字,用义符来区别。这种形声字构造大约占据了汉字总数的 87%以上,形成了以形声系统为中心的构形体系。这种系统的优势在于,通过有限的构件组合,就能够创造出大量的汉字,使人们能够更好地记忆和理解字形。形声字的构造不仅丰富了汉字的表达能力,同时也为汉字的规范化提供了一定的框架。

在漫长的历史中,汉字的发展一直遵循着删繁就简、避难趋易的原则。这种演变并非孤立的自然过程,而是在自发发展的基础上经过人为的规范。这体现了一种动态的平衡,既尊重了汉字在社会中的通行状况,又在必要的时候进行规范,以使其更符合社会的需求和发展趋势。规范的制定通常是在掌握了汉字发展趋势的基础上进行的。通过对汉字的使用情况和演变进行深入研究,人们能够更好地了解汉字的发展方向,从而有针对性地进行规范。这种规范不仅具有社会性,因为它是为了满足社会需求而进行的,同时也具有科学性,因为它是基于对语言演变规律的科学认识和分析。总体而言,汉字的规范发展是一个动态的、复杂的过程,需要在保留传统文化和符号意义的同时,适应社会的发展和变化。这种规范不仅使汉字更易于书写和识读,也反映了语言和社会相互作用的深刻关系。

第三节　中国古代文学

一、中国古代文学的特点

文学的艺术特征能够触及人的深层情感和意识。在欣赏文学作品时，人们运用自己的全部审美经验和意识，将自己的深度展开在作品中。这种互动是文学的独特魅力所在。中华民族拥有丰富的文化传统，这种传统深刻地影响着人们的审美意识。文学作品的艺术特征不仅是个体创作者的表达，更是整个民族文化的反映。在作品中可以看到民族文化的鲜明烙印，这是深深积淀在民族心理特质中的产物。文学作品承载着民族的历史、价值观念、道德规范等，通过艺术手法将这些元素融入作品中，形成独特的艺术特征。这不仅是一种表面上的文化表达，更是一种深层次的民族心灵的流露。通过文学，人们既能够更加深刻地理解和感受自己所属民族的文化底蕴，也能够在跨文化交流中展现独特的文化身份。因此，文学作品的艺术特征不仅是审美的体验，更是文化传承和心灵交流的载体，通过作品，人们能够共鸣、思考，并在其中找到自己与民族文化的深厚联系。

（一）神似论

在文学创作中，处理形神关系的问题是一个重要而复杂的课题。这一问题涉及对作品中所描绘对象的形貌和内在精神的平衡处理，以及对于艺术创作目的的认识。

中西文学在这方面有着显著的差异。在西方文学，特别是古希腊时期，强调对现实的客观模仿，追求形式上的真实和客观性。而在中国古典文学中，强调的是"以形写神"，注重描绘对象的内在精神和神韵。

"神似"作为一个概念，强调的是作品要生动地表现出所描写对象内在的精神气质和精神旨趣。这就要求艺术意象不仅把现实中的物象表达出来，更要传达出物象的神韵。这一理念在古代文学理论中得到了广泛的认同，不仅体现在绘画中，也影响了诗词创作。

在诗词中,尽管是抒情的艺术,但同样是形象的艺术。不过,中国古代诗词写人物往往不求齐全,只求其神而不袭其貌。这意味着在描绘人物形象时,不追求细致周到的肖像描写,而是注重表现人物的精神和内在特质。典型的例子如《诗经·卫风·硕人》中对卫庄公夫人姜氏之美的描写,通过形神结合,传达出她的美丽和令人倾慕的气质。

在李清照的《点绛唇·蹴罢秋千》中,也体现了形神兼备的艺术追求。上阕写出了少女的娇美形象,而下阕通过形象描写传达出少女的天真活泼、怕羞而顽皮的内在神态,形神相得益彰。

因此,中西文学对于形神关系的处理存在明显的不同,而中国古典文学强调以形写神的传统在文学创作中有着深远的影响。这种传统在审美观念和艺术实践上为文学创作提供了独特的视角和方法。

《春夜喜雨》是一首极具艺术价值的诗篇,而其中的成功之处正是在于诗人杜甫通过精妙的描写,将春雨赋予了独特的"神理",表达了诗人对春雨的深切喜爱。首先,杜甫通过描写春雨"好雨知时节"表达了对春雨的赞美。这不是简单地描写雨水的降临,而是赋予了雨水知觉的特质,使其具有了"神理"。春雨知道何时应该降临,它不是无序而至的自然现象,而是顺应时令,为大地万物带来了滋润和生机。其次,通过"随风潜入夜,润物细无声",杜甫巧妙地表达了春雨的轻柔和细腻。春雨伴随着和风,在夜晚悄悄到来,不引人注目,润物却无声无息,这种表现使春雨更具有一种神秘而温柔的特质。再次,描绘"野径云俱黑,江船火独明",通过黑暗中的景象突显了春雨的独特性。在春雨的降临下,野径和云都被昏暗所笼罩,唯有江船上的灯火独自照耀,形成了一种独特的画面,进一步强调了春雨的特殊氛围。最后,通过"晓看红湿处,花重锦官城",杜甫将春雨的美好表达得淋漓尽致。在天亮之后,诗人看到满城的花朵因雨水而变得红润丰满,形成了一幅美丽的画卷。这种细腻的描绘让读者不仅看到了春雨的降临,更感受到了春雨给大地带来的生机和美好。总体而言,杜甫在《春夜喜雨》中通过形象的描写,将春雨赋予了独特的"神理",表达了诗人内心深深的喜爱之情。这种通过形神结合的手法,使得这首诗在历代被称为"名篇",并在文学史上留下了深远的影响。

形神兼备的形象构成原则在中国古典戏曲和小说创作中得到了高度重视。在这两种文学体裁中,形象的塑造旨在实现形神的统一,即通过对外在形态和内在精神的深刻刻画,使人物形象既具有个性化又具有内在的丰富性。在戏曲方面,作为一门综合艺术,戏曲形象的塑造主要依赖演员的表演。中国戏曲发展出一整套富有民族特色的表演体系,通过程式化的虚拟动作,演员能够准确生动地传神达意,使人物形象的形态美与神态美得以完美统一。这种程式动作源于对生活动作的提炼和升华,是演员在表演中应遵循的规则。然而,这些规则并非僵化的,戏曲美学强调演员要根据对角色内在精神的深入分析和体验,设计并灵活运用形的表现动作,从而实现形生神活,达到"形神兼备"的舞台形象塑造。在小说方面,中国小说美学以"个性化"为核心来论及人物形神统一。个性化包括人物身上内外两方面的独特性,通过将这两方面的独特性结合起来,构成了人物的"性格"。通过个性化的外在表现(表情、语言、行动)来传达人物的精神内涵,实现形神的统一。[1] 例如,对于《水浒传》中鲁智深的描写,通过"传神写照"的评价,强调了人物形象的个性化和传神性。总体而言,形神兼备的形象构成原则要求在充分个性化的基础上实现形与神的统一。人物的外在表现必须以其内在精神为依据,而内在精神也通过外在表现得以彰显。这种个性化的统一要反映出形神的丰富性、复杂性和矛盾性,从而创造出深刻、饱满、鲜明、生动的人物形象,给观众或读者带来"形神兼备"的审美享受。这一原则在中国古典文学的创作中得到了深刻的体现和发扬。

（二）抒情性

中国古代文学的抒情性是一大特色,而且情感因素对文学创作的影响是不可忽视的。《毛诗序》中的"情动于中而形于言"简洁而深刻地表达了这一点,诗歌、散文、小说、戏剧,无一不在展现丰富的情感世界。中西方古代文学对情感的关注有一些差异,这也反映了各自文化的特点和价值观。中文文学强调情感的真挚表达,而西方古代文学在早期更注重史诗和戏剧的

---

[1]罗琴、王华敏:《由"形"入"神":文化基因视角下高校中华优秀传统文化的传承转向》,《学校党建与思想教育》2021 年第 19 期。

叙事性质,强调故事的再现。

文学与性情之间的关系在儒家诗教中得到了直接而率真的表达,"发乎情,止乎礼"(《诗经》)更是直截了当地指出了文学与情感的关联。这种强调情感的文学观念在中国古代文学中根深蒂固,影响了许多文学家的创作理念。不过,无论中西,对于文学情感特征的认识都是为了触动读者的情感共鸣。艺术家通过自己的情感体验,使作品充满感染力,让读者在阅读中产生共鸣,这是文学的魅力所在。

《诗经·国风》中的诗篇深刻地奠定了中国文学以抒情言志为主的基本美学特征。这些古老的民间恋歌和氏族咏叹充满真挚的情感,通过短小而深沉的篇章表达出或喜悦、或悲伤的情感。这些抒情特征至今仍然感人,区别于其他民族的长篇叙事史诗,它们以短小而富有抒情意味的形式,深刻感染、激励着读者。中国古代文学的抒情性特征不仅体现在诗歌中,也贯穿于散文、小说等文学体裁。作家通过生动而深刻的抒情描写,将内心的感悟和情感表达融入文学作品中。这种强调情感表达的文学传统为中国古代文学赋予了鲜明的民族特色。

在文学创作中,情感因素的表达成为作品的核心,使作品更具深度和感染力。《陈情表》中李密的深情表白、《出师表》中诸葛亮的耿耿深情以及其他具有强烈艺术魅力的作品,都凸显了情感对文学创作的重要性。不论是叙事文学还是戏曲,它们表面上的叙事往往是情感的外在表现,骨子里却是深刻的抒情。这种强调情感的文学传统对后来的文学创作产生了深远的影响。通过表达真挚的情感,中国古代文学作品使读者产生共鸣,这也是为何这些作品历久常新、深受人们喜爱的原因。

(三)意境说

意境在中国古代文学中是一个极具特色的艺术范畴。这个概念强调了文学作品既要真实再现客观景物,又要充分抒发作家的主观情感,使主客观在情景中相互联系、交融,最终达到情景交融中的升华。唐代刘禹锡所言的"境生于象外"表达了创造悠远艺术空间的追求,使文学作品在表现客观景物的同时能够超越表面,产生更深层次的意境。

《二十四诗品》的作者司空图对意境也有着独到的见解，提出了"韵外之致""味外之旨"，揭示了意境中的含蓄蕴藉和发人想象的美学特征。这种通过言外传达的意蕴，使诗词成为超越文字表面的艺术。

王国维对于意境的重视更是使其成为评判古典诗词的标志之一。他将意境理论引入戏曲和小说领域，使得意境的追求成为中国古代文学各个体裁的共同追求。意境所强调的情景交融、感悟深远的特点，为中国文学增添了深厚的艺术内涵。意境理论的贡献不仅体现在对诗词的评价标准上，也拓展了中国古代文学的创作领域，使得文学作品更富有深度和感染力。

说到诗歌，就好像是打开了一扇窗，透过这扇窗，人们可以看到那些美丽而深刻的意境。这些诗句中的景物，简直是一幅幅精美的画卷，而诗人则是那位巧夺天工的画师，用他们的文字勾勒出了令人陶醉的画面。"大漠孤烟直，长河落日圆"（王维《使至塞上》）让我们仿佛感受到了辽阔而悠远的大漠，那种孤独与壮美交织在一起。而"无边落木萧萧下，不尽长江滚滚来"（杜甫《登高》）则勾勒出了一幅气势磅礴的长江画卷，仿佛能听到江水的澎湃声。至于王国维提到的"无我之境"和"有我之境"，是对意境的深刻分析。有时候，诗人冷静客观地描绘景物，让人感受到一种"无我"的宁静；而有时候，情感的涌动使景物充满了个人主观的色彩，形成了独特的"有我"之境。陶渊明的"采菊东篱下，悠然见南山"（《饮酒》）则让我们想起了闲适的田园生活，仿佛置身于宁静的山水之间。总的来说，诗歌就像一场心灵的漫游，让人在文字的海洋中遨游，感受到情与景、意与境的交融与共鸣。

在戏曲中，正如王国维所言，情景的描写并非单纯为了写景，而是为了更好地表达剧中人物的感情。通过对景物的描写，戏剧中的人物可以更深刻地表达内心的感受，使情感得以深化和展现。这种情景与情感的交融，正是中国古典戏曲所追求的意境之一。《长亭送别》中的《端正好》一曲通过生动而具体的景物描写，将大自然的景象与人物的感情紧密结合。这种有情景而又情感交融的描写手法，使得整个场景更具生动性和感染力。特别是最后一句"晓来谁染霜林醉，总是离人泪"，将自然景物与剧中人物的情感紧密联系，使得意境更为深沉。

在中国文学的创作和鉴赏中，追求感受和进入意境是至关重要的。有时候我们在阅读中会暂时忽略周围,沉浸在文学作品所创造的世界中。这种体验不仅能唤起个体的审美情感,还有可能带来对宇宙、人生的新理解,甚至是对个体智慧的提升。这正是文学作品深层次的影响和意义所在。

二、中国古代文学的内容

(一) 中国古代诗歌

中国古代诗歌的历史是一部源远流长的壮丽史诗,从先秦时期开始,经过了漫长的发展与繁荣,至明清时期,形成了多样而丰富的诗歌体裁。中国古代诗歌是一座庞大而丰富的文学宝库,它不仅记录了古代社会的变迁,反映了人们的生活百态,更以其高度的艺术性和深刻的思想内涵,为后人提供了无穷的艺术享受和思想启示。这份宝贵财富不仅属于中国,更属于全人类。

1. 先秦诗歌

诗歌最初源于民间的劳动号子,如《吴越春秋》中的狩猎歌,展现了人们在生活中的劳作和欢庆。早期的歌谣,虽然简单朴实,却是诗歌发展的萌芽。《诗经》的出现标志着古代诗歌的系统整理,它集结了丰富多样的歌谣,涵盖了宫廷雅颂和乡土风雅。雅、颂部分表达了统治阶级的崇拜和歌颂,而风则更贴近百姓生活,记录了丰富的情感和乡土风情。在战国时期,屈原的出现使诗歌迎来了新的风貌。他的楚辞以其丰富的想象力、夸张的表现手法、华美的文辞,开辟了一种全新的抒情表达方式。《离骚》作为其代表作,展示了屈原豁达激昂的个性和对国家、人民的深切关怀。他的作品被后人誉为积极浪漫主义诗歌的奠基之作,为后来的文学创作奠定了基础。楚辞的兴起,使诗歌的表达更为丰富多彩,也为后来的文学发展提供了新的启示。

2. 汉赋

汉朝《古诗十九首》的出现是当时诗歌思想和艺术的高峰,特别是在汉末时期,这些作品以抒情为主,表达了当时文人的失意和低调感叹,反映了社会动荡的时局。这种平浅质朴的写作风格为后来的文学发展打下了基础。汉乐府民歌的出现也是汉诗歌的一大亮点。这种新兴的诗体形式灵活多样,反映现实生活,对中国古代诗歌的健康发展起到了积极的推动作用。尤其是《孔雀东南飞》和《陌上桑》等作品,通过叙事手法生动地表达了婚姻爱情和抗暴题材,展示了汉乐府的丰富内容和多样化形式。

在建安年间,诗坛出现了"三曹""七子",他们的作品反映了当时混战带来的灾难,同时表达了建功立业的志向,展现了"建安风骨"。曹植的诗歌成就最高,以华美的语言和修辞著称,为建安时期的诗歌语言趋向华美提供了有力的证明。

魏晋时期是中国古代文学史上一个动荡而思想繁荣的时期,诗歌在这个时期呈现新的风貌,对生命、命运进行深刻的思考。阮籍作为魏末的代表诗人,通过《咏怀诗》开创了五言抒情组诗的体例,展现了强烈的抒情意味。这一创新为后来的五言律诗发展提供了范例。同时,左思的《咏史诗》和郭璞的《游仙诗》也在这一时期开辟了委婉抒怀的新风格,通过对历史、仙境的描绘,表达了对人生和命运的深刻思考。

在东晋时期,玄言诗盛行,陶渊明以朴素平淡的艺术风格,表达了对田园生活和对社会现实的真挚情感,成为时代的独特代表。他的《归园田居》《饮酒》等作品,反映了他对清新自然和纯粹情感的追求。

南北朝时期,山水诗成为一种独特的文学风格,谢灵运和谢朓等诗人在这一时期取得了显著的成就。谢灵运善于营造画境,描绘细致深入,而谢朓的作品则以秀逸的风格和深厚的山水造诣为人称道。鲍照在乐府体上的贡献更是显著,他的乐府诗形成了雅俗结合的语言特色,为乐府诗的发展带来了新的面貌。

齐梁时期的"永明体"为中国古代诗歌带来了新的韵律和音乐美。谢朓的《玉阶怨》《王孙游》等五言小诗体现了这一体裁的特色,重视声韵的运用,使诗歌更富于音乐感。这种新体诗后来演变为"宫体诗",虽然在内容上存在一些不足,但在文辞和音乐性方面有着显著的优点,为后来的诗歌发展提供了新的可能性。

南北朝时期的乐府民歌也是诗歌发展的重要组成部分。南朝的乐府诗以"吴歌"和"西曲"两大类为主,以情歌为主要题材,如《子夜歌》《读曲歌》

《西洲曲》等,其风格婉约,运用了叠字、谐音等手法,展现了南朝文学的独特魅力。

北朝时期的乐府诗涵盖了丰富的内容,包括战争、百姓疾苦、爱情生活等,如《折杨柳歌辞》《陇头歌辞》《木兰诗》等。这些作品语言明快,风格质朴而豪迈,展示了北朝时期诗人对多样主题的创作活力。特别是《木兰诗》,通过对女性英勇形象的歌颂,为后来的文学创作提供了重要的题材和表现手法。

3. 唐诗

唐代的诗歌是中国古代诗歌的鼎盛时期,其繁荣和多样性成就了许多千古传世的文学珍品。

初唐时期,齐梁时期的"宫体诗"影响逐渐减弱,而初唐四杰的出现为唐代诗歌的新发展奠定了基础。王绩、陈子昂、张若虚等人在各自的创作中推动了唐诗的发展。他们的作品不仅在形式上注重平仄、押韵和对仗,而且在内容上表达了对社会和个人命运的深刻思考。陈子昂提倡"汉魏风骨",对唐代诗歌理论和实践都有重要的贡献。

随后的韩愈也在初唐时期崭露头角,他对陈子昂的赞扬显示了他对初唐诗歌的高度评价。张若虚的《春江花月夜》、贺知章的《回乡偶书》等作品成为后世传颂的佳作,展示了初唐时期诗人的风采。盛唐时期是中国传统诗歌的巅峰时刻,各类诗歌体裁百花齐放,现实主义和浪漫主义并存。诗人们以田园诗和边塞诗为代表,展现了丰富多彩的文学景观。这个时期涌现了大批杰出的诗人,为中国古代诗歌的丰富多彩留下了深刻的印记。

李白和杜甫是盛唐诗歌的巅峰代表人物,他们在性格和诗作风格上展现了截然不同的一面。李白以浪漫主义著称,他的作品涵盖了广泛的主题,情感丰富而奔放。他歌颂祖国的壮丽河山、表达雄心壮志,同时也表达了怀才不遇的苦闷。《蜀道难》《将进酒》《行路难》等作品都是他的代表作,深受人们喜爱。李白的诗歌展示了他丰富的内心世界,将大千世界与个人情感巧妙融合。杜甫则以"现实主义"见长,他通过作品展现了对现实的深刻思考。杜甫的作品以反映社会现实、以小见大为特色,其诗歌风格沉郁顿挫。《望岳》《月夜》《兵车行》《茅屋为秋风所破歌》等作品,以及其涉及的"三吏"

"三别"等作品,都展现了杜甫对人生、时局的深刻思考。此外,盛唐时期的山水田园和边塞诗派也成就斐然。王维、孟浩然等代表了山水田园派,他们的作品言辞质朴,风格清新,尤以王维的"诗中有画,画中有诗"而著称。边塞诗派则以高适、岑参、王昌龄、王之涣为代表,他们的作品描绘了边塞风光,情感真挚,共同构筑了盛唐时期诗歌丰富多彩的景观。

元白诗派和韩孟诗派在中唐诗歌中是两大主要流派,展现了不同的创作理念和风格。元白诗派以白居易为代表,主张诗文应"为时""为事"而作,提倡反映现实的"新乐府运动"。白居易的作品如《秦中吟》体现了现实主义的特色,而《长恨歌》和《琵琶行》等则是后世传颂的经典之作。元稹也是这一流派的中坚人物,他的《田家词》等作品同样具有现实主义的倾向。韩孟诗派以韩愈和孟郊为代表,其诗文笔雄健。韩愈提倡文风雄健豪放,而孟郊与贾岛则崇尚苦吟,被后人赞誉为"郊寒岛瘦"。这一流派的作品体现了不同的审美追求和创作态度。

晚唐时期,李商隐和杜牧成就最高。李商隐擅长七律,其诗给人一种朦胧的艺术享受,如他的一些《无题》诗。杜牧则以七绝见长,如《赤壁》《泊秦淮》等,以小见大,抒发对时局的感慨和对古代的怀念。晚唐诗坛在这一时期由盛而衰,后来的诗人如皮日休、陆龟蒙、罗隐等虽然承袭了新乐府的反映现实的理念,但其气魄和才气已经不及中唐时期的辉煌。

4. 宋词

词的发展充满了丰富的变化和创新。从晚唐时期开始,词逐渐成为一种独立的诗歌体裁,融合了四言、五言、七言、骚体及四六骈文等多种形式,形成了杂言诗体的特色。相比于齐言诗,词在形式上更加灵活多变,内容上也更有利于表达各种情感。

温庭筠作为词史上的重要词人,被认为是花间词派的鼻祖。他以描写女性生活为主,词风温润香软。这种以女性生活为题材的词,成为后来词坛的一种特色。五代时期,李煜等词人的出现进一步丰富了词的表现形式,尤其是李煜亡国之君的凄凉身世,使词的主题有了更为深刻的感慨。

北宋初期,词坛延续了花间派的风气,代表人物有晏殊、晏几道和欧阳修。然而,柳永和苏轼的出现为词坛注入了新的活力。柳永的词以雅俗共赏为特点,擅长慢词,善用描写手法。苏轼则通过革新词风,创造豪放词派,使词成为一种更为独立的艺术形式。他不仅在题材上进行创新,还突破了词律的束缚,成为词坛巨匠。苏轼门下的词人,如黄庭坚、秦观等,也为词坛的繁荣作出了贡献。整体而言,词的发展历程丰富多彩,不同时期的词人在形式和题材上都做出了独特的贡献,使词成为中国古代文学中一颗璀璨的明珠。

北宋末期的周邦彦是"格律词派"的代表,他对宋词的发展起到了积极的推动作用。代表作《瑞龙吟·章台路》在格律上有着精湛的表现,展现了他在礼乐方面的深厚造诣。李清照是南宋时期的女词人,以清新雅致的作品著称。她创立了"易安体",其词作在北宋时期主要写闺中生活,南渡后则更多地表达了国破家亡的愁绪和恨意。李清照的词作因时而发,充满了时代特征,代表作有《如梦令·昨夜雨疏风骤》《声声慢·寻寻觅觅》等。辛弃疾是南宋伟大的爱国词人,他的词作手法丰富,风格多样,既有豪放的特点,又不失婉约。他的代表作《水龙吟·登建康赏心亭》表达了深厚的爱国情怀。辛弃疾的豪放风格影响深远,形成了"辛派词人"这一流派,包括陈亮、刘过、文天祥等人,都留下了传世之作。南宋后期,骚雅词兴起,姜夔的《点绛唇·燕雁无心》《暗香》等代表了这一时期词的清雅风格,将婉约词推向了一个新的高度。这些词人的作品在形式和内容上都为宋词的繁荣贡献了重要的力量。

5.元曲

元代的曲艺在金朝萌芽,盛行于元代,因而被称为"元曲"。这一时期的曲艺包括散曲和剧曲。剧曲,也叫杂剧,是一种戏剧体裁;而散曲则是一种新的诗歌形式,相较于词,散曲在曲调和行文上更为开放。

元代的散曲分为前后两期。前期的代表人物主要有关汉卿、马致远、白朴、王实甫、张养浩等。他们的作品风格各异,马致远和张养浩的作品豪放豁达,采用白描手法,风格质朴;而关汉卿和白朴的作品则趋向清丽。著名作品包括关汉卿的《双调·沉醉东风·送别》和白朴的《中吕·喜春来·题情》。

后期的代表人物主要有张可久、乔吉、徐再思等。他们的作品追求典雅、清丽的风格,注重声律,大多反映文人自身的生活和感受。著名作品包括张可久的《中吕·卖花声·怀古》和乔吉的《双调·折桂令·荆溪即事》。

元代的散曲分为北曲和南曲两类,北曲主要盛行于元代,而南曲则在明代流行起来,成为曲坛主导。北曲风格豪放,南曲偏向婉约,共同构成了元代丰富多彩的曲艺文化。

马致远和张可久是元代散曲领域的杰出代表,各自以独特的风格和贡献在元代文学史上留下了深刻的印记。

马致远被誉为"曲状元",他的散曲作品以豪放豁达、白描手法为特色,风格独具个性,其中以《天净沙·秋思》最为著名。这首作品表达了对逝去岁月的怀念,展现了豪情壮志,成为元代散曲的经典之一。

张可久则以寄托山水、怀古抒情的作品而闻名。张可久的诗歌表现了对自然景色的独特感悟,以及对历史的怀旧之情。他的作品在元代散曲中占有重要地位,为后世留下了丰富的文学遗产。

6. 明清诗歌

在明初时期,特别是在洪武年间,一批文人如刘基、高启、林鸿等人通过他们的作品反映了社会现实生活和文人的心境。刘基的《陇头水》、高启的《登金陵雨花台望大江》等作品展现了对自然和社会的感悟。这一时期还涌现出了以杨士奇、杨荣、杨溥为首的"台阁体"诗歌,其特点是注重韵律和修辞。然而,随后出现了以李东阳为首的"茶陵派",他们虽然延续了"台阁体"的传统,但内容相对空洞,更注重形式而脱离了现实。到了弘治年间,李梦阳、何景明等代表的"前七子"及谢榛、李攀龙等代表的"后七子"摆脱了"台阁体"的束缚,强调复古,使其成为明中叶一大特色。他们的作品有李梦阳的《秋望》、何景明的《岳阳》、谢榛的《塞上曲》及李攀龙的《于郡城送明卿之江西》等传世之作。

晚明时期,诗歌理论进一步发展,以"袁氏三兄弟"(袁崇道、袁岩道、袁中道)为首的"公安派"和以钟惺、谭元春为代表的"竟陵派"提倡性灵,使诗歌的风格更加多元。"袁氏三兄弟"的作品风格质朴、率真,而钟惺、谭元春等人体现了幽深的风格。明末社会动荡,一些志士仁人通过诗歌表达其悲壮的现实情怀。陈子龙的《小车行》、顾炎武的《精卫》及夏完淳的《别云间》

等作品反映了时局的困扰和他们的个人情感。此外,在明中叶,散曲也取得了显著的成就。南北两派的风格各异。北派的冯惟敏以丰富的内容和豪放的风格著称,其代表作有《玉芙蓉·喜雨》。南派则注重华丽的文辞和音律,却相对脱离现实,如沈仕的"青门体"作品,以享乐为主题。沈璟的散文工于词律,近似于"词"。同时,陈铎和王磐等人兼具南北两派的特点。陈铎的作品如《沉醉东风·闲情》柔婉,而《滑稽余韵》则泼辣,反映下层社会生活。王磐的代表作如《朝天子·咏喇叭》体现了他融合二派风格的才华。

明代的民歌尤其以反映城市下层生活和爱情为主题。冯梦龙的《山歌》和《挂枝儿》等作品语言朴素,风格泼辣,生动地描绘了当时的社会风貌。这些作品不仅反映了民间生活,还展现了鲜明的个性和情感。

在清代诗歌方面,吴伟业是一位备受瞩目的诗人,以歌行体叙事诗见长。他的作品如《圆圆曲》和《捉船行》充满了生动的描写和强烈的叙事感,展现了他在诗歌领域的才华。

清代词的发展也十分显著,早期有陈维崧和纳兰性德等重要的词人。陈维崧代表了"阳羡词派",他的词风豪迈激荡,如《醉落魄·咏鹰》等作品展现了他豁达奔放的个性。而纳兰性德的词则以婉丽自然为特点,尤其擅长小令,如《蝶恋花·辛苦最怜天上月》。

其他词人如顾贞观、朱彝尊等也各具特色,展现了丰富的词歌艺术。清中叶的"常州词派"和晚清的蒋春霖、文廷式等人都为诗歌的发展做出了贡献。梁启超的《水调歌头·拍碎双玉斗》语言明快,风格豪迈,而王国维的《蝶恋花·昨夜梦中多少恨》则清新婉约。

总的来说,中国古代诗歌历史悠久,内容丰富,流派众多,反映了深厚的文化底蕴,为后人留下了宝贵的文化遗产。

(二) 中国古代小说

最初的"小说"并非指现代文学中的小说体裁,而是指一些不合大道、浅薄琐碎的言辞。在《庄子·外物》中,将"小说"用于描述追求高名却偏离聪明通达境界的修辞手法,而非文学作品的一种形式。在《汉书·艺文志》中,小说家被列为诸子十家中的最末一家,被描述为出于稗官,是街谈巷语、道听途说者的产物。这表明最初小说被视为源自民间口头传说,是一种来自街头巷尾、平民百姓的故事,而非经过正式文学创作的作品。随着时间的推移,小说逐渐发展为一种独立的文学体裁,具有更加丰富的叙事结构和深刻的人物描写。在东汉时期,已经有了专门从事小说创作的作家,标志着小说逐渐脱离口头传统,成为一种独立的文学形式。

1. 魏晋南北朝小说

我国小说的发展可以追溯到先秦两汉时期,尤其在魏晋南北朝时期,小说开始形成,并在这一时期分为志怪小说和轶事小说两类。

志怪小说主要描写鬼神灵怪的故事,反映了当时人们对于神秘超自然现象的好奇和探索。西晋时期,张华的《博物志》、干宝的《搜神记》及陶渊明的《搜神后记》等都是典型的志怪小说,其中以《搜神记》最为代表。这类小说通过描绘神怪的形象,展示了古代人对未知世界的猎奇心理。

轶事小说则主要描写现实生活中人物的言行,与志怪小说相对应,又称为"志人"小说。刘宋时期刘义庆的《世说新语》是这一时期的代表作品。这部作品以独特的文风,通过短小的故事描绘了当时社会的人物形象,反映了各种思想流派的多样性。《世说新语》在中国小说史上占有重要地位,对后来小说的发展产生了深远影响。

这些早期的小说作品,虽然在形式和内容上与后来的小说有所不同,但它们为中国小说的发展奠定了基础,为后来的小说家提供了丰富的创作素材和文学传统。

与先秦两汉小说相比,在思想内容方面,魏晋南北朝小说有如下两个特点。

第一,人文主义在文学发展中扮演了重要角色,而这一变化在先秦和魏晋南北朝时期的文学作品中表现得尤为明显。

在先秦时期,神话故事充满了神秘和神异的色彩,如"夸父追日""后羿射日""嫦娥奔月"等。这些故事主要关注人与自然之间的关系,强调人类与自然力量的互动。然而,在这些神话中,对于人的内在世界、价值观念及情感方面的描写相对较少,关注的焦点主要在于神灵和自然之间的关系。

到了魏晋南北朝时期,文学作品的着眼点发生了转变,人文主义的色彩开始浓厚起来。小说《搜神记》中的《吴王小女》及《世说新语》中的《任诞》篇都体现了这一变化。在《吴王小女》中,作者通过吴王小女为爱而牺牲、化为鬼后与爱人重逢的故事,表达了对生死问题的思考和对理想世界的向往。而《任诞》篇则通过阮籍摆脱礼法的束缚,与邻妇亲密交往,宣称"礼岂为我辈设也",展现了强烈的个性色彩,表达了对尊崇自然、不拘一格的真性情的追求。

这种文学转变反映了作者对人的主体意识和情感更为深入的关注,强调了人类内在世界的复杂性和多样性。这也为后来中国文学的发展奠定了人文主义的基础。

第二,在魏晋南北朝时期的小说中,"文"和"史"之间的界限并没有明确划分,写实气息浓厚。这一时期的志人小说往往以真实的人物和事迹为素材,描写了当时的社会风貌,同时将文学创作与历史叙述融合在一起。

《世说新语》是一部典型的代表作品,它以描写魏晋以来士族文人的生活为主线,真实记录了他们的言行,反映了当时社会的思想动态和政治面貌。例如,《汰侈》篇就描写了豪门石崇每次宴会都让美人陪酒,客人若不肯饮尽,便斩美人。这一情节反映了豪门的残暴和虚荣,呈现了当时社会的一面。

志怪小说虽然涉及奇闻逸事,但并非是子虚乌有的捏造,而是作者对传闻的如实搜集和记录。这种写实的氛围表现在对神怪故事的描写中,虽然情节离奇,但作者仍努力呈现传闻中的真实感。

总的来说,魏晋南北朝时期的小说还没有明确的创作意图,文学虚构成分不强,篇幅相对较短小。它主要通过对现实的简单整理和记述,以及对传闻的搜集,展现了当时社会的多样性和真实性。这为后来中国小说的发展打下了基础。

2. 唐代传奇

唐代传奇的发展在魏晋南北朝小说的基础上,形成了具有"史才"和"诗笔"双重品格的文学种类。以下是这一时期唐代传奇的两个显著特点。

第一,重视小说的"史料价值"。

在体例上,唐代传奇采用了类似于史传的写作手法,强调故事发生的具体时间、地点,以及主要人物的身份和籍贯。这体现在对人物生平、事迹的详细交代上,如《霍小玉传》开篇即交代了主人公的姓名、年龄、成就及故事发生的时间和地点。这种写法与史传的风格相似,使虚构的故事读起来更具有亲切感和真实感。同时,在结尾部分,传奇往往会对故事中的人物和事件发表一些议论,增加了故事的史料价值。

第二,富有"诗情画意"。

从内容方面来看,唐代传奇主要以才子佳人的爱情为主题,注重表达诗意和画意。例如,陈鸿的《长恨歌传》描绘了唐明皇与杨贵妃之间的爱情故事,而白行简的《李娃传》则展现了荥阳生与妓女李娃之间超越世俗的爱恋。这些作品通过细腻的描写、感性的情感表达和优美的文学语言,使故事充满了诗意和画意,追求艺术的美感。

总体而言,唐代传奇在文学创作上融合了史料的写实性和诗意的艺术表达,形成了独特的文学风格,对后来的文学发展产生了深远的影响。

唐代传奇具有独特的风格,其中主人公运用诗歌来表达情感、推进情节发展是一大显著特点。这种将诗歌融入故事情节的手法,不仅增添了艺术的层次,也展现了作者对文学多样性的追求。例如,元稹的《莺莺传》中,莺莺通过一首诗表达对张生的思念,将情感巧妙地融入诗歌中。这种通过诗歌传递情感的手法,使作品更具艺术性和情感深度。同样,崔护的《本事诗》中,整个故事的发展围绕着一首崔护写在门上的诗展开,诗歌不仅是表达情感的工具,也成为故事情节的核心。

唐代传奇在文学史上取得了辉煌的成就,分为单篇传奇和传奇专集。代表作包括陈玄祐的《离魂记》、李朝威的《柳毅传》、白行简的《李娃传》、元稹的《莺莺传》、陈鸿的《长恨歌传》、李公佐的《南柯太守传》、蒋防的《霍小玉传》等。这些作品在叙事、艺术表达上都展现了高水平的文学创作能力。

唐代传奇的繁荣得益于当时的经济昌盛、政治宽松和文化发达的环境。同时,科举制度的推行也促进了传奇的繁荣,因为士人为了提高录取机会,纷纷将自己的作品投献给名公巨卿,寻求指导和帮助。传奇的"文备众体"、融合了多种文学形式的特性,以及容易引起读者兴趣的特质,都为其繁荣发展提供了基础。

最终,唐代传奇在艺术上的成熟对后世的文言短篇小说、话本小说、元人杂剧,以及明清传奇都产生了深远的影响。

3. 宋元话本

话本小说在宋元时期逐渐形成并发展起来,并且在元代由于一系列的社会因素经历了一些变革。这种文学形式从口头表演到案头文学的转变,对于中国小说的发展有着一定的影响。宋元时期,由于城市经济的繁荣,说话成为一种专门的职业,形成了专门的行会组织,如"雄辩社"和"书会"。这两个组织分别负责说书表演和话本的创作,使说话艺术在当时的城市生活中得到了极大的丰富。然而到了元代,由于政治上的一些因素,说话行业受到限制,被迫转向书坊进行刊刻,从口头表演转变为案头文学形式,话本小说随之大量产生。当时的话本小说虽然散佚很多,但仍然留存了一些作品,见于《京本通俗小说》《清平山堂话本》,以及《喻世明言》《警世通言》《醒世恒言》等文集。这些作品内容涵盖了爱情、公案、侠义、神怪等领域,展现了当时社会多样性的文学表达。其中,爱情、公案、侠义等类别为主流,而神怪类作品在思想和艺术上被认为较为低劣。话本小说的发展不仅是一种文学形式的变迁,还反映了社会背景对文学产出的影响。元代时,由于政治控制,话本小说逐渐演变成案头文学形式,为后来中国小说的发展奠定了一定的基础。

4. 明清小说

明清时期的文学发展在封建制度衰落、资本主义萌芽的背景下迎来了黄金时期。这一时期,文学作品呈现多样性和丰富性,其中长篇白话小说(章回小说)在文学史上占据了重要地位。

第一,历史演义。

《三国演义》和《水浒传》是中国历史演义小说的代表作品,对后来的文学创作产生了深远的影响。

《三国演义》这部作品以陈寿的《三国志》为蓝本,由元末明初作家罗贯中创作而成。通过对魏、蜀、吴三国的历史事件和英雄豪杰的描写,展现了三国时期的政治、军事斗争,成功地创造了许多经典人物形象,如诸葛亮、关羽、张飞、周瑜、曹操、刘备等。《三国演义》不仅在章回小说的形式上开创了先河,还在描写历史人物和政治军事策略上取得了巨大成功。它以史为本,加入了许多虚构的元素,使整个故事更加生动有趣,成为中国文学史上的经典之作。

《水浒传》作者施耐庵基于南宋以来梁山人物的传说,创作了以宋江为首的农民起义军的故事为主线的长篇小说。《水浒传》通过对梁山英雄从形成到发展再到灭亡的描写,展现了"官逼民反"的历史事实,揭示了封建统治阶级的罪恶,弘扬了起义英雄的高尚品质和反抗精神。这部作品在描写众多英雄人物时,塑造了武松、鲁智深、李逵、林冲等个性鲜明的形象,表现了丰富多彩的人物关系和冲突,成为中国古典小说中现实主义成熟的标志之一。

这两部作品都在叙述历史的同时,通过对人物形象、情节设置的虚构和夸张,呈现丰富的文学艺术效果,对后来的历史演义小说和中国小说的发展产生了深远的影响。

第二,神怪小说。

《西游记》是明代吴承恩的巨著,以唐僧师徒西天取经的故事为主线,通过描写孙悟空、猪八戒、沙和尚等丰富多彩的人物形象,展现了一场神魔世界的奇幻冒险。小说以奇特的想象和幽默风趣的语言,将现实生活中的善恶之争与神话传说巧妙结合。除了神话元素,小说中还融入了佛、道、儒学的智慧,以及对现实社会的人情世态的反映。《西游记》被认为是一部既具有成人童话特色,又兼具哲学寓言的文学巨著,在中国文学史上占有重要地位。

《聊斋志异》是清代蒲松龄的一部文言短篇小说集,以神怪异事为题材,构建了一个独特的幻想世界。作者以狐魅花妖等神怪形象为主要人物,通过对爱情、婚姻、科举制度等社会现象的批判,曲折地表达了对现实生活的思考和感慨。其中的《青凤》《婴宁》等作品,批判了封建礼教对个体的限制,而《叶生》《司文郎》则揭示了社会政治的腐败和统治阶级的残酷。《聊斋志异》是以传奇笔法写就的志怪故事,吸收了史传文学的经验,成为一部独特的文学典范,展现了蒲松龄丰富的想象和文学才华。

第三,世情小说。

《金瓶梅》是一部引人注目的世情小说,通过对明代封建社会的揭露,展现了当时官场、豪门、妓院等各个层面的腐化堕落。这部小说以家庭生活为中心,深刻地反映了社会伦理的扭曲和人性的欲望。作者以丰富的细节描写,勾勒了一系列丰富多彩的人物形象,描绘了一幅明代社会百态的画卷。《红楼梦》是清代世情小说的代表作,以丰富的人物刻画和细致入微的描写,将封建社会的荣辱悲欢呈现得淋漓尽致。小说通过对贾宝玉、林黛玉、王熙凤等一系列形象的刻画,展现了一个庞大而精致的家族中人性的复杂和社会风气的种种问题。《红楼梦》不仅是一部反映封建社会世态炎凉的小说,更是中国古典小说的巅峰之作,以其深刻的人性洞察和绚丽的艺术表现而流传千古。

第四,话本小说与拟话本小说。

冯梦龙在《三言》中表现出对话本小说的深刻理解。这一系列作品以其幽默风趣、寓教于乐的特点受到了当时读者的喜爱。冯梦龙善于运用夸张、讽刺和寓言手法,通过短小的故事,深刻地反映了明代社会的种种弊端和人性的善恶。

李渔的《无声戏》和《十二楼》是清代拟话本小说的瑰宝。他的作品更加注重艺术性,巧妙地融合了戏曲元素,使小说具有戏剧性和视觉感。《无声戏》通过生动的人物刻画和曲折离奇的情节,巧妙地揭示了封建社会的黑暗和人性的悲喜。《十二楼》则以十二个各具特色的故事,展现了社会百态,让读者在笑声中思考人生。

这些作家的贡献不仅在于丰富了话本小说的艺术表达形式,也为后来的小说创作打下了坚实的基础。

第五,讽刺小说。

明清时期的讽刺小说可谓文学界的锐器,直面社会弊病,毫不畏惧地进行深刻揭露。吴敬梓的《儒林外史》和李汝珍的《镜花缘》都以讽刺的手法反映了封建社会的黑暗和荒谬。

《儒林外史》深刻地揭露了科举制度的弊病,通过对士人的生活描写,直言不讳地批判了八股文的教条性,呈现了儒学精英的虚伪和功利。这部小说直接挑战了当时封建社会的伦理道德,对科举制度进行了深刻的剖析。

《镜花缘》则以讽刺的手法揭示了清代社会伦理的虚伪和偏见。小说通过主人公唐敖的游历,展现了社会腐败、人情冷漠的一面。尤其在对女性地位和封建礼教的讽刺中,体现了对社会弊端的深刻认识。

晚清时期的"四大谴责小说"(李宝嘉《官场现形记》、吴沃尧《二十年目睹之怪现状》、刘鹗《老残游记》、曾朴《孽海花》)更是在国家危亡之际,勇敢地对社会现象进行了揭露。通过小说这一形式,作者表达了对社会不公、腐败的不满,唤起了人们对社会变革的思考和渴望。这些作品在中国文学史上留下了深远的影响,为后来的文学创作和社会变革提供了启示。

(三) 中国古代散文

中国古代散文有广义和狭义之分。在广义上,散文包括文学和非文学的多种文字表达形式,覆盖面很广。《左传》《战国策》《论语》《孟子》等经典作品中的一些篇章被认为是广义散文的代表。在狭义上,散文则指归于文学的一种体裁,不受韵律和格律的限制,以散练的文体表达作者的思想、感情和意境。这种散文形式在古代就有了很高的成就,包括《文心雕龙》《庄子》《韩非子》等作品。

古代散文的创作涉及各个领域,既有表达作者个人情感和感悟的随笔,也有对社会、历史、哲学的深刻思考。散文的风格也因作者而异,有雄辩激昂者,有含蓄婉约者,有豪放洒脱者,有细腻婉转者,形式上的多样性为古代散文的发展提供了丰富的土壤。

总体而言,古代散文在广泛探讨人生、社会、自然等主题的同时,形成了独特的艺术风格和表达方式,为后来的文学创作提供了深厚的积淀。

1. 先秦散文

古代中国散文经历了一个由简到繁、由官府独占到百家争鸣的发展过程。早期的散文主要表现为文字记事,如商代的甲骨刻辞及铜器铭文,以及殷代的卜辞和卦爻辞。这些文献主要记录事实、卜辞、占筮,反映了当时神权统治的文化形式。随着时间的推移,散文逐渐发展,周代的铜器铭文在内容上增加了历史经验和道德说教,文章也更具文采。《周易》的形成标志着中国古代散文的正式形成，它汇集了夏商周的典、谟、训、诰、誓、命等文献，具备谋篇布局的特点，有的还具有一定的文采。战国时期，古代散文进入了一个新阶段。《尚书》作为历史文献集，收录了夏商周的文献，记言记事并存，具有一定的文学价值。这对后世的应用文写作产生了影响，也为先秦时代的历史散文和诸子散文奠定了基础。整体而言，古代中国散文的发展是一个渐进的历史过程，从最初的文字记事到官方文献，再到百家争鸣的时代，不仅丰富了文学表达形式，也为后来的文学创作提供了丰富的积淀。

2. 汉魏散文

（1）汉朝散文

从秦始皇统一天下开始，整个文化格局就发生了翻天覆地的变化。百家争鸣的时代结束，法学思想崭露头角。李斯和他的《谏逐客书》是法学领域的璀璨之星。

汉初时，杂文兴盛，贾谊、晁错等大家纷纷登场。贾谊以《过秦论》和《陈政事疏》为人所知，总结了秦朝灭亡的经验教训，可谓言之有物，文采斐然。晁错则以实际切实的文字著称，他的《论贵粟疏》可谓传世之作。赋体文在汉初也是大有作为，司马相如的《子虚》《上林》风采独特，既讽刺诸侯，又谏诤天子。而班固的《典引》则是另一番歌颂之作，展现了庄重典雅的文风。汉初思想的时代特征也体现在黄老学派的兴盛上，以《淮南子》为代表，提倡"无为而治"，顺应了当时政治心理的需要。刘安主张学术不偏袒一家，反对文化的单一统治，可谓是文化多元的倡导者。

武帝时期，董仲舒"罢黜百家，独尊儒术"的建议标志着汉朝对思想文化的集中统治。董仲舒的代表作品《辛贤良对策》和《春秋繁露》，提出了天人感应的理念，弘扬神学迷信，文风渐趋坐而论道，不再像前人那样纵横驰骋，对后来的思想和文章产生了深远的影响。在这个时期，司马迁崭露头角，他的《史记》是我国第一部纪传体通史，被誉为汉代散文的最高成就。他以"究天人之际，通古今之变，成一家之言"（《报任少卿书》）为宗旨，为后世的史学和文学奠定了基础。复古思潮也在两汉时期兴盛，扬雄以《太玄》《法言》为代表作，弘扬复古之风。王充则在《论衡》中主张复古思想，对当时的文学和思想产生了重要影响。汉朝晚期，班固的《汉书》，成为我国第一部纪传体断代史。相较于《史记》,《汉书》更加注重引经据典,充满学术气息,成为后世正史体制的奠基之作。这段时期的文化变迁可谓丰富多彩,每一位文学巨匠都在时代的舞台上留下了独特的烙印。

（2）魏晋南北朝散文

魏晋南北朝时期社会动荡不定,朝代更迭频繁,这种变动也深刻地影响了当时的文学创作。建安时期,曹操当权,他改变了过去豪族专政的政策,清除了引经说教的风气,使战国诸子的文风逐渐兴盛。在这个时代,曹操和曹丕是代表性文学人物。曹操以政令文章为主,作品如《让县自明本志令》《求贤令》等。曹丕的文章独具特色,如《典论·自叙》自叙身世,行文随意而生动;《与吴质书》则展现了亲切有味的书信风采;《典论·论文》则专注于文学论述,观点新颖。曹植则以富有文采、锋芒毕露而著称,其作品有《与吴季重书》及《求自试表》等。

建安诸子中,孔融以议论为主,文章锋芒毕露,充满文采,如《论盛孝章书》。其他建安诸子如陈琳的《为袁绍檄豫州》带有骈体的意味,显示出纵横家的特色。蜀汉的诸葛亮也留下了令人赞叹的文学之作,《出师表》以其朴实的语言、炽热的感情,成为后世传颂的经典之作。在魏晋时期,阮籍和嵇康的文章充满个性。阮籍的《大人先生传》以韵散结合,充满想象和激情;嵇康的《与山巨源绝交书》则以嬉笑怒骂、犀利的笔锋而著称。两晋时期的文学逐渐趋向骈偶,王羲之的《兰亭集序》则以清新疏朗、洒脱的文笔脱颖而出。南北朝时期,骈文盛行,注重文采和典故的运用。范缜的《神灭论》、裴子野的《雕虫论》、颜之推的《颜氏家训》等都被认为是佳作。同时,历史散文也在这个时期达到了相当高的水平,如陈寿的《三国志》、范晔的《后汉书》等都是重要的历史著作。

3. 唐宋散文

（1）唐代散文

唐代前期,尤其是初唐和盛唐时期,散文表现出骈文和散文交融的特点,延续了六朝时期的文风。王勃的《滕王阁序》和骆宾王的《为徐敬业讨武曌檄》是这一时期的代表作,以雄壮的气势和动人的艺术魅力为后人传颂。

同时,散体散文作品也相当丰富。魏徵的《谏太宗十思疏》是一篇劝谏太宗的作品,言简意赅,洒脱清晰,寓意深刻。许多大诗人也涉足散文创作,如李白的《与韩荆州书》和《任城县厅壁记》富有想象力,感情奔放,风格清新俊逸。杜甫的《秋述》则以凝练丰富的语言表达了失意的心情。其他作品如陈子昂的《修竹篇序》和李华的《吊古战场文》也是当时散文的佳作。

在中唐时期,古文运动主张剔除骈俪文,完全使用散体散文写作,达到了高潮。陈子昂最早反对骈俪文风,而韩愈、柳宗元更是倡导秦汉时的散文文体。韩愈写了大量新体散文,论说文辩才滔滔,记叙文形象鲜明,抒情文感染力十足。柳宗元的散文涉及广泛,论说文如《师友箴》和《捕蛇者说》具有锐利的论点,传记文如《种树郭橐驼传》生动有趣,山水游记散文如《游黄溪记》描绘画面与情景相得益彰,寓言故事如《黔之驴》和《蝜蝂传》则简短而发人深省。

唐代后期,散体散文占据主导地位。杜牧的《阿房宫赋》是唐后期赋体文章散文化的代表作。陆龟蒙的《野庙碑》、罗隐的《越妇言》和皮日休的《原谤》《鹿门隐书》等作品,表达了愤世之情,对社会不公进行了深刻的抨击。

(2)宋代散文

唐末宋初时期,骈俪文再次兴盛,但随后又迎来了古文运动。宋初的开拓者包括柳开、穆修、石介等人,而王禹偁、范仲淹等则以杰出的创作实践为古文运动树立了榜样。范仲淹的《岳阳楼记》和《严先生祠堂记》都是广为传颂的名篇。

北宋时,欧阳修成为古文运动的领袖,他不仅亲自写作大量散文倡导朴实文风,还培养了王安石、苏轼兄弟、曾巩等后进之才。欧阳修的作品如《朋党论》《醉翁亭记》平易晓畅,摇曳多姿。王安石的文风简练、雄辩、锋芒十足,如《答司马谏议书》。苏轼则以《日喻》《留侯论》等作品著称。苏辙的文章曲折、淡泊,如《黄州快哉亭记》。曾巩的《墨池记》等作品,以幽雅平正的文风著称。

靖康之难后,南宋时期,战乱频仍,国家陷入危难。南宋散文多表现对国家安危的关切或抒发内心的积愤。陆游的《跋傅给事帖》生动叙事,感情激越;文天祥的《指南录后序》和谢翱的《登西台恸哭记》更是广为传颂。此外,李纲、陈亮、叶适、朱熹、李清照、王质等人也都留下了传世之作。而金元时期的散文相对较少,仅有王若虚、吴澄等人留下了一些较为优秀的作品。

4. 明清散文

(1)明代散文

明代文学思想家众多,各种文学流派争奇斗艳。明初时,散文大家如宋濂、刘基、高启、方孝孺等,其作品深沉苍劲,言之有物,反映了现实生活。例如,宋濂的《送东阳马生序》和高启的《游灵岩记》都是代表作品。刘基的《郁离子》是一部寓言体散文,博奥精深,富有哲理。

明代散文流派起源于"台阁体",以歌功颂德为主,追求典雅华丽。代表作家有杨士奇、杨荣、杨溥等。稍后出现的"茶陵派"以李东阳为领袖,作品内容脱离现实,未引起太大影响。接着是"前七子",他们反对"台阁体",倡导秦汉古文,但停留在模仿阶段,未有创新。其中,李梦阳、何景明的文章最具代表性,李梦阳的《禹庙碑》质朴而深刻,何景明的《师问》揭露现实,言之有物。同时期的散文大家王守仁以雅健雄沉的文风著称。

在嘉靖初年,出现了"唐宋派",主张以唐宋文章为法则,追求直抒胸臆、信手写来的风格,对散文形式进行了一定的革新。代表人物有唐顺之、归有光。晚明时期,"公安派"和"竟陵派"影响较大。"公安派"反对复古主义,提倡冲破儒家思想束缚,代表人物有袁宗道、袁宏道、袁中道。"竟陵派"则提倡幽深孤峭风格,代表人物有钟惺、谭元春。刘侗、张岱、徐宏祖等人的作品也为时人传颂。

明末时期,战乱不断,国家临难,散文作品慷慨激昂。张溥的《五人墓碑记》、夏完淳的《狱中上母书》等表达了时局的动荡和作者的真情实感。

(2)清代散文

清初时期,文人提倡经世务实之学,代表人物有顾炎武、黄宗羲、王夫之,被称为"明代三遗民"。他们的文章体现了明道致用,激励民族气节的特点,如黄宗羲的《原君》、王夫之的《论梁元帝读书》等。此时还有"散文三大家",即侯方域的《李姬传》、魏禧的《大铁椎传》、汪琬的《周忠介公遗事》等。

清代中期是散文发展的高潮,有"桐城派"和"阳湖派"两大流派。"桐城派"的散文言之有序、言之有物,代表人物方苞著有《狱中杂记》,姚鼐著有

《登泰山记》。其他散文作家如姜宸英、邵长衡、全祖望、袁枚等也都留下了传世之作。

清代后期，鸦片战争前后，新一批文人涌现，以反帝爱国为主题。龚自珍的《病梅馆记》表达了深刻的思想，林则徐的奏折分析透彻。曾国藩及其门下四弟子(张裕钊、黎庶昌、吴汝纶、薛福成)被称为"湘乡派"，曾国藩的散文清新自然，文辞凝练。

光绪末年，中日甲午战争爆发，文坛上涌现出康有为、梁启超、谭嗣同、严复等维新派人物，以及邹容、陈天华等革命派人物。梁启超的《少年中国说》思想宏阔，谭嗣同的《仁学》雄健有力，陈天华的《警世钟》通俗流畅，都表达了爱国情怀和学习西方的呼吁。

第四节　中国传统史学

一、中国传统史学的发展历程

(一)先秦

1.中国史学的起源

史学的起源可以追溯到远古的传说时代，记事的方法多种多样。在古代，口头传承和记事方法如结绳刻木等被用来保存历史记载。虽然这些方法无法永久保存信息，但一些口头传说通过一代代的传承得以保存，并在先秦时期的史籍中以不同形式被记录和保存。这些古代的传说记录着原始社会的基本状况，包括居住情况、饮食情况、生产工具、婚姻状况、人类征服自然的情况及军事战争等方面。例如，《庄子·盗跖》中记载了古代人们因禽兽众多而巢居避险的情况，《周易·系辞》中提到伏羲氏使用结绳制作网罟进行佃耕和渔猎，《淮南子·览冥训》中记载了大禹治水、女娲补天的神话故事。虽然这些记载在很大程度上经过了后人的加工，但它们反映了生活在阶级社会的人们对原始社会的认知和理解。这些古代的神话传说虽然不能被称为史学作品，但它们是中国史学的最初形式，包含了先民的原始历史意识和知识传播的初步尝试。从这些传说中,我们可以窥见古代人类的生存斗争、文化观念和社会组织的初步形成。

2.夏、商、西周时期的中国史学

在夏商时期,文字的出现和历法的产生为史学的发展创造了条件。这一时期,中国传统史学开始萌芽,有意识地记载历史逐渐成为统治者经常性的活动和国家大事。早在夏代,就有专门的史官设立,包括左史、右史、御史等职务。这在当时是独一无二的。史官的存在表明统治者对于历史的记录和管理有了明确的机构设置。在商代后期,历史已有专人专职掌管,出现了"作册"和"史"等记载史实的名词。商代的卜辞中也包含了"作册"等字眼,表明当时已有起草文书、记载史实、兼管国家典籍的史官存在。商代史学的初步发展表明,史学在这一时期已经成为国家上层建筑的一部分,并受到统治者的关注。最初的史官兼有巫官身份,负责记事和神事,但随着时间的推移,史官逐渐从神职中分离出来,专司人事。史官在祭祀卜筮之后,将相关的历史事件刻记在卜骨上,主要涉及国王的祭祀、战争、狩猎等方面的内容。这种记录方法逐渐形成了记事、记言、编纂等史学的基本方法。随着史官的设立,关于历史的记载逐渐增多,夏商时期的卜辞和金文中就有不少关于史事的记载。这可以说是中国历史上最早的一批历史记载,为后来的史学发展奠定了基础。

周代史学比商代有了进一步发展,体现在两个方面。

第一,史官的分工更加细致。在《周礼》中,有关于"六史"的划分,包括大史、小史、内史、外史、左史、右史。每个史官都有明确的职责,如大史掌管国家的元典,小史掌管邦国的志,内史负责书写王命,外史负责记录四方的事务,左史负责记载言论,右史负责记事。这种明确的分工,使得史官在历史记录和管理方面更为专业化。不仅如此,不同的政权和诸侯国也都设有史官,如州史、闾史等,其职责主要是掌管文书、辅助行政,即"掌官书以赞治"。据柳诒徵的统计,周代的史官人数不下千余人,其中一些比较著名的包括太史尹秩、太史盖、尹吉甫、左史戎夫、伯阳父等。这种详尽的分工制度表明,中国史官在记录历史方面具有高度组织性和专业性。这些史官是国家法定的官员,史官机构是国家职能的一部分,展现了官办史学的强烈政治色彩。这一特点在中国史学中独一无二。与之相比,西方在同一时期,古希腊史事的编写者主要是民间诗人,而古埃及文献的记录者则是祭司。这表明不同的文化传统在史学上留下了各自独特的印记。

第二,西周时期出现了具有系统文字记载的历史文献,其中最为重要的是《尚书》,是我国现存也是世界上最早的一部史书,通常被认为在春秋时期编辑完成。其中的《盘庚篇》成书于公元前14世纪,可追溯的历史已有3 300多年,比古希腊的《荷马史诗》、古印度的《古事记》和《波斯古经》早600~800年。

《尚书》不仅包含了远古时期尧舜禹夏商的一些政治文件,还涵盖了西周至春秋间约600年的一些史实。它主要以记言为主,结合了记事,其中不少篇章已寓有"经世"之意,展现了农业文明的务实精神。此外,《尚书》的出现也丰富了周代的教学内容,被列为教科书之一。在周代的课程中,其中包括了独立的一门"书"课程,这表明历史学在那个时期已经成为一门专门的学科。这一点对中国史学的发展起到了积极的推动作用。

3. 春秋战国时期的史学发展

中国古代真正系统的古史,以《春秋》为首,是我国现存最早的编年体史书。在春秋战国时期,史学得到了长足的发展,各个诸侯国都设有史官,记载各自的历史。《春秋》由孔子以鲁国国史为基础整理编撰,成为世界上最早的编年体史书之一。它记载了从鲁隐公元年(公元前722年)到鲁哀公十四年(公元前481年)共242年的史事,包括各诸侯国的政治、军事、外交等方面的大事。虽然《春秋》记述非常简略,更像一部史纲,但它的出现创立了编年体史学体裁,开启了私人修史之先河,形成了寓褒贬、别善恶的笔法,后来成为儒家经典。随着文化的下移和私学的兴起,出现了私人著史的现象。春秋时期的左丘明创作了另外两部重要历史著作——《左传》和《国语》。《左传》是一部比较成熟的编年史,纪事比较完整、详细,年月清楚,叙事周密而生动。它主要记载了255年的史事,与《春秋》相互补充。《国语》是中国最早的国别体史书,记录了周、齐、鲁、晋、郑、楚、吴、越八国君主与辅臣议论得失之语,以记言为主,与《左传》相辅相成。战国时期也涌现了几部具有代表性的史书,如《战国策》和《竹书纪年》。《战国策》记载了战国时期谋臣策士的活动和言论,是现存战国时期唯一具有系统性的史书。《竹书纪年》记载了从夏以来至周幽王为犬戎所灭之事,以后仅记晋国之事。此外,还有《世本》记黄帝以来至战国之史事,为纪传体的雏形。综上,春秋战国时期的史学著作主要包括编年体史书和国别体史书两类,为中国史学的发展奠定了基础。

(二)两汉和魏晋南北朝

1. 两汉规模宏富的纪传体通史和断代史的出现,为史学的确立奠定了坚实的基础

西汉武帝时期,伟大的史学家司马迁继承父志,发愤著书,用十多年的时间著成《史记》。这部史书不是简单的史料堆砌或编集,而是有明确的史学思想做指导,即"述往事,思来者","究天人之际,通古今之变,成一家之言"。

《史记》开创了新的史书体例,成为中国历史上第一部纪传体通史。它由十二本纪、十表、八书、三十世家、七十列传组成,各种体裁间相互配合、相互补充,以人物为中心,组织严密,内容宏富。起源于黄帝的传说,延续至西汉武帝,记录了长达三千年左右的历史,包括政治、军事、经济、文化、医药卜筮、天文地理等方面。

东汉时期,班固继承司马迁的体例,断西汉一代而为史,创作了《汉书》。这部作品包括十二纪、八表、十志、七十列传,开创了断代为史的体例。《汉书》以史料丰富见长,以儒学为正统,强调汉朝承尧运、君权神授,对封建伦常进行赞美,被视为史学"正宗"的代表。在东汉末期,荀悦编写了《汉纪》,成为中国第一部编年体断代史,巩固了儒家正统史学的地位。

2. 魏晋南北朝时期虽然动乱频繁,但史学仍在继续发展

魏晋南北朝时期史学的繁荣发展有三个原因:首先,困惑的乱世使人们寻求史书作为治乱的药石,通过对历史的反思和总结,希望能够找到治理混乱的方法。其次,一些失意于仕途的文人将精力投入历史研究中,成为史学发展的推动力。最后,纸张的应用使得文字记录更加简便,思想活跃,同时官方对史学也更加重视。

在这个时期,除司马迁的《史记》和班固的《汉书》外,《后汉书》和《三国

志》也成书了。陈寿的《三国志》专门记载魏、蜀、吴三国的历史,而范晔的《后汉书》则着重记述东汉一代的历史。此外,还有一系列的史书,包括《宋书》《南齐书》《魏书》等,这些史书多采用了纪传体。另外,还有编年体的作品,如袁宏的《后汉纪》、崔鸿的《十六国春秋》,以及一系列人物传记、史注等。在这一时期,史学著作数量大幅增加,门类众多。纪传体和编年体并重,相互辅助,纪传体的地位得到巩固,而编年体也蓬勃发展,还出现了民族史、地方史、家史、谱牒、别传、史论、史注等多样化的史学作品,展现了史学多途发展的生机。

3. 魏晋南北朝时期,史学摆脱了经学的附庸地位,在学术领域里成为一门独立的学科

魏晋南北朝时期的史学发展经历了一系列重要变革。首先,史学著作摆脱了隶属于《春秋》的地位,独立成为一个学科。在《七略》中,史学仍被视为经部的一家,隶属于《春秋》。然而,到了魏晋时期,情况发生了变化,史学著作独立成为一个门类。在曹魏时,郑默整理了皇室藏书,将史书等著作编入《中经》的丙部。到了东晋时,著作郎李充将史书划入乙部,成为书籍经史子集的四部之一,这一分类一直延续到近代,形成了史学作为“乙部之学”的传统。其次,史学在魏晋南北朝时期继承并改革了太史记录当代史事的传统。在这一时期,设立了专职史官,不再兼管天文历法,这一传统延续了400年之久。东汉时,国家征调名儒硕学,入值“东观”从事国史的撰述工作。魏明帝太和年间,开始置专职的著作郎,并设立了协助著作郎的职务。孙吴时期也有左国史、右国史之职。自此,历朝都有专职史官,虽然名称有所变化,但史学的发展仍然得到了持续的支持。最后,史学一词在这一时期首次出现,南朝刘宋时国家设置了四种专科学校,其中包括史学。这表明史学逐渐成为一门独立的学科,脱离了过去对《春秋》的从属地位。这些变革为史学的独立发展奠定了基础。

(三)隋唐

隋唐是我国史学的大发展时期,具体表现在以下两个方面。

1.统治阶级重视修史,完善史官制度,官修史书成绩斐然

在隋唐时期,史学的发展经历了新的变革,特别是在国家层面对史书的编纂和修史工作进行了系统性的组织。隋唐时期专设国史馆来修史,官修的纪传体史书被视为正史,并形成了制度。这一时期,统治者非常重视史书的编撰工作,唐高祖李渊和唐太宗李世民都曾组织人力进行修史。唐高祖李渊表示修史的目的在于"裁成义类,惩恶劝善,多识前古,贻鉴将来";而唐太宗李世民更是明确指出:"以古为镜,可以知兴替",并强调史书的作用:"览前王之得失,为在身之龟镜"。唐代中央设立专门的史馆负责修史工作,宰相主持或监修,选拔博学多识之士充任史职,一些著名的公卿和宰相都兼领史职,如魏徵、房玄龄、褚遂良、令狐德棻等。在被列为正史的二十四史中,有八部是在唐代修成的,占总量的三分之一。这八部史书包括《晋书》《梁书》《陈书》《北齐书》《周书》《南史》《北史》《隋书》。隋唐之前,中国的史书大都出于私家的撰述,即使有奉敕修撰的史书,如陈寿的《三国志》、魏收的《魏书》等,仍然是个人著作,与私撰并无太大区别。然而,隋文帝开皇十三年(593年)下诏禁绝私家撰写国史,将国史的纂修权垄断于政府手中。唐贞观三年(629年),唐太宗设立史馆于禁中,专修国史,并令宰相监修,正式建立了政府修史的制度。这一举措为中国史学的正规发展奠定了基础。

2.史书在体裁、数量和内容上都有了很大发展

唐代在史学领域不仅进行了官修前代史的工作,还涌现了大量记载本朝历史的著作,这些著作的内容和体裁非常丰富多彩。其中包括纪传类、编年类、典章制度类、诏令类、地理类、职官类、仪注类、法令类、谱牒及职官姓名类、杂史杂说小说类等。

在唐代,杂史大量涌现,如《贞观政要》《国史补》《明皇杂录》《安禄山事迹》《封氏闻见记》等。同时,小说向历史笔记演变,出现了志怪、志人小说,流传至今的有50余种。此外,诏令与奏议也形成独立的目录。

唐代的藏书状况极为盛大,尤其在开元年间。根据《新唐书·艺文志》的记载,"藏书之盛莫盛于开元,其著录者有五万三千九百一十五卷,而唐之学者自为之书,又二万八千四百六十九卷"。这一时期的著作数量之多,超过以往任何时期。

唐代还出现了一些总结性著作，其中最为重要的包括刘知幾所著《史通》和中唐杜佑所著《通典》。《史通》是中国历史上第一部史学理论专著，系统总结了中唐以前的史书体例，提出了修史的具体方法和标准，推进了史书编纂体制的完善。而《通典》是中国历史上第一部专门记述历代典章制度沿革变迁的通史著作，开创了政书体（或称典制体）的创立，为史学发展开辟了新的途径。苏冕的《会要》是一部专门记载一代典章制度沿革变迁的专书，开创了我国史书"会要"的新体制。这些著作的出现标志着中国史学发展到一个新的阶段。

（四）宋元

五代辽宋金元时期，中国史学经历了开拓与繁荣时期，尤其是在两宋时期，由于官方的重视和印刷术的普及，史学取得了巨大发展，可谓盛世。陈寅恪在《陈垣明季滇黔佛教考序》中曾言："中国史学，莫盛于宋。"在宋代，出现了多个官方修史机构，形成了一种良好的史学传统。宋代的官修史书和私家修史都展现出了强大的活力。早在官修《宋太祖实录》时，朱墨杂书的记载已经开始，为这一传统的形成奠定了基础。这一时期，史学在继承前代传统的同时，也在记述对象和著作体裁等方面取得了创新。在记述对象方面，宋代的史学涵盖了广泛的领域，包括政治、军事、文化、经济、社会等方面，对当时社会进行了深入的研究和记录。在著作体裁方面，宋代的史学不仅延续了纪传体和编年体的传统，还出现了一些新的体裁，如国别体、地方志、世说体等，使得史学呈现更为多元化的特点。同时，印刷术的广泛应用也促使史学著作更加普及，有力地推动了史学的繁荣。总的来说，五代至元代是中国史学发展的重要时期，尤其在两宋时期，史学蓬勃发展，为后来的历史学研究奠定了坚实的基础。

1. 正史的编修取得新的成就

宋元时期的正史，如《旧唐书》《旧五代史》《新五代史》《新唐书》《宋史》《辽史》《金史》等，都是中国史学的重要代表作品。它们的编纂背景和风格各异，但都为后人提供了宝贵的历史资料，成为研究相关历史时期的重要依据。《旧唐书》是后晋刘昫等人在 10 世纪初编纂的，是对唐代历史的一次系统整理,为后来的《新唐书》提供了基础。《旧五代史》由北宋薛居正主持编纂,详细记载了五代历史,是研究这一时期的重要文献。而《新五代史》则是对其的一个补充,弥补了一些不足之处。《新唐书》是在北宋时期修纂的,由欧阳修等人主持,是对《旧唐书》的修订和扩充。这两部书共同构成了对唐代历史的较为全面的记录。至于元代的正史,《宋史》《辽史》和《金史》都是重要的历史著作,其中《金史》在规模上尤为庞大,而《宋史》也是二十四史中的一部宏大之作,为研究宋代历史提供了丰富的资料。

2. 通史撰述方面取得巨大成就

《资治通鉴》是宋代最为著名的史学著作之一,是司马光的巨作,展现了卓越的编纂水平。这部编年体通史在史料价值、体例谨严、语言简洁等方面都取得了显著的成就,被誉为中国古代史书中的巅峰之作。司马光花费近20年时间,记载共 1 362 年的历史,为后人提供了丰富而系统的历史资料。

南宋时期,郑樵的《通志》也是一部重要的史学著作,全书 200 卷,其中的《二十略》内容丰富,对填补古代史学和文化学术史的空白起到了重要作用。与唐代的《通典》、元代的《文献通考》合称为"三通",共同构成了中国史学的宝贵遗产。

马端临的《文献通考》则是一部翔实地记载历代典章制度的通史,囊括了从上古到南宋嘉定末年的历史,对研究宋史具有重要的历史价值。这三部著作在宋代史学的繁荣时期,共同为后人提供了深刻的历史认识和研究基础。

3. 史体广泛,应有尽有

在南宋时期,袁枢对《资治通鉴》进行了独特的整理和编纂,创作了《通鉴纪事本末》,该作以事件为主,首创了纪事本末体裁,成为中国历史编纂学发展中一种重要的史书体裁。这一时期还涌现了各种专史、别史、杂史、野史,以及方志和地理志的著作。在金石学方面,宋代学者在新的史料领域开创了独特的方向,代表作有赵佶的《宣和博古图》、欧阳修的《集古录》、赵明诚的《金石录》等。五代至元代的民族史也迎来了大发展,《辽史》《金史》《契丹国志》《大金国志》《蒙古秘史》等作品,都是这一时期涌现的民族史著作。此外,方志学和地理学的著作也大量涌现,包括宋周淙的《乾道临安志》、乐史的《太平寰宇记》、王存的《元丰九域志》、范成大的《吴郡志》、王象之的《舆地纪胜》、祝穆的《方舆胜览》及元代官修的《大元大一统志》等。由于中外交通与交流的增加,还出现了专门记录域外地理文化的专书,如宋代赵汝适的《诸蕃志》、徐兢的《宣和奉使高丽图经》及元代汪大渊的《岛夷志略》等。这一时期的史学著作呈现了多样性和丰富性,为后来的历史研究提供了丰富的资料。

(五)明清

明清时期是中国史学的全盛和嬗变时期。在这两个朝代,中国的封建制度开始解体,资本主义的萌芽悄然产生并缓慢发展。社会生活经历了新的变革,史学也呈现新的特点。封建时期的史学体系逐渐走向终结,而疑古之风在近代兴起,人们开始更加重视研究现实问题,史学也逐渐步入新的发展时期。这一时期的史学表现出多样性和丰富性,包括对古代经典的重新解读、疑古派对传统历史观念的质疑,以及对社会变革和现实问题的关注。清代的黄宗羲、顾炎武等思想家对史学的贡献也不可忽视。总的来说,明清时期是中国史学发展的关键时期,标志着史学的嬗变和新的发展方向的出现。

1.私人修史之风兴盛,名家众多,优秀史著不断问世

明代官修正史中仅有《元史》一部,由宋濂和王祎主修。然而,野史的数量繁多,包括来自各方的野史杂记,总数超过 1 000 家。一些著名的野史包括王世贞的《弇山堂别集》、李贽的《藏书》、焦竑的《国史献征录》、沈德符的《万历野获编》等。《藏书》和《续藏书》对历史人物进行了重新分类评价,批评陈腐的理学思想,带有强烈的反传统色彩,是当时进步史学思潮的代表作。在明末清初,一些思想家如王夫之、顾炎武、黄宗羲等高举"经世致用"的旗帜,撰写了充满新思潮的史著。黄宗羲的《明儒学案》是中国第一部学术思想史专著,对明代学者的学术思想进行分类评述,是一部内容精辟的学术巨著。他的《宋元学案》由全祖望等人续写,对宋元学者的学术思想进行了详细记载,也是中国学术思想史的佳作。此外,王夫之的《读通鉴论》和《宋论》、顾炎武的《日知录》、黄宗羲的《明夷待访录》等著作对封建纲常名教和封建专制主义进行了抨击,具有启蒙色彩。在史评史论方面,清代章学

诚的《文史通义》成就最为显著,他是清代最具代表性的史学家之一。

2. 类书、丛书、目录书的编修出现高潮

明代《永乐大典》于永乐五年(1407 年)十一月修成,由解缙等编纂,成为世界文化史上编纂最早、规模最大、内容最广的百科全书。明成祖朱棣亲自为此书写序,总计 22 937 卷,11 095 册。清代康熙、雍正年间编撰的《古今图书集成》和清代乾隆年间编修的《四库全书》及《四库全书总目提要》对保存中国古代典籍发挥了重要作用。清代康熙、雍正年间,《古今图书集成》共有 10 000 卷,目录 40 卷,是中国现存规模最大的类书之一。而清代乾隆年间编修的《四库全书》则对保存我国古代典籍起到了关键作用。同时,编撰《四库全书总目提要》200 卷,详细介绍了古代典籍的作者生平、内容概要、著述源流、版本考辨等方面,代表了中国古典目录学的最高水平。这些丰富而庞大的类书和丛书的编纂不仅有助于保存文化遗产,也为后人提供了深入了解古代文献的工具。在这些百科全书中,史书一直占据着重要的地位,反映了史学在传统文化中的重要性。

3. 清代史学以考据为盛,盛行乾嘉学风,有“实事求是”的治史新风,对中国全部学术文化进行了一次最大规模的清理与总结

在清代,文化上的高压政策及浙东学派主张“经世致用”的观点导致文士在著书方面避开政治风险,进而兴起了考据之风。清代的考据研究可以分为三个时期:初期,主要研究晚明史事;中期,转向前代史;晚期,注重“经世”,图变革,史学理论逐渐兴盛。在这一时期,一些著名的考据著作涌现,如钱大昕的《廿二史考异》(辨析史书真伪)、全祖望的《经史答问》等。这些作品着重于对史书和典章的辩证研究,是清代考据研究的重要代表。清代史学还涌现出一些重要的史书,其中最为杰出的是《明史》。《明史》是二十四史中除“前四史”外最为完备的一部。此外,马骕的《绎史》注重历史比较研究,对中国历史的发展变迁进行深入剖析。在浙东地区,兴起了以万斯同为首的浙东史学派,其中黄宗羲是该派的代表人物之一。黄宗羲著有《明儒学案》和《宋元学案》,这些学术史著作对研究中国古代学术思想史有着重要意义。此外,后起者如邵二云、章学诚也成为该学派的代表,他们注重对近现代史的研究和撰述,推动了清代史学的发展。

4. 明清两代的官修史书，不论在数量上，还是在种类上皆超越前代

官修正史在清代的继续编纂包括《明史》等。此外，还有其他重要的官修史书，如《大明会典》《明实录》《清实录》《大清会典》及"续三通"(《续文献通考》《续通典》《续通志》)和"清三通"(《清朝文献通考》《清朝通典》《清朝通志》)等。在清代，地理志和方志编修达到了鼎盛时期，数量庞大、范围广泛，令人惊叹。明末清初，顾祖禹编写的《读史方舆纪要》聚焦于政区沿革和军事成败，其体例严密，考订精详，成为后来历史地理研究的必读之书。魏源的《海国图志》则介绍了西方国家的历史、地理、科学和文化，阐发了他的富国强兵的政治理想。方志学在清代发展成为一个专门的学科，清代修纂的方志体例谨慎、数量众多、种类繁多，呈现前所未有的繁荣局面。

二、中国传统史学的文化特性

中国传统史学的深厚底蕴和丰富内涵为中国传统文化增添了独特的光辉。这一传统不仅在历史记录和叙述方面有着卓越的成就，还体现了对道德、伦理、政治和社会制度等方面的深刻思考。传统史学为后代提供了丰富的历史材料和深刻的思想启示，为塑造中华文明的精神面貌做作了巨大贡献。

(一)学贯天人，会通古今的恢廓视野

司马迁的《史记》是一部兼具历史、文学和哲学性质的巨作。他的"究天人之际，通古今之变，成一家之言"表达了对全面理解历史的渴望。史学家在中国传统史学中常常融合了天人合一的思想，将人类社会的发展视为与天命、道德及自然法则的互动关系。这样的综合性视角为史学家提供了更为广泛的研究范围，也使得他们的史学著作更加丰富而深刻。对于司马迁对天命的矛盾认识，实际上反映了他对历史中众多道德命题的思考。他对那些英勇但悲惨的英雄们的描写，似乎在质疑历史的公正性，但又无法完全否定天命的存在。这种矛盾和思辨使得《史记》更加丰富而引人深思。中国传统史学的这种综合性思考，为后来的学者提供了广阔的研究空间，也为中国传统文化注入了深厚的哲学内涵。

会通古今、重视通史著述一直是中国史学的主流传统。这种全面而综合的历史观有助于深刻理解历史的发展脉络,把握历史的内在规律。《史记》和《汉书》等古代经典著作,为后来的历史学家研究历史发展奠定了坚实的基础。《史记》的恢宏视野是空前的,它从上古传说到当时的历史,涉足政治、经济、文化等领域,为后代提供了极为宝贵的历史资料。《汉书》在详细记录西汉时期历史的同时,也通过"综其行事,旁贯《五经》"等手法,表达了一种通史的构思,使读者能够全面理解这一时期的社会面貌。通史著述的价值在于它能够超越时空的限制,让读者领略到历史长河中各个时代的变迁和发展,进而对历史的本质有更为深刻的认识。这种全景式的历史叙述方式,不仅为后来的历史学家提供了启示,也使得中国传统史学在世界文化史上占有独特的地位。

中国传统史学家在历史著述中一直秉持着博闻强识、疏通知远的宗旨,形成了恢廓的历史视野。这种广博的知识涵盖了天文地理、人事纪事等领域,使得他们能够全面把握历史的各个方面。这一传统不仅表现在经典著作中,也在后来的历史编纂和研究中得到了延续。《通典》《通志》《通鉴纪事本末》《资治通鉴》等作品都体现了这一宗旨。这些著作不仅在叙述历史事件时注重全面性和系统性,而且在对历史发展规律和社会制度变革等方面进行了深刻的分析,形成了卓越的历史观。同时,对于断代史的编纂,如《续汉书》《宋书》《魏书》等,也展现了史学家的宏大视野。他们不仅在详细叙述各时期的历史事件,还努力厘清历史的脉络,使读者能够在时间跨度上更好地理解历史的发展。这种博大的历史视野的传统,对中国传统史学的繁荣和丰富作出了巨大的贡献。这也为后来的通人、名家提供了榜样力量和启发,使得中国传统史学一直保持着它的独特魅力。

(二)历史悠久,形式完备的修史制度

中国传统史学的连续性和深刻性是世界上罕见的。这一点在西方思想史上得到了黑格尔和李约瑟等学者的肯定。黑格尔对中国历史作家的层出不穷表示惊叹,这反映了中国传统史学在长时期内的持续发展和繁荣。李约瑟指出司马迁之所以能够写出如此丰富的历史,是因为他拥有相当可靠的史料。这也凸显了中国古代史官制度和修史制度的重要性。中国古代从轩辕氏时期就开始了史官制度,而商代时期已有史官和官方记事制度。这种制度的存在,使得历代都有实录的记载,而在隋唐时期以后,更是建立了史馆,注重修撰方志,进一步丰富了历史资料的积累。史官制度的存在为中国传统史学提供了良好的机制,让历代史学家能够在这一系统的框架内进行历史著述。这也为后来的史学发展奠定了基础,使得中国传统史学能够在深厚的历史文化底蕴中持续发展。总体而言,中国传统史学之所以在世界上独具特色,得益于其悠久的历史、完备的修史制度,以及对史官制度的持续完善和发展。

史官在记录历史方面发挥了关键作用。他们负责将统治者的活动、会议等记录下来,确保这些信息被准确地保存和传承。这一传统可以追溯到战国时代,如齐公子田文和秦、赵二王的活动都得到了史官的详细记录,体现了"君举必书"(君主的言行举动必须被书写)的原则。孔子晚年对《诗经》《尚书》等古代文化典籍进行整理,其中的材料主要源于古代史官所记录的历史文献资料。《尚书》原本是古代史官记录的历史文件和对古代事迹的记录,孔子进行了搜集和选编;而《春秋》则是由鲁国史官所记的鲁史改编而成。孔子对文献的需求表明,离开古代史官的工作,他无法进行准确的历史叙述。这也突显了"文献不足"对于历史研究的重要性,文献的充足直接关系到历史的真实性和完整性。因此,古代史官的记录工作对于中国传统史学的发展和积累起到了至关重要的作用,为后来的学者提供了宝贵的历史资料,也为历史的传承和研究奠定了基础。

封建政府设馆修史存在一些弊端,其中可能包括史学研究受到政治因素的干扰、历史资料的选择性呈现、对历史事件的审查和篡改等问题。这种由官方主持的修史活动可能受到当时统治者的政治需要和意识形态的影响,导致史书的编写受到限制。然而,封建国家设馆修史也为史学的发展提供了必要的条件。官方的行政力量能够集中人力、物力、图书资料等资源,推动大规模的史学研究和编纂工作。特别是对于庞大的工程如《永乐大典》和《四库全书》,这种集体的力量是不可或缺的。私人的力量难以完成如此庞大的工程,而通过封建政府的组织和支持,得以完成这些重要的史学工程。同时,私人修史家如司马迁和班固等也成为史学发展的楷模,他们凭借个人的努力和才智,创作出名垂千古的史书。然而,由于当时文献有限,他们也需要借助已有的成就,如司马迁借用父亲的成就,班固则利用了父子世业,甚至需要其他家庭成员的协助。这表明,官修和私修在史学发展中都发挥了积极的作用,各有其独特的贡献。综合来看,封建政府设馆修史既有其不足之处,也在一定程度上促进了史学的繁荣和发展。

司马光所撰《资治通鉴》的编写方法体现了官修和私修的长处,融合了众多历史文献的集体智慧,同时反映了主编者司马光的个人才智和见解。这种综合利用集体和个人力量的方式,使得《资治通鉴》在内容丰富、史实可靠、风格一致等方面取得了显著的成就。

另外,唐代确立设馆修史制度,对中国史学的发展起到了推动作用。这一制度确保了每个新建朝代都要为前代修史,使得中国各封建朝廷的正史得以连续不断,有了大致完整的史料。这一点在《资治通鉴》的编写过程中也得到了体现,因为这部作品继承了前代史书的内容,对历代史料进行了梳理和整合。

修史制度的确有其积极的一面,它提供了组织、资源和制度保障,促进了大规模的史学研究和编纂工作。同时我们也要认识到它可能存在的弊端,包括史书的政治操控、对历史事件的审查等问题。对于这些问题,历史学家和研究者需要进行深入的反思和检讨。

总的来说,中国传统史学之所以可以取得辉煌成就,与完备的修史制度密不可分。这一制度为保存丰富多彩的历史典籍和确保历代正史的连续性提供了基础,为中国古代史学的繁荣创造了条件。

(三)求实直书,经世致用的优良学风

"求实即秉笔直书"是中国传统史学的崇高传统。在史学的发展中,追求真实、坦率地记录历史,不回避现实,是史学家的崇高美德。这种追求真实的态度体现了史学的本质使命,即通过历史的反映来认知和指导当代社会。历代史学家在秉笔直书的过程中,常常面临各种压力和困境。他们需要坚持真实记录历史,不被权势左右,不为私利所诱,这需要勇气和坚定的信仰。这些史学家的高风亮节和坚守原则的行为，成为后人学习的楷模。孔子对晋国史官董狐直书"赵盾弑其君"表示赞许，表现了他对求实精神的推崇。在提到一些史学家如司马迁、袁枢、吴兢等的行为时，展现了他们在历史写作中的勇气和坚持。这种坦诚直言的传统不仅为史学贡献了真实的历史记载，也对后来的史学发展产生了积极的影响。这一传统在少数民族政权的史学中也有所体现，如辽兴宗时期的史学家萧韩家奴坚守原则，直书实事，受到皇帝的认可，显示了这一传统在不同历史背景下的普遍价值。总体而言，求实即秉笔直书的史学传统体现了史学家在历史写作中的责任感和崇高品质，为中国传统史学的发展作出重要贡献。

"求实即秉笔直书"是中国传统史学中的优良传统，对历代史学家来说，保持实录、追求真实记录是其崇高的使命。刘知幾在《史通》中提到的"直书"与"曲笔"的对立，以及他在《直书》《曲笔》两篇中对这一问题的分析，突显了史学中的求实精神。"直书"即坦诚直言，实录事实，是史学的前提。这种精神要求史学家在面对历史事件时，保持真实、客观，不回避实际情况，为后人提供真实可靠的历史资料。与之相对应的是"曲笔"，即弯曲、曲解史实，可能是出于政治原因、权谋目的或个人私利，对历史进行歪曲。刘知幾在文章中明确指出"曲笔"是史学中的"奸贼"和"凶人"，强调了对历史真相的忠实。这一求实精神在中国传统史学中的确是主流。刘知幾的观点，反映了古代史学家在撰写历史时的自觉追求。他们在不同的历史时期，面对各种政治压力和考验，仍然选择坚持实录，追求真实，尽管曲笔也在一些史书中存在。然而，即使在这样的传统下，历史上也不乏曲笔之辈。在特定时期，由于政治需要或权谋目的，一些史学家可能选择曲笔，对历史进行美化或歪曲。这种曲笔行为，虽然在一时可能产生某种效果，但从长远来看，由于历史的连贯性和后来人的纠正，曲笔难以成为史学的主流。总的来说，中国传统史学的主流一直是"求实即秉笔直书"的精神。

中国传统史学体现了经世致用的特点，而这一特点的基础正是求实的史学传统。刘知幾强调"史之为务"是"申以劝诫，树之风声"，表明了史学的社会作用在于经世致用，通过真实记录历史，警示后人，达到劝谏、教化、为政治决策和社会管理提供经验的目的。

中国古代史学家在著书研史的过程中,注重抒发对历史的思考,但更注重通过史学的社会作用为现实和未来提供指导。孔子著《春秋》的初衷就是惩恶扬善,教育后人,通过对历史的点滴记录,引导人们从中吸取道德、治理、政治等方面的教训。司马迁著《史记》也是出于经世致用的目的,希望通过总结历史规律、揭示成败得失,为当世提供治理之法。

在唐代,杜佑编写《通典》是为了通过对历代典章制度的研究,为统治者提供政治决策的参考。他以"征诸人事,将施有政"为目标,强调了史学的社会作用与经世致用的关系。司马光的《资治通鉴》也是基于为宋代提供借鉴而撰写的,旨在总结历史经验,为当世治理提供启示。

明清之际,王夫之的著作也具有鲜明的经世致用特点,通过对历史的深刻反思,揭示了兴亡成败的规律,对当时社会的问题进行了深入剖析,提出了一系列改革建议。这些思想在晚清的近代民主思潮中产生了影响。中国传统史学一直强调经世致用,通过求实的史学传统,实现对历史经验的总结,为当世提供借鉴,为社会作出贡献。

中国传统史学注重史学的道德教化功能,将史书视为劝善惩恶的工具,通过对历史人物的褒贬,传达正义、道德、忠诚等价值观念。这体现在史学家的文献撰写和史书编纂中。《周易》中的"君子多识前言往行,以畜其德"表达了对于德行的强调。在这一传统观念下,史书被视为传承前贤德行、劝谏后人的工具。刘知幾强调史书的不断传承,使历史事迹得以延续,以启发后人。这种观点认为,记录善恶可以激励后人向善,为国家和人类进步事业作出贡献。孔子的《春秋》就展现了史学的道德感化功能。不仅客观记录史实,而且在记载中寓含褒贬态度,通过对特定词汇的选择,揭示事件的性质和行为的正误。这种"微言大义"的叙述方式为后世史学家所继承,成为中国传统史学的一部分。历代史书也注重对历史人物的褒奖和批判。明君、贤相、忠臣、义士等正直善良的人物被载入史册,成为后人学习的楷模。相反,昏君、庸相、贪官污吏等败类也得到揭露和抨击,以示警戒。这样的史学作用为后世树立了无数令人敬仰的楷模和典范,推动了道德观念的传承。总体而言,中国传统史学将史书视为具有道德教化功能的工具,通过对历史人物的褒贬,传达正义、忠诚、仁爱等价值观,为社会提供了精神激励。

《诗经·大雅·荡》中的"殷鉴不远,在夏后之世",强调通过对古代经验的反思来指导现实。这种古为今用的思想贯穿了中国传统史学,体现在对历史的鉴古察今的重视。古代统治者意识到通过对前代历史的鉴古,可以汲取经验教训,预防和解决类似问题。《管子·形势篇》和《战国策·赵策一》等文献也强调研究古今,察古观今,以助于决策和领导。封建统治者对修史的重视也是为了总结历史经验,为自身的统治提供借鉴。唐太宗在修五代史时强调"朕睹前代史书,彰善瘅恶,足为将来之戒",认识到通过研究历史可以了解前代王朝的得失,为今后的统治提供指导。他将修史比喻为"身之龟镜",是一种通过观察过去来规范现实的手段。古代封建统治者不仅看重历史经验的总结,同时强调史学的经世致用作用。史学家著史不仅考论政治得失,更是以劝善惩恶为责任,叙述现实社会中的政治和人事,为现在和将来的人服务。司马迁和司马光的史书都强调关注国家盛衰、生民休戚,为法律和戒律提供经验,是对史学的实际应用。综上,中国传统史学对古为今用的重视体现在对历史的鉴古察今,通过总结历史经验为现实社会和封建统治提供借鉴,具有鲜明的经世致用特点。

秉笔直书和经世致用在中国传统史学中存在一种复杂且时而矛盾的关系。这两者之间的辩证关系需要我们以更全面的视角来看待。秉笔直书强调史学家应当秉持真实客观的态度,实事求是地记录历史,不隐瞒、不美化、不歪曲历史真相。这一传统注重史学的客观性和真实性,追求记录事实的真相,以此作为对后人的教益。经世致用强调史学的实用性,即通过对历史的研究来为现实社会和政治决策提供借鉴。史学家通过总结历史经验,为统治者和社会提供启示,帮助他们避免重蹈历史的覆辙,实现治国安邦的目的。两者之间的关系在于,秉笔直书是经世致用的基础。只有在真实客观地记录历史的基础上,才能从中提炼出有用的经验,为社会提供实际的指导。秉笔直书保持史学的真实性,为经世致用提供了可靠的素材。然而,有时候在实践中,为了满足统治者或特定政治需要,史学家可能会曲笔或篡改历史,这可能与求真精神相悖。但这并不代表整个经世致用的理念都被否定,只是在某些时刻受到特殊因素的影响。在整个中国传统史学中,对于真实性的追求和对实用性的关注是相辅相成的。求真与致用并不是绝对对立的关系,而是在特定历史时期和特定文化语境中,以一种辩证的方式相互影响、交融发展的。

(四)重视人事,罕言鬼神的科学精神

中国传统史学在解释历史兴亡和社会发展时,的确注重强调人事因素,相对较少归结为天命鬼神的作用。这一传统在古代儒家思想的影响下形成,并贯穿了整个古代史学的发展。儒家强调人的自由意志和努力奋斗的重要性,将个体和社会的命运置于人的支配之下。孔子提倡的"仁政"强调君臣之道、父子之道、夫妇之道、朋友之道,以及学问修养等,都是强调人的行为和选择对社会和历史的影响。即便在谈及天命时,儒家也更强调人的行为对于天命的响应,而非绝对的宿命论。司马迁在《史记》中也坚持以人为史的出发点,他关注英雄人物、国家兴衰,注重政治和军事的分析,更注重描述人类行为的动机和背后的原因。总体而言,中国传统史学更强调人的主观能动性,将历史的发展看作人类智慧、努力和选择的结果,而非简单地归结为超自然力量的影响。

中国古代史学在一定程度上对原始神话进行了历史化,而在这一过程中,儒家思想对史学的影响是显著的。儒家强调人的自由意志和行为对历史的影响,相对较少将历史发展归结为天命或鬼神的作用。

在春秋时代,《左传》中出现了一些怀疑甚至否定天道鬼神的言论,其中"天道远,人道迩"的思想强调人事因素在历史中的重要性。这种观念在司马迁的时代也得到了延续。尽管当时存在"天人感应"学说的宣扬,司马迁在《史记》中却突出强调了历史的兴亡胜负中人的因素,而不是依赖于天命或天意的解释。他在批评项羽的言论时明确表示对"天亡我"的异议,强调人的责任和过错。

范晔在《后汉书》中的记载也强调人的行为对命运的影响,反对了因果报应之荒唐。刘知幾提出论成败应以人事为主,而非推命而行。司马光同样反对神鬼怪异之说,强调德行对国家兴衰的决定性作用。他在《资治通鉴》中以求实的史学精神,避免了过多的神化和佛化元素,将焦点集中在政治和人事上。

这一传统反映了儒家对于人类自主性和道德责任的重视,使得史学更加注重人的因素,相对独立于神秘和超自然的解释。

(五)德识为先,才学并茂的品德修养

刘知幾的"四长"(德、才、学、识)是中国传统史学中对史学家品格和素养的重要要求,具有很强的现实指导意义。这一理念在中国古代史学中深得重视,并在史学家的著述和实践中得到了贯彻。德指的是史学家的品德和道德。刘知幾强调了明辨是非、鉴别善恶的识别力,以及正直无私的正义感。这反映了古代史学家应当具备高尚品格和正确的道德观念,以确保其史学研究的公正性和客观性。才指的是史学家的才华和写作表达能力。刘知幾认为,拥有才华是将史料和知识转化为史学成果的关键。这强调了史学家需要具备清晰、准确、生动的表达能力,以使其研究成果更具说服力和影响力。学指的是史学家的学问和知识储备。具有丰富的史料和深厚的历史知识是进行深入研究的基础。这体现了古代史学家应当具备广博的学科知识,不断追求学术深度和广度。识指的是史学家的见识和理论洞察力。刘知幾强调了研究历史的观点和方法,使史学家能够更深入地理解历史背后的规律和内在联系。这表明史学家需要具备超越常识的洞察力,能够提出新颖的历史理论。这一传统对于塑造史学家的良好品格、培养学科素养和推动史学研究具有重要的启示。在现代,虽然社会环境和学科发展发生了很大变化,但这种强调品德、才华、学问和理论洞察力的史学家素养仍然具有深远的价值。

章学诚对于史学家品格和素养的要求提出了很有深度的见解。他强调德、才、学、识四者的结合,以及对"史德"的重视,突显了一个完整的史学家形象应当具备的多重素质。章学诚认为,虽然才学识是史学家的基本要素,但光有这三者还不足以成为良好的史学家。他对"史德"的强调表明,史学家的品德和心术同样至关重要。这种德才兼备的理念在古代史学中具有重要的道德和实践指导意义。史学家的"史德"强调了从良心出发,尊重事实,忠实地反映历史。这体现了对客观史实的尊重和对历史真相的坚守。在史学研究中,保持对事实的忠实是确保历史可信度和学术正直性的基础。章学诚对明辨是非的强调突显了史学家需要具备的分辨力和判断力。在历史研究中,正确评价历史事件和人物的善恶曲直,需要有清晰的认识和判断。"著书者之心术"强调了写作的动机和态度。史学家应当以客观、公正的态度对待历史,不受主观意愿的影响,确保著述的真实性和客观性。在四者之中,章学诚认为德、识尤为重要。这一观点强调了在史学研究中,除具备学科知识和写作能力外,史学家更需要有高尚的品德和深刻的历史洞察力。总体而言,章学诚的理念为史学家提供了一种全面、综合的标准,引导他们在研究历史时保持公正、客观、深刻的态度。这一传统的史学观念仍然为当代史学研究提供了有益的启示。

章学诚对于"史德"的强调为史学理论增添了新的层次。他将心术、品德与史学家的角色联系起来,强调了独特的道德取向。对于当代史学家来说,这一观点提醒着我们,研究历史不仅是一种学科技能,更是一种社会责任和历史担当。

在当今社会,对史学的需求也在不断变化。不仅要求史学家具备扎实的专业知识和研究方法,还要求他们在研究中保持客观、公正的态度,关注社会责任和伦理标准。这种对全面素质的要求在史学研究中有助于培养更全面、有担当的历史研究者。

中国传统史学的丰富传统是中华文明的瑰宝,对于塑造中国传统文化的独特性起到了重要作用。传统史学所强调的对德、才、学、识的追求,为后来的学者提供了精神养分和学术启示。这一传统不仅是历史研究者的传统,也是中华文明的珍贵遗产。

第五节　中国传统伦理道德

一、中国传统伦理思想的主要内涵

中国传统伦理思想在中国传统文化中扮演着重要的角色,形成了多层次、多元化的伦理观念和规范。这种丰富多彩的伦理思想体系既受到社会结构的影响,又在历史发展中逐渐演进和完善。宗法制度在中国古代社会中的存在,对伦理思想的形成产生了深远的影响。宗法制度以血缘关系为基础,构建了家族和社会的基本单位,强调家族纽带和亲情关系。这种社会结构直接塑造了人际关系的模式,同时也影响了伦理观念的传承。家族的重要性和对长辈的尊敬成为中国传统伦理中的重要观念。另外,自然经济的高度分散与君主专制的统治相结合,形成了独特的社会格局。在这种格局下,强调个体对整体的服从,巩固了君主专制的社会秩序。这种社会关系模式也影响了伦理观念的形成,体现在对权威、尊卑、忠孝等方面的伦理规范中。总体而言,中国传统伦理思想在受到宗法制度和自然经济结构的影响下,形成了对家族、社会等方面的特殊关注,强调人际关系、道德行为和社会秩序的维系。这些伦理观念在中国传统文化中扎根深远,为社会的和谐发展提供了一种精神支持。然而,这也需要在时代变迁中不断发展,与现代社会的价值观进行对话和整合。

(一) 中国传统伦理思想的基本内涵

中国传统伦理思想博大精深,蕴含了丰富的人伦观、道德原则及对人性的理解。这个体系在几千年的演进中,既因时代和阶级的变化而有所调整,又保持了一些普世的价值观。

人性善恶之争一直是伦理思想中的核心问题之一,各家学派对此有着不同的看法。这个争论反映了对人性本质的深刻思考,影响着伦理理论的发展和伦理实践的指导。

成人之道和理想人格的塑造是中国传统伦理思想中关注的重要方面。通过对道德操守、修养境界的追求,形成了一套塑造道德人格的准则,强调个体在社会中的责任和担当。此外,诸如义利、欲理(道)、人我、志功、生死等问题也是中国古代伦理思想中讨论的重要议题。这些问题反映了对伦理实践中具体情境和人生命题的深刻思考,为人们提供了在具体情境中指导行为的原则。

总体而言,中国传统伦理思想体系是在历史与文化的交织中形成的,它对于塑造中国人的价值观和道德观有着深远的影响。这种传统思想在现代社会仍然具有启示作用,也为当代伦理建构提供了有益的借鉴。

"礼"在中国传统文化中是举足轻重的。它既是一种典章制度,又是对人伦关系和社会秩序的高度概括。中国伦理思想的演进,可以说是在"礼"的引领下进行的。周礼作为一套宗法等级关系的制度,构建了差异化的义务和责任。春秋时期,孔子对"礼"进行了伦理化的提升,使其成为一种更高尚的道德规范。这种伦理化的"礼"更加强调人与人之间的关系,以及对家庭和社会的责任。在两汉时期,董仲舒将"礼"进一步转化为"三纲五常",使其更加符合儒家的伦理观。而在宋明时期,新儒学将"礼"再次转变为神圣的"天理",强调其绝对性。这种发展表明"礼"的核心思想一直在伦理观念中扮演着重要的角色。"五伦"精神体现了一种整体秩序,强调个体应在整体伦理秩序中履行责任,维护整体的和谐。家庭中的长幼之序被提升为一般伦理法则,形成了"君君、臣臣、父父、子子"的礼治秩序。伦理和政治在这一体系中相互交融,政治被赋予了道德价值,伦理也在政治中找到了具体体现。"公忠"的道德原则贯穿了整个中国传统道德观念。这种在家族精神基础上建立的整体思想,体现了一种爱国主义和民族凝聚力的基础。[①] 个体在追求个人价值的同时,也要牢记整体伦理秩序,体现出一种公共忠诚的道德观。

中国古代伦理思想家对道德问题的探讨是非常深入和丰富的。中心问题之一即为"成人"之道,也就是理想人格的塑造。这一主题几乎贯穿了先秦时代以来所有思想家的学说,形成了多元而深刻的伦理观念。孔子将"仁"的内涵定义为立人和达人,要求个体在追求个人目标的同时,考虑并满足他人的需要。这构建了"仁义"的理想人格,追求的是一种完美的道德境界。后来的儒家思想在孟子、董仲舒等人的阐发下,进一步强调了"仁义"在理想人格中的重要性。墨家学派提出了"兼爱"作为最高善的理念。他们认为"兼爱"是道德之本,通过广泛的爱可以实现社会的和谐。墨子主张万事莫贵于义,但他认为义的内涵即为"兼爱"。道家学派,特别是老子和庄子,强调"无为"的理想人格。他们认为顺从自然、追求无为即是道德的最高境界。这与儒家强调人道、教化的观点形成了对比。这些理想人格的构建反

---

①陈炜、蔡银潇:《基于文化资本理论的青海民族传统体育文化活态传承路径》,《青海民族研究》2021年第2期。

映了不同学派对于人性、道德和社会秩序的不同看法。从"修己安人"到"兼爱"和"无为",各种观念共同组成了中国传统伦理思想的丰富多彩的面貌。伦理道德不仅是为人之道,待人之道,更是治人之道,表现出一种内外统一的理念。

中国传统伦理思想的基础根植于人性论,特别是关于人性善恶的讨论。这一问题在古代中国引起了广泛的讨论和争议,成为伦理思想发展史上的重要议题。人性善恶问题成为中国古代伦理思想家关注的核心问题之一。孔子根据"性相近也,习相远也"的思想,将人的天性与后天的学习相对应,但并未明确回答人性善恶的问题。后来,孟子明确提出了性善说,认为人性中生来有"四德"(仁、义、礼、智),这一观点成为中国传统伦理思想的主流。伦理思想家通过对人性的探讨,进一步引申出道德对人性规范的必要性。不论是性善论还是性恶论,都成为构建伦理道德理论的出发点。性善论强调人性中具备道德的因素,而性恶论则强调人性的固有恶劣。这些观点影响了后来的伦理学说,形成了修身、齐家、治国、平天下的人生理想。中国人性思想强调人禽之分,突显人的尊严,将人性定义为人异于、贵于禽兽的特质,将道德性视为人性的主要内容。这使得中国传统伦理注重人的尊严和道德价值。总体而言,中国传统伦理认为人性中具备了道德的要素,"万物皆备于我"(《孟子·尽心上》)。伦理生活的实质在于克己修身、反求诸己,通过个体的修养达到治理他人的目的。这形成了中国伦理的修养传统。人性论的讨论在中国伦理思想中扮演着重要的角色,不仅为道德规范提供了理论基础,也影响了后来的伦理学派和文化观念。

(二) 中国传统伦理道德在中国传统文化中的地位

中国传统文化的形成是一个多元素相互融合的复杂过程,其中伦理道德在文化体系中占据着核心地位,成为文化价值体系的主导力量。中国传统哲学体系的核心是伦理道德学说。伦理道德被看作宇宙本体的形而上实体,哲学理性被道德化,将修身养性作为重要特征。哲学的终极目标是为政治服务,通过伦理道德的实践理性来实现。文学和艺术在中国传统文化中以"善"为价值取向。诗歌被视为表达个人志向的手段,文学作品则被认为是携带道德教化的工具。美与善在中国传统文化中紧密结合,体现了一种统一的审美性格。即使在科学技术领域,伦理道德也是首要的价值取向。中国传统科技的价值观以"正德"即有利于德性提升为首要目标,强调技术的应用应符合道德伦理,而后才考虑实际的利用和社会福祉。中国传统文化价值体系的特点是强调真、善、美的统一,以"善"为核心。这种伦理中心主义或道德主义在文化史上占有显著地位,尤其在儒家思想中得到极致的发展。总体而言,中国传统文化以伦理道德为核心,通过哲学、文学、艺术、科技等层面的体现,形成了一个强调善良、道德和美的统一的文化体系。这种价值观在中国传统文化中根深蒂固,影响深远。

二、中国传统伦理思想的基本特征

中国传统伦理思想是中华民族道德实践经验的概括和总结,承载着丰富的文化内涵。这些思想体系不仅是中华民族思想文化传统的重要组成部分,而且是中国古代为世界文明作出的重要贡献之一。这些思想在内容上反映了中国古代社会的伦理观念、道德准则和社会秩序,为中华民族的道德规范和行为准则奠定了基础。通过对人性、义理、家庭、政治等方面的深刻探讨,中国传统伦理思想形成了独特的价值体系。同时,这些思想还展现了中华民族的思考方式和理论特征。强调修身、齐家、治国、平天下的思想,凸显了个体与社会、人与自然的和谐关系。伦理思想中融入的儒、道、墨、法等不同学派的观念,呈现了多元而协调的思想体系。中国传统伦理思想的影响不仅限于古代,而且在现代社会依然具有重要价值。这些传统思想通过历史的传承,成为塑造中国传统文化认同和社会价值观念的重要力量,为中华民族的文明建设提供了深厚的文化底蕴。中国传统伦理思想至少具有五个特征。

（一）理论形态上表现为与政治思想、哲学思想融为一体

中华民族在其漫长的历史中,给予道德现象极高的关注,形成了丰富多彩的伦理思想遗产。这一特点在世界文明的发展史上独具特色。尽管没有一部专门论述伦理学的著作,但中国传统伦理思想却广泛散见于各类典籍和著作中。这些思想融入了政治、哲学等多个领域,与其他思想体系相互交

融,形成了独具特色的理论形态。伦理思想与政治思想的融合,使得道德观念渗透到社会治理和社会组织中,成为中华民族文化传统的核心。这种综合性的思考方式,使得伦理观念贯穿于中华民族的文化体系。而伦理思想在这一融合中,并非孤立存在,而是与政治、哲学等相互交融、相互渗透,形成了丰富而协调的理论网络。这一独特的理论形态也为中华民族的道德传统提供了深刻的内涵,成为文化传承的重要组成部分。这种整体性、综合性的思维方式,对塑造中华文明的独特性和深厚性产生了积极的影响。

首先,儒家伦理思想在形式上似乎将政治原则从属于伦理原则,如孟子的"仁心"与"仁政"之关系,或后来的"仁义""天理"与"礼乐刑政"的相互关联。然而,在实质上,这些伦理原则往往是为统治阶级的基本政治原则进行辩护和论证的工具。封建道德的基本规范,如"三纲五常",不仅是封建等级制的核心内容,更是维护封建制度的政治原则。服从和尊卑关系贯穿其中,是一种为统治阶级服务的价值体系。韩非明确将这种观念作为政治问题来看待,强调其对社会秩序的重要性。汉儒继承了这一思想,以"礼"作为社会伦理的中心规范,并通过"三纲五常"等规定了尊卑关系,将个人伦理置于社会伦理之下,构建了明确的政治体系。因此,儒家所主张的社会伦理与政治原则难以割裂。伦理原则在某种程度上是为了巩固社会结构、保持统治秩序而设立的。这种综合性的思想体系反映了儒家对政治与伦理交融关系的深刻理解,同时也凸显了其在维护封建统治中的重要地位。

其次,儒家的道德修养和践履学说体现了伦理思想和政治思想相互交融的特征。《大学》中的"八条目"(格物、致知、诚意、正心、修身、齐家、治国、平天下)明确反映了这种交融,将道德修养与政治实践紧密相连。这八个目标不仅强调了对封建伦理和道德规范的认识,也强调了修养的基本功夫和最终目的。"格物、致知"首先凸显了对封建伦理和道德规范的认识,即对社会秩序的理解。而"诚意、正心"则是修养的基本功夫,要求在内心确立对伦理规范的坚定信念。这是一种对感情的控制,对思想的正化,是修身之本。在儒家思想中,"修身"被赋予核心地位,是"八条目"的中心,也是道德修养的关键。而"齐家、治国"则不仅是修身的功效,也是达到修养最终目的——"平天下"的两个环节。这明确显示了修养与政治目的的紧密关系。

在儒家看来,修养的实质是培养从政的能力,将学问转化为对社会的贡献。这种融合使伦理思想成为政治实践的指导原则,强调了修养不仅是个体的发展,更是社会和国家的富强。

最后,在儒家思想中,王道和霸道的区分主要在于实现统治的手段和方法上。王道倾向于以德治国,强调仁义道德的重要性,提倡"以德服人"。相较之下,霸道更强调以武力征服和刑法威慑,是一种"以力服人"的政治手段。儒家明确主张王道,将仁义道德置于首位。这与后来的"外儒内法"现象形成对比,表明历代统治者在表面上接受儒家思想,实际上更强调法治和武力。这种现象反映了伦理与政治的紧密结合,伦理成为政治原则的重要组成部分。在中国传统伦理思想中,伦理与政治相互渗透,形成了一种相辅相成的关系。伦理不仅是为政治服务的指导原则,也是政治实践的道德基础。政治通过伦理的包装,得到了广泛的社会认同,也为伦理思想提供了实践的场域。这种相互关系既为封建地主阶级的政治原则提供了合理性的理论基础,也为中国传统伦理思想的发展奠定了基础。

在中国古代哲学中,存在两种主要途径:一种是由哲学思想引申出伦理原则,另一种是由伦理原则构造哲学理论。在道家思想中,老庄等先秦哲学家从宇宙观和本体论的角度出发,推及人道,形成了独特的伦理原则。他们通过对宇宙、自然、人生等问题的深刻思考,提出了一系列关于人的修养和处世之道的观点。这种哲学性的伦理思想在中国传统文化中留下了深远的影响。另外,儒家则以儒学为代表,通过对人道的思考推及天道,形成了"天人合一"的伦理观。儒家强调仁、义、礼、智等伦理原则,将其纳入宏观的哲学框架中,使伦理成为整个哲学体系的核心。儒家的哲学思想深刻而宏大,影响深远。这两种途径的交融,使得中国传统哲学成为一种"伦理型"的哲学,既有深刻的哲学思辨,又贴近实际的伦理关怀。这样的特点为中国传统文化注入了独特的价值观和道德观。

儒家的伦理思想以人道为出发点,通过对人伦的思考推及天道,形成了一种将伦理与哲学融为一体的体系。这种体系从哲学的角度出发,以人的行为准则为核心,将人伦规范纳入宏观的哲学框架中,同时忽视对自然的深入研究,将自然与人伦比附,把伦理观念置于宇宙观和本体论的前沿。在这一哲学体系中,伦理思想不仅是核心,更是哲学思想的主要表达。而这种将伦理概念与宇宙观、本体论相结合的方式,使得伦理型哲学在中国传统文化中占据主导地位。这一伦理型哲学强调封建伦理准则,并将其夸大为宇宙的普遍规律,进而虚构出一个与封建伦理属性相一致的宇宙本体。这种哲学体系为封建社会的统治提供了理论支持,使得伦理与哲学相互渗透、相互依存。

伦理与哲学的结合在某种程度上可能限制了哲学思辨的发展。将伦理学的"所当然"代替哲学的"所以然"可能导致思考的侧重点偏向实践和规范,而忽视了更广泛的哲学领域,如形而上学、认识论等。这种趋势可能阻碍了哲学体系的逻辑严谨性和理论的深入拓展。另外,伦理与哲学的结合对伦理学本身的发展起到了积极的作用。伦理学在中国传统思想中建立了精致而完整的理论体系,通过哲学的理论先导和政治的支持,形成了在实践中具有巨大指导作用的伦理思想。这不仅为道德规范提供了理论基础,也在社会生活中发挥了重要的引导作用。总之,伦理、哲学和政治的三位一体,使得伦理思想家同时具备哲学家和政治活动家的身份。这是中国传统伦理思想的显著特点,展现了这一思想体系的综合性和多重性。

(二)理论的立论基础是封建的血缘关系和宗法制度

中国传统伦理思想的基本出发点是维护封建血缘关系和宗法制度,这在其道德规范中得到明显体现,尤其表现在"三纲"思想中。这种思想以"忠""孝"为基本要求,其中"孝"基于血缘关系,目的是维系封建宗法观念和制度。同时,"忠"被视为"孝"的延伸和扩大,将忠诚的观念扩展到对国君的效忠,将国家视为"大家长"。《孝经》是代表性的封建伦理文化之一,强调"孝治天下"的基本宗旨。这部文化经典将"孝"与"忠"相结合,突显了它们在伦理思想中的中心地位。《孝经》指出:"夫孝,始于事亲,中于事君,终于立身。"这不仅强调了"孝"和"忠"在不同层面的应用,还表达了"孝"的基本地位。除了强调伦理思想的内在价值,中国传统伦理还与封建法律相联系。《孝经》认为"五刑之属三千,而罪莫大于不孝",明确提出要借用国家法律的权威,以维护封建的宗法等级关系和道德秩序。这显示了伦理规范与法律制度之间的密切关系,旨在通过法治手段来巩固封建伦理的权威和地位。中国传统伦理思想体现了封建社会的阶级性,其基本出发点是维护封建血缘关系和宗法制度。通过"三纲"思想和《孝经》等文化经典,强调了"孝"和"忠"的中心地位,并将其与封建法律相结合,以确保伦理秩序的稳定。

　　在东汉时期,马融仿照《孝经》的体例创作的《忠经》将"忠"定位为人的最高道德行为。《忠经》指出,奉行孝道首先需要展现忠诚,而通过全力奉献忠诚可以获得福祉。强调"忠"能够稳固君臣关系,保卫社稷,将其视为天地人之最大善行。这将家庭层面的"孝亲"延伸到国家层面的"忠君",并强调"忠君"思想的重要性。这种将"孝亲"与"忠君"一致的观点表明了在维护封建血缘关系和宗法观念的同时,也强调了对国家政权和政治法律制度的维护。即使一些原本轻视血缘关系和宗法观念的思想家,"异端思想家"也为了避免不孝和不敬天的"恶名"而曲意迎合,表现出对这一伦理观念的接受。然而,也存在一些进步的思想,如慎到的主张,反对将"忠"视为拯救乱世的足够条件。他认为治理乱世关键在于聘用贤能而非仅仅忠诚。此外,墨家提出"忠为利而强低也"的命题,强调忠诚应当为国家利益服务。这些观点并未成为主流,但反映了一些思想家对传统伦理的质疑和进步思想的探索。这种状况对社会产生了两方面的影响:一方面,强调忠孝的伦理思想在维护封建统治方面发挥了主要作用,培养了一种愚孝、愚忠的心理。另一方面,由于这一思想强调整体利益、人际和谐、个人责任和义务,对社会的稳定、生产的发展,以及尊重长辈和关爱后代等方面产生了积极影响。这有助于形成和发展整体主义思想,为社会的良好风气和责任意识的培养提供了重要的参考,具有现实意义。

(三)理论倾向表现出强烈的中庸色彩

　　中庸在中国传统伦理思想中占有重要的地位,体现在对道德规范、道德范畴、道德行为和道德修养等方面的理论中。孔子将"中庸"视为至德,主张在为人处世中避免过激与不足,追求恰到好处。这体现在对礼的要求上,强调合情合理、恰如其分的行为,避免过于激进。孔子的"五美"(惠而不费,劳而不怨,欲而不贪,泰而不骄,威而不猛)要求也强调中庸,要求君子在德行上保持适度,不过分恭敬、不过分劳累等。子思在《中庸》中进一步发扬孔子的思想,将"中庸"视为美德和道德修养的基本原则。他将中庸解释为喜、怒、哀、乐未发之时即为中,一旦发生则要保持节制达到和谐。中庸被视为天下之大本,和谐则天地位焉,万物育焉。这表明中庸不仅是个人修养的标准,也是社会和谐的基础。孟子进一步强调了中庸与人和的关系,将中庸与王道结合起来。他认为统治者要站在中道上,贤能的人会跟随,百姓会拥护。这将个人修养与政治统治相统一,强调了中庸在建设社会和谐、实现王道上的重要性。总体而言,中庸思想在中国传统伦理中被视为道德的至高标准,强调恰到好处、适度而非极端。这种思想不仅贯穿于个人修养,也涉及社会和政治层面,为维护社会和谐、实现王道提供了理论基础。

中庸思想在封建社会中被赋予了重要的地位,成为官方教科书,与《大学》《论语》《孟子》并列为"四书",被提升到"经书"的地位。这进一步加强了中庸思想在封建社会中的作用和影响,成为人们为人处世的总特征。这种地位的确立与中庸思想典型地反映了封建政治和伦理的基本要求有关。

中庸思想在道德规范和道德范畴的论述中得到体现,特别是在对"五伦"和"九德"(说法不一,详见网络)的论述中。这体现了中庸思想对等级关系、责任、义务、道德品质和行为的具体规定,表现出中庸的调和和谐的倾向。同时,后来的儒家学者如贾谊也通过提出相对立的道德范畴,强调了中庸和谐的思想。这些道德范畴的提出表明中庸思想在道德规范中的深刻影响。

中庸思想的理论倾向主要表现为要求人们按照一定的道德规范和原则,通过调和折中的方法,自觉地调节个人的思想感情和言行,达到和平安静、不偏不倚的状态。它具有辩证法的特色,看到了事物内部的对立面及其转化,强调了事物的发展应保持在一定程度上。然而,中庸思想也受到了批评,认为其保守的一面扼杀了人们的创造性,对社会变革产生了阻碍,维护旧秩序的工具化使其成为反对改革的手段。这表明中庸思想在一定程度上对个人创新和社会变革产生了负面影响。

(四)理论的核心表现为以人为中心的天人合一观

天命观念在中国思想史上的早期出现,可以追溯到《周易》中,而后世的理论和学说都可视作对《周易》的阐释和推广。《周易》的主题可以用一个字来概括，即"天"或"命"。

中国传统伦理思想最早源于天命观。在商代卜辞中就出现了"德"字的记录，而西周时期正式出现了"外得于人，内得于己"这一道德规范的"德"字。《尚书·周书》中多次提道"祈天永命""以德配天"等说法。《周易》中提道"与天地合其德"的理想。《庄子·天下》篇指出，周人"以天为宗，以德为本"。这表明道德观念的产生涉及"德"与"命"的关系问题，即人与天的关系问题。

中国传统伦理思想强调了人与天的统一，将天道与人道、自然与人为的相类、相通与统一。孔子对天、命持谨慎态度，主张"务民之义，敬鬼神而远之"，强调"德治"和"德化"。后来的思孟之学强调了知人与知天的结合，将人生最高价值定位为"与天地参"。孟子将天与人的心性联系起来，庄子强调"与天为一"为人生最高理想。董仲舒更将人与天的统一推向了极端，认为"以类合之，天人一也"（《春秋繁露》）。

在宋代，天人合一观念进一步成熟。张载将儒家观念与天人合一相结合，认为"天地之塞，吾其体；天地之帅，吾其性"（《西铭》），并将天人合一视为人的最高觉悟。二程将"以天地万物为一体"看作最高道德境界。明清时代的思想家也在天人合一观念上赋予了新的意义，但在根本上与先秦时代的思想并无区别。这一观念在不同时期都体现了对天命的认知和对人与天的关系的思考。

天人合一的思想在政治上与封建统治制度相一致，为封建统治提供了理论论证和辩护。在哲学层面，强调天人和谐统一有助于注意到客观事物自身的发展规律，强调人的行为必须符合一定的客观规律，具有合理性。这给正确处理和协调人与自然的关系提供了启示。从伦理角度看，天人相谐的思想有助于道德规范与道德范畴的确立和完善，同时在实际运用和产生功效方面也具有积极意义，特别是在协调个人与社会的关系方面。

中国传统伦理思想不仅强调天人合一，还特别强调人在天地间的中心地位。儒家将天、地、人看作"三才"，而道家的老子则将道、天、地、人看作"四大"。经典如《孝经》《礼记》、董仲舒的观点都突出了人在天地中的重要性。这种以人为中心的思想在中国传统伦理中占有重要地位,强调了道德在社会中的作用,对人们认识自己的主人公地位和发挥个性创造力产生了积极影响。

尽管天人合一的思想中可能夹杂了一些错误和消极因素,但从以人为中心的倾向来看,它具有积极的作用。这种重视人的中心地位的思想突出了道德在社会中的作用,对人们认识自己的地位和发挥创造力有着积极的影响。然而,这种思想在社会现实中并未产生与理论相匹配的作用和影响,这可能是一个遗憾。

(五)不求理论上的建树,但求实践上的功效

中国传统伦理思想以实践功效和个体的道德修养为重要特征,相对轻视道德基本理论的建树与完善。伦理思想家认为,真正的道德主张必须与实际行为相适应,强调经验上的贯通和实际行动的契合是伦理思想最好的证明,不需要在文字上过多推敲与论证。例如,《孝经》专门论述"孝"作为"德之本",但未深入考察孝的理论问题,而是罗列了一系列如何尽孝的规则。此外,《女诫》《女论语》《女儿经》等有关女子的道德规范著作也未进行理论上的详细说明,而是规定了女子的行为习惯。

伦理思想家不仅在著作中强调对道德实际和具体道德品质的详尽阐述,而且在自己的道德实践中身体力行,力图言行一致。孔子强调个体的道德实践活动,认为言行一致是道德修养的重要方面。他强调发挥个人自觉能动性,提倡"君子求诸己,小人求诸人"(《论语·卫灵公》)。孔子的"内自讼"和"内自省"的道德修养方法对后世产生了重要影响。他一生身体力行,周游列国,极力推行其政治伦理主张,树立了言行一致的榜样,为后世思想家提供了良好的榜样。

孟子强调了在实际生活中进行道德修养,认为君子的性格根植于心灵,通过外在表现可以看到。他提出了"反求诸己"的修身方法,主张在困难环境中锻炼心志。他的思想强调"苦其心志,劳其筋骨,饿其体肤"(《孟子·告子下》)等,突显了在物欲面前"不动心"的观念,对培养人的正气产生了积极影响。

在宋明理学时期,不论是理学家还是心学家都突出了有关道德实践和

道德修养的学说。他们从各自的道德经验出发,提出了一系列具体可行的道德修养方法,如居敬穷理、省察克治、主敬、主静、发明本心、易简功夫等,至今仍具有可借鉴的现实意义。

总体而言,中国传统伦理思想强调道德实践和个体的道德修养,相对较轻视理论的建树。这体现在对实际功效的追求上,超过了对道德基本理论的探讨。尽管存在理论上的欠缺,但这种强调"身体力行""躬行实践"的伦理思想构成了中国伦理思想的宝贵财富。吸取和改造这些思想对提高道德自觉性,增强社会主义道德的作用具有重要意义。

第六节　中国传统医学

中医药文化,不论是广义还是狭义,都是中国传统医学和药物文明的重要组成部分。在广义上,中医药文化涵盖了中医药的物质文明和精神文明,包括中医学的各个层面。在狭义上,中医药文化特指中医药学的精神心理文化,包括中医学的核心理念、价值观,以及医者对患者的关怀和治疗中的人文关怀。中医药文化的狭义方面更强调中医医者的医德医风,以及对患者细致入微的关怀。

一、物质文化

(一)古籍文献

中医学的发展离不开众多的中医古籍文献,这些文献不仅见证了中医的发展历程,还凝聚了历代医家的智慧和临床经验。这些古籍呈现丰富的内容和多样的形式,构成了中医学术体系的重要组成部分。

医经类:代表性的医经是《黄帝内经》,被认为是中医学的奠基之作,包括《素问》和《灵枢》两部分,涵盖了中医的理论和实践。另外,《难经》也是一部重要的医经。

医案类:记录了医生对患者病例的观察、诊断和治疗经验。《名医类案》等古籍通过医案的方式向读者传递了实际的医疗技能和临床经验。

医话类：包括一些医家的言论和医学思想的论述。例如，《医说》是南宋医学家张杲的医学论著，记载了他的医学观点和临床经验。

医论类：包括一些关于医学理论和实践的专题论著。《韩氏医通》等作品详细阐述了医学的理论体系和治疗方法。

本草类：记载了草药的性味、功能和用法，是中医药学的重要组成部分。《神农本草经》、唐代的《新修本草》及明代的《本草纲目》都是代表性的本草类著作。

方书类：记录了医学方剂的文献，如张仲景的《伤寒杂病论》、孙思邈的《备急千金要方》等。这些方书对于中医方剂的研究和应用具有重要意义。

这些古籍文献不仅为中医学提供了理论依据和实践指导，还在很大程度上影响了中医学的发展方向。它们是中华医学传统的瑰宝，对中医学的研究和传承起到了不可替代的作用。

（二）药物

中药文化的丰富内涵和独特价值在中医治疗中得到了淋漓尽致的体现。中药的运用不仅是医学的实践，更是中国传统文化的传承和表达。

中药多样性是中医文化的鲜明特点之一。从《神农本草经》的 365 种药物到后来的千余种常用中药，中医学对天然草药的广泛应用体现了中国古代医学对自然的深刻认识和充分利用。中药的品质分为"上、中、下"三品，反映了对药物功效的层次和不同应用场合的需求。中药的炮制工艺是中医物态文化的一个重要组成部分。加工工具如药碾、药杵、刀、秤等，贮藏工具如药罐、药盒，展示了匠人在中药加工中的技艺和智慧。加工炮制不仅是为了提高药物的药效，更是为了使药物更好地适应治疗需求。

中药的组方和制剂是中医文化的瑰宝。通过君、臣、佐、使的配伍法度，医学家创造出了众多经典方剂，如六味地黄丸、桂枝汤等，这些方剂在长期的实践中为医学家积累了丰富的临床经验，成为中医治疗的重要工具。同时，中药的制剂形式也多种多样，如汤、丸、散等，适应了不同患者和疾病的需求。中药文化与文学的结合更是中医文化的独特魅力之一。文人墨客对中药的赞美和描绘，使中药在文学中成为丰富多彩的文化符号。这种文学化的表达既为中医文化注入了生动的艺术元素,也为中药赢得了更广泛的认同。

总体而言,中药文化不仅是中医学的实践,更是中国传统文化的精髓之一。在中药的世界里,蕴藏着深厚的历史底蕴和博大精深的医学智慧。

(三)针具

针刺疗法是中医学中一项独特而重要的治疗手段,其源远流长,经历了漫长的历史积淀,形成了完整的理论体系。

经络学说是针刺疗法理论的基础之一。根据中医经络理论,人体内有经络,通过梳理这些经络可以调节人体的气血运行。针刺通过刺激经络,调整气血的流动,从而达到治疗疾病的目的。这一理论体系形成了丰富的经脉分布图、腧穴分布图,针刺的位置和深浅都有详细规定。在针刺疗法中,刺法是非常重要的。不同的疾病、体质需要采用不同的刺法,如搔法、毛刺法等。刺法的选择直接关系到针刺的疗效。另外,针刺所用的针具也经历了漫长的发展。从最早的砭石、骨针、竹针,到后来的青铜、金属针,再到现代的不锈钢针,针刺的工艺和材料都得到了不断改进和完善。针刺疗法在中医学中的应用不仅是单一的治疗手段,还与中医学其他理论相结合,形成了综合治疗体系。在中医的临床实践中,针刺疗法常被应用于各类疾病的治疗,取得了显著的疗效,深受患者的好评。

(四)针灸铜人

铜人,特指宋代的铜质人体模型,是中国医学史上的珍贵遗产,展示了当时的科技水平和医学智慧。铜人的设计和制作由宋代王惟一主持,他是中国医学史上以实体模型为教具的开创者。这个铜人的身高与真人相等,内部设置有脏腑模型,通过巧妙的设计,铜人的脏腑模型可以用水银填充。为了方便教学和考试,水银被灌注到铜人的穴位中。铜人外表经过处理,表面覆盖黄蜡。医学学生可以按穴位进行针灸操作,当针刺准确到达穴位时,水银会流出,反之则不会。这种设计使医生和学生在针刺技艺上得到了更好的训练,促进了针灸专业水平的提高。在明代,仿制了一尊新的铜人,被称为"正统铜人"。① 明清两代也相继仿制了多尊针灸铜人。这些铜人不仅是医学教学的实用工具,更是中国医学史上的珍贵文物,反映了古代医学技术的高度和医学教育的发展。

(五)药店

太医局熟药所,于宋神宗熙宁九年(1076年)在开封成立,被称为中医史上第一家官办的药店。这家药店实际上是政府设立的官方售药机构。其经营范围涵盖了从药材的收购、检验、管理到成药的制作,全过程都有专人负责。这标志着官方开始介入中药经济,并在制药和销售方面发挥作用。明代以后,随着商品经济的发展,中药商品生产逐渐兴起。民间商人开始开设药铺,制售熟药。其中,山西广盛号药店是最早的一家民间药店,成立于明嘉靖二十年(1541年),以其名牌产品之一的龟龄集而著称。明清时期,一些老字号中药店,如北京同仁堂和胡庆余堂崭露头角,成为备受推崇的中药制售机构。北京同仁堂于清康熙八年(1669年)由清太医院吏目乐显扬创建,至今已有300多年的历史,一直保持着卓越的声誉。同仁堂在制药工艺、文化传承方面独具特色,形成了独特的同仁堂文化。胡庆余堂起源于清代同治年间,由"红顶商人"胡雪岩创建,是国内保存最完好的国药字号之一,同时也是中国保存最完整的清代徽派商业古建筑群之一。胡庆余堂的传统制药工艺和独特文化遗产使其成为中药文化的珍贵代表。这些中医药店的兴起和发展,不仅在药物经济方面发挥了重要作用,也为中医学的传承和发展提供了重要支持。

(六)招幌

"招牌"和"幌子"在古代医药行业起到了标识身份的作用,统称为"招幌"。各个时代的店堂、药铺和走方医的招幌各具特色。例如,"悬壶"是行医的招幌标志,记载在《后汉书·费长房传》中:"市中有老翁卖药,悬一壶于肆头。"葫芦也常被用作行医的招牌,不仅是走方医的标志,也有药铺悬挂药葫芦以示卖药的情况。此外,一些药铺以悬挂名贵药材为模型的方式进行招幌。宋代以后,字牌幌和画牌幌开始出现,字牌幌悬于门首檐下,上面写

---

① 樊荣:《新时代中华优秀传统文化的价值传承路径探析》,《文教资料》2022年第13期。

有一些介绍名贵药材的文字,如"调元气""养太和""参茸饮片""虎鹿药酒"等。到了清代和民国年间,药店堂铺更多地使用了膏药模型招幌和丸药模型招幌。这些招幌往往寓意深远,蕴含着某个典故或寓意,起到了类似现代广告的作用。这些独特的标识不仅使医药行业在古代更容易辨认,也为医药文化的传承和发展贡献了独特的力量。

二、精神文化

中医学的精神文化蕴含着深厚的思维方式和价值观念,根植于中国传统文化的土壤中。其中,整体性思维是中医学最为突出的特征,体现了中国传统文化中整体和谐的系统自然观。中医学将人体视为一个有机的整体,注重人体各部分之间的相互联系,以整体性为出发点进行生命健康和疾病诊治。取象思维在中医理论中占有特殊地位,通过对"象"的把握,中医认识到人体生理和病理变化,形成独特的理论体系。以阴阳五行之间的关系为基础,中医理解人身构造和生命机理,将人体看作一个自然之象的流程。藏象学说的建立也离不开"象"的思维。"医者意也"体现了古代医家在观天地而知人的过程中,运用直觉体悟思维的概括。在医学实践中,医生通过观察天地自然现象,以直觉体悟来解决临床问题,发挥医生的悟性,获得更好的疗效。这种直觉体悟思维是中医学一个重要特色,使得医学在实践中更具灵活性和创造性。

张其成在《中医哲学基础》中将中医学的思维方法概括为8种,突显了中医学在对生命、健康和疾病的认知和处理中的独特视角:①整体思维:中医学将人体看作一个有机联系的整体,强调人体各部分之间的相互联系,注重整体性的治疗方法,从而形成生命的整体观。②意象思维:运用取象比类的思维方法,分析人的生理、病理功能结构,建立"藏象"学说,将疾病的表现归结为"证象",形成"辨证论治"理论体系。③变易思维:将生命、健康和疾病看作普遍联系和永恒运动变化的过程,注重疾病的传变转化和治疗的应变而动。④中和思维:强调各种矛盾关系的和谐、协调或平衡,注重阴阳关系失调的病因病机理论和调和致中的治病、养生学说。⑤直觉思维:在观察天地而知人的过程中,通过直觉体悟来解决临床问题,发挥医生的悟性,获得更好的疗效。⑥虚静思维:通过"虚"心、"静"神的方法,达到生命的最佳状态,体现在养生、情志、诊脉、针刺等方面。⑦顺势思维:强调顺应自然之趋势和事物的时序变化,考虑疾病过程中机体的各种反应性及各种内外因素对机体反应性的影响。⑧功用思维:注重从事物的功能、属性、效用出发考虑问题,从整体功能层面探讨生命现象、疾病规律。这些思维方法体现了中医学在对待生命和疾病时的独特理念和方法论,强调整体性、动态性、和谐性及顺应自然的原则。这些思维方法在中医学的理论体系和临床实践中发挥着重要作用。

三、行为文化

中医学的行为文化体现在医疗、医患关系和学术传承等方面的行为规范和价值观念上。这种文化传承了深厚的传统医学精神,注重医生的德行和道德规范。以下是中医学行为文化的一些特点。

中医学强调医者要有仁爱之心,将医者的仁爱、同情心看作行医的首要条件。医生应该具备恻隐之心,对病人的痛苦全力救治,不计个人辛苦,以医者的仁爱之心去对待每一位患者。中医文化注重对患者的尊重和关怀。医生应该博施济众,对所有患者都用心一致,施药无二。医生应当看到患者的需求,竭尽全力去救治,使患者免于病痛之苦。医生的行为文化强调医者要无私奉献,不计个人得失。医生在医疗过程中应当不辞劳苦,即便面临困难和艰险,也要积极行动,及时救治患者。中医文化对医生的医术水平提出了较高要求,医者要有扎实的医学知识和精湛的医术。医学是一门深奥的学问,医者要在实践中不断提高自己的医术水平。中医学的行为文化传承了传统文化的精髓,医者应该继承和发扬中医学的优秀传统,保持医道的纯正,尊重医学传统,推动中医学的发展。总体而言,中医学的行为文化强调医者的仁爱之心、患者至上、无私奉献、精湛医术和传统文化传承,这些价值观念贯穿于中医学的各个方面,为医学人文精神注入了深厚的内涵。

清正廉洁、不图酬报,这是医者仁心的象征。在古代医学理念中,医者的最高境界是以医术救人、以患者的疾苦为重,而非图谋私利。这种医德标准贯穿于古代医家的思想中,将医学看作一种崇高的事业,不应被功利主义的观念所侵蚀。

　　精通医理是医生应具备的基本条件,这既包括对医学理论的深刻理解,也包括精湛的医疗技术。古代医家强调,医者若不具备扎实的医学知识和技术,将难以担负起救死扶伤的责任。因此,医生的修养和素质至关重要。

　　"诚"在医学伦理中的应用是一项非常重要的标准。医生的诚实、真实可信是衡量其道德水平的关键。这不仅体现在医学研究上,即"知之为知之,不知为不知,是知也",更体现在与患者的沟通中,对患者坦诚、真实地传达病情、治疗方案,是医生应尽的职责。同时,医生之间也应保持诚信,互相尊重,共同推动医学发展。这些古代医学的价值观念和行为规范,虽然是不同历史时期的产物,但其中蕴含的医者仁心、医学崇高使命等观念,对于今天的医学伦理和医疗实践仍具有深刻的启示。

　　"内省"在中医中的应用,可谓医者提高修养的一项重要方法。通过对自身行医过程的深入反省,医生能够更好地理解自己的医学信仰、职业道德,以及在实际工作中所面临的各种挑战。医者的内省不仅是对医疗技术层面的检讨,更涉及医生的内心世界和职业操守。强调"省察克制"表明了医者要保持冷静的头脑,随时反思自己的行为,确保不受外界因素的干扰。这种自我反省有助于医生更好地保持仁爱之心,对患者负责。在古代,医生承担了更多的医疗、配药和护理等任务,这就要求医生必须具备高度的自觉性和责任感。由于医学专业知识的独特性,一般人难以判断医生的医术水平,因此,医生自身的自律和内省成为确保医学伦理和医疗质量的关键。这种对医者自律的要求,在当代医学中同样重要。医者的自我反省不仅是对个体医生的要求,也是整个医学体系保持健康发展的必要条件。

第四章　中国传统文化的基本精神

第一节　天人合一

一、天人合一是中国传统文化精神的核心内容

精神一词是一个相当宽泛而又深刻的概念。在广义层面上，它包括我们的思想、情感、意识等非物质层面。而在狭义层面上，精神更强调一种深层次、相对稳定的文化意识，是文化的核心和支柱。文化精神作为文化的内核，代表了一群人的共同信仰、价值观念、道德规范等。这种内核的存在，使得一个群体在面对外部挑战时能够保持相对的稳定性和凝聚力。文化精神还反映了一个群体的历史、传统、风俗等方面的特征，是这个群体身份认同的象征。在探究文化精神的起源时，需要从广义的精神层面去观照。我们的思想、观念、信仰等都是受到文化、历史、社会等因素影响的，这些因素构成了我们个体和群体的文化精神。理解文化精神的多样性和复杂性，有助于我们更好地理解人类社会的演变和文明的发展。

（一）中国传统文化精神的概念

文化精神是一个既包容多元、中性的概念，同时也反映了一个民族的核心价值和共同认同。对于中华民族而言，中华民族精神则是在中国传统文化精神的基础上更为具体、更为集中的表达。中华民族精神的褒义概念表明其中包含积极向上的价值观和思维方式。这些价值观可能是在历史、文化、传统中形成并得以传承的，是中华民族的智慧结晶。这种民族精神既是民族自身的文化认同，也是民族发展的动力和智慧的源泉。对于文化精神

中的优劣成分,需要放在特定历史和社会背景下来认识和评判。不同时期、不同环境下,人们对于文化精神中何为优秀、何为糟粕的认知和评价都可能有所不同,这也使得文化精神和民族精神的讨论变得复杂而富有深度。

(二) 中国传统文化精神的内涵

中国传统文化精神涵盖了不同的层面,展现了多元而丰富的内涵。这些不同的观点从不同的角度突显了中国传统文化所蕴含的核心价值观和精神品质。张岱年强调了《周易》中的两个命题,突显了中国传统文化中对天人合一、强调自我修养和厚德载物的重要观念。他将中国传统文化的基本精神概括为人文、自然、奇偶、会通四个方面,涵盖了对人性、自然、奇异现象的理解和对多元文化的包容。方立天提到的五个方面的中华民族精神,强调了重德、务实、自强、宽容、爱国等方面。[1] 这些精神品质既强调了个体修养和责任,也关注了社会实践和国家认同。刘纲纪则将中华民族精神概括为理性、自由、求实、应变四个方面,突显了在思维方式、行为准则、实践方法等层面的特质。这些不同的阐释为我们更全面地了解和理解中国传统文化精神提供了丰富的视角。它们共同体现了中国传统文化的精髓,为中华民族的发展和进步提供了坚实的文化基础。

(三) 天人合一的核心观念

天人合一的核心观念要考虑文化特质是否具有本源性,是否在不同的社会形态都产生了根本性的影响。这确保了文化精神核心的普适性和深远性,不受时代和特定领域的限制。要考虑这一文化特质是否在不同领域都产生了根本性的影响,是不是各民族普遍适用的。这确保了文化精神核心的全面性和包容性,不仅贯穿于思想观念,也渗透于社会、经济、政治等领域。将"天人合一"观念作为中国传统文化精神的核心,恰好符合了这两个条件。这一观念融汇了自然、人类、道德等方面的思考,是中国传统文化深厚传统的体现。它既有哲学的深度,又有实践的指导作用,为中华民族的发展提供了精神支撑。这种文化精神核心的选择,能够体现中国传统文化的

---

[1]陈晓兰、杨生发:《岭南传统农耕文化保护传承的成效、问题与对策——乡村产业振兴视角》,《农业考古》2023 年第 1 期。

根本性和全面性,为我们深入理解和传承中华民族的文化传统提供了有益的指导。

在"自然之天"中,强调了天、人同处自然大系统之中,提倡亲密交往、和谐共处。这种理解强调了人类与自然的关系,要求人类在利用自然资源的同时要保持与自然的和谐,不破坏生态平衡。

在"意志之天"中,突显了天具有某种意志,是有目的、有支配力量的主体。然而,与商代的迷信相比,周代则强调人可以通过德行来取得天的认可,强调了天人关系的互通性和相互影响。

在"义理之天"中,突出了天与人都要讲究义理、规则、道德。这一层面强调了天人之间的道德联系,认为通过修养自己的道德品质,可以达到通天彻地的境界。

这些层面的解释展示了"天人合一"这一概念的多维度和深刻内涵,是中国传统文化中对于人与自然、人与神灵、人与道德之间关系的一种深刻思考。

宋明理学家如"二程"兄弟、朱熹、陆九渊、王阳明等人,更是将此一派的学说推至极致。具体而言,"天人合一"有以下3层含义。

1. 天人同源

老子对宇宙起源的思考展现了他对于抽象概念的深刻理解和对宇宙生成的独特见解。老子的"天下万物生于有,有生于无"(《老子·第四十章》)表达了对宇宙起源的哲学思考,强调了宇宙的无限生成和无始无终。这种观点与传统的逻辑推理不同,更倾向于超越常理的抽象思考,突显了老子对于宇宙起源问题的深刻洞察。引入"道"的概念,老子将其视为宇宙生成的原始力量。这里的"道"不仅是宇宙的母体,也是不变的、独立的,具有超越物质界限的特性。老子对"道"的描述强调了其超自然、无所不在的本质,使其成为宇宙生成的基础和根源。老子的思考方式超越了传统的神话解释,更趋向于一种抽象而理性的哲学思维。他通过对"有生于无"和"道"的阐释,试图理解宇宙生成的根本原理,探讨了超越物质世界的宇宙起源问题。这种思考方式为后来的道家哲学和中国古代哲学体系的发展奠定了基础。

老子对于"道"化生万物的模式的表述呈现了一种深刻而抽象的宇宙生

成理论。这模式包括"道生一,一生二,二生三,三生万物",强调了阴阳二气的生成和交融。

冯友兰对此进行了解释,将"一"解释为气,"二"是指阴阳二气,而"三"则是阴阳二气的和气。这一模式的核心在于阐释宇宙生成的过程,从"一"到"三"的层次递进,最终形成了丰富的万物。这一思想强调了阴阳交融、和气生成的宇宙生成机制。

与《周易·泰卦·彖辞》中的"小往大来,吉亨"相比,老子的表述更为抽象而普适。泰卦所表示的是阴阳的推移过程中,阴气的离去和阳气的归来,具有吉利的象征。而老子更注重阐释整个宇宙生成的模式,即从"一"到"三"的过程,并通过阴阳二气的交融和和气的生成,最终实现了万物的生养。

庄子在《田子方》中也借老子之口表达了类似的观点,强调阴阳的交融和两者成和,使物生。这进一步印证了在古代哲学思想中,阴阳交融、和气生成被认为是宇宙生成的基本机制。

"天人同源"这一思想则体现了古代中国传统文化中天地与人的密切关系,强调了宇宙生成的根本原理是源自共通的生命力和宇宙法则。

2. 天人同构

天人同构思想展现了古代中国哲学对于宇宙与人类关系的独特理解。通过对宇宙天体和人体结构的对比分析,古代哲人建立起了天人同构的信念,强调了宇宙和人类之间的内在联系。在古代哲学中,对于天的理解包括自然之天、命运之天、义理之天和主宰之天等不同层面。天人同构思想主要集中在对人与自然之天的关系上,通过比较宇宙的五行和阴阳范畴与人体的构造、功能及内在属性,建立起天人同质、同体、同道的信念。这种思想认为,天体和人体之间存在相似的外部结构,反映了宇宙和人类之间的某种契合和互补。通过天人同构思想,古代哲人强调了宇宙和人类之间的和谐关系。这一思想深刻地影响了中国传统文化,体现了人类对于宇宙法则和生命之间内在联系的深刻思考。

(1)"头圆象天,足方象地"

天人同构思想在中国传统文化中体现为对天与人之间相似性的深刻认

识。这种思想通过对天体与人体构造及功能的对比,表达了对人的尊重和对天的崇拜,同时通过"头圆象天,足方象地"(《曹山矩长老请赞》)等对应关系,古人将人与天进行类比,以人的形态来描绘天体的特征,体现了以人观天、以人待天、以人化天、以人尊天的观念。这种类比方式是对天体与人体之间相似性的一种诠释,通过对应肢体器官及功能属性的关系,表达了天人之间的内在联系。

(2)"天有日月,人有两目"

通过"天有日月,人有两目"(《黄帝内经》)等对应关系,天人同构基于天体与人体共有的构造及功能,如"九州"与"九穴"、"风雨"与"喜怒"等。这种对应关系具有客观基础,反映了天体与人体在构造和功能上的相似性。《黄帝内经》中提到的"天有六律,人有六府"等表达了天人之间的对应关系,强调了天人同体同位之相应。天人同构思想的雏形可以追溯到神话中,如盘古开天辟地后,各种自然现象与人体器官的类比,显示了古代对于天人同构的早期认知。这一思想深刻地影响了中国传统文化,体现了人们对于宇宙和人类之间内在联系的探索和理解。

(3)"天有阴阳,人有夫妻"

天人同构思想在外形和内在属性两个方面体现得淋漓尽致,通过对天体与人体各种形态和功能的对应,强调了天人之间的相似性和内在联系。这种对应关系不仅体现在形体结构上,还包括社会、生育等方面。在外形方面,通过"天有阴阳,人有夫妻"(《黄帝内经》)等对应关系,古人将阴阳之分与夫妻关系进行类比,突显了天人之间的社会关系和生命的延续。通过"岁有三百六十五日"(《黄帝内经》)与"人有三百六十节"(《黄帝内经》)等对应关系,将天体的时间单位与人体的生活周期进行对比,表达了时间和生命的紧密联系。其他如"地有高山"与"人有肩膝"(《黄帝内经》)、"地有十二经水"与"人有十二经脉"(《黄帝内经》)等对应关系,突显了天地形态和人体结构之间的相似性。在内在属性方面,通过"天有昼夜"与"人有卧起"(《黄帝内经》)等对应关系,强调了天人在生活规律上的相似性。通过"岁有十二月"与"人有十二节"(《黄帝内经》)等对应关系,将天体的季节与人体的生命阶段进行类比,反映了时间和生命的统一。其他如"地有四时不生草"与"人有无子"(《黄帝内经》)等对应关系,突显了天地的生育能力与人类的生殖功能之间的内在联系。这些对应关系使天人同构思想更为全面和深刻,体现了中国传统文化中对天地与人类之间相似性的深刻认知。

3. 天人同性

儒家思想中关于天地之性与人之性的观点,强调了人类与天地之间的内在联系和共性。通过尽性、修身,儒家追求人类与天地同构的境界,认为通过个体的修养可以通达宇宙的奥秘。孟子和《中庸》中的"尽其性""至诚"都是指向修养个体内在品性的方向。认为尽心修性,可以达到知天的境地。这种观点强调了个体的内在潜质,以及通过培养和发展这些内在潜质,可以领悟天地之道。孟子提道"尽其心者,知其性也"(《孟子·尽心章句上》),强调通过尽心尽性,可以认知个体内在的本性,从而认知天地之性。而《中庸》中则更进一步,认为"至诚"是能够尽其性的关键,通过至诚的修养,可以通达物我之性,最终达到与天地同参的境地。张载在后来对此观点进行发扬光大,进一步强调了性与天道的合一。他指出,通过诚实守信、真实不伪,可以达到与天道合一的境地。这种合一的观点使个体不再局限于自身,而是成为天地之间的一部分,与宇宙共融。这种思想在儒家的人道主义中得到了发扬光大,成为后来儒家思想中的重要理论基础。

二、天人合一的政治观

(一) 中国历代王朝都以天人合一作为自己统治权力的来源

商汤和西周周公在统治合理性上的依据有很大的差异,体现了两个时代和文化的不同特点。商汤在《尚书·汤誓》中通过宣称自己与天有血缘关系,是天之子的方式,将统治权威归结为上天的旨意,以此来加强他的合法性和统治权威。这是典型的以神为本的统治观念,强调君王是神灵的代表,统治的权威来自神的授意。这种观念在古代是比较普遍的,通过强调与神的联系,君王可以在统治中获得更大的合法性和威望。相比之下,西周周公在文化维新中试图提倡"以人为本",弱化了君王与神的血缘关系。他强调了德行的重要性,认为周朝能够取代商朝的统治,是因为周天子具备了上天认可的德行。这种思想是在弱化神权,强调人的德行对于统治的决定性影响。虽然在一定程度上试图以"以人为本"替代"以神为本",但仍在天人合一的范围内,强调统治者的德行得到了上天的认可。这两种观念反映了时代变迁和文化演进,从以神为本到逐渐强调以人为本,呈现了中国古代政治观念的演变。

董仲舒的天人理论在汉代儒学中取得了重要地位。他通过重新解释《春秋》,强调天人之间的关系,为君主权力提供了神圣的理论基础。董仲舒的思想在解决汉武帝大一统的问题上发挥了关键作用。

董仲舒提出以《春秋》为衡量天下的标尺,明确了天人的定位。他认为,通过观察历史,可以看到天会通过灾害、怪异等方式警告国家失道之败。他强调了天心的仁爱,认为天乃扶持全安之道,但在大亡道之世,需要强勉学问和行道,以实现大一统的事业。关键在于,董仲舒将君主视为天命的执行者,强调君主对人拥有至高无上的权力。通过"法天"来神秘皇权,他为皇权至上提供了理论支撑。这与当时的政治需要相契合,解决了大一统的问题,为汉武帝增强君权至上的权威性提供了有力的支持。董仲舒的天人理论因此成为汉代的官方学术,战胜了黄老学说,奠定了儒学在后来历史上的重要地位。

(二)中国历代王朝都以天人合一作为最高的统治原则

1. 自然无为

中国古代的政治管理理论以天人合一的思想为基础,融合了老子的道家思想和儒家的仁爱理念。这种理论基础反映了人与自然、人与社会、人与神灵之间密切的关系,强调在治理天下时要顺应自然、奉行道德。老子的"自然无为"思想强调宇宙之规律,主张在治理中要追随自然法则,不逆天而行,做到无为而无不为。孔子的"无为而治"也是强调不要刻意违背自然的趋势,而是顺应天命,以德行和道德规范来治理。儒家强调"奉天承运",认为君主统治天下是得天命的结果。然而,儒家也强调个人修身为治理国家的基础,注重修身、齐家、治国、平天下,内外合一。儒家的治国思想着眼于个体的道德修养,以期通过个人的努力来影响整个社会和天下。这些理论共同构成了中国古代政治哲学的基石,强调天人之间的关系,奠定了中国传统文化中"天人合一"的重要理念。在这一理念的指导下,古代政治管理着力于与自然、伦理道德相协调,追求人与天地社会的和谐统一。

2. 依阴阳五行相生相克

邹衍的阴阳五行学说在中国古代的思想体系中占据重要地位,他通过演绎法对宇宙事物进行分类,引入阴阳和五行的概念,解释了自然现象和抽象观念,同时将这些理论应用到政治、社会、历史等方面。

在邹衍的理论中,阴阳五行不仅用于解释自然现象,还被应用于人类社会。他规定了天子在不同季节、不同方位应该采取的行为,包括居住、穿着、食物、音乐等方面,形成了一套复杂的制度。这种制度体现了邹衍对宇宙和社会秩序的理解,强调了宇宙和人类社会之间的相互关系。

邹衍的五德终始说将五行相胜的理论与历史发展相结合,认为每个朝代都有特定的五德主导,由此影响着朝代的兴盛和衰亡。这种历史观念强调了历史发展的规律性,将五行的相生相胜关系与朝代更替相联系,形成了一种宇宙观和历史观的统一体系。总体而言,邹衍的阴阳五行学说在古代中国的哲学体系中发挥了重要作用,不仅为对自然界的解释提供了一种理论框架,也影响了对政治、社会和历史的理论思考。

《吕氏春秋》的编撰对于阴阳五行学说的传播和发展产生了深远的影响。吕不韦等在编纂《吕氏春秋》时,将邹衍的阴阳五行思想融入其中,尤其在《应同》《荡兵》和"十二纪"等篇章中体现得淋漓尽致。"十二纪"是《吕氏春秋》中具有代表性的篇章之一,它将阴阳五行与四季、五方、五色、五声、五味、五虫、五祀、五谷、五畜、五脏、五帝、五神等方面相结合,形成了一个庞大而系统的体系。这种综合性的思想体系对人们的生活产生了广泛的影响,不仅涵盖了农业、天文、地理等自然领域,还涉及社会习俗、祭祀仪式、音乐、饮食等方面。在秦始皇建立秦朝之后,他以秦为水德,以此来论证对周朝的合理性。这表明《吕氏春秋》中的阴阳五行学说对于秦始皇及其政权的合法性和统治思想产生了影响。《吕氏春秋》的思想内涵在政治上得到了利用,进一步推动了阴阳五行学说在社会中的传播。因此,吕不韦等通过《吕氏春秋》的编纂,成功地将阴阳五行学说渗透到各个方面,对于后来的社会文化、政治制度产生了深远的影响。

三、天人合一的处世观

(一) 中华民族的生存智慧

1. 刚健有为、自强不息

刚健有为、自强不息的精神在中华民族文化中具有深厚的历史内涵。这种精神体现了对外抵抗侵略、对内反抗暴政的传统,表现为对自身的不断奋发向上、积极进取的态度。这种精神贯穿于政治生活、个人生活和生活态度的方方面面。在政治生活中,这一精神体现为中国人民对外来侵略的坚决反抗,以及对内反抗暴政和压迫的传统。这种优良文化传统可以用"自强不息"这四个字来概括。对外抵御侵略、对内反对暴政的态度,构成了中华民族坚定的政治立场。在个人生活和生活态度上,刚健有为、自强不息的精神表现为积极向上、不懈努力的人生态度。这种精神激励着个人勇攀科学、文化、事业的高峰,追求个人的成就和价值。《周易》中提道"天行健,君子以自强不息",强调了效法天行之健,将其作为君子行为的准则。《周易》中还指出,"刚健而文明,应乎天而顺乎人",强调了刚健与文明、中正的结合,旨在防止主观盲动和片面性的弊病。因此,刚健有为、自强不息的精神既是处理各种关系的原则,也是中国人积极人生态度最集中的理论概括和价值提炼。这一精神贯穿于中华民族的文化传统,为优秀儿女所认同,并在历史的长河中得以传承和发扬。

《周易》中的刚健有为、自强不息的思想在中国历史上产生的深远影响,激励着知识分子和一般民众。这一思想成为中国传统文化中的重要价值观,不仅影响了历代文化名人,也渗透到了广泛的社会层面。司马迁在《报任少卿书》中列举了一系列例子,展示了历代文化名人在逆境中奋发向上、自强不息的精神。这种坚韧不拔的意志体现在文学、军事、政治等领域,为后人树立了榜样。这种精神不仅限于知识分子和上层人士,也在民间俗谚和儿童教育中得到了表达。民间俗谚如"人穷志不短"强调了在困境中保持积极向上的态度。而古代的"蒙学"类著作,即儿童教育方面的著作,也充满了激励人奋发向上的内容,传达了自强不息的思想。自强不息与中国传统文化中的正气、气节、爱国精神相联系。正气、气节是做人的基本准则,而爱国精神则与为国家、为民族牺牲的志士仁人理念相一致。这些概念在中国传统文化中互为支撑,构成了中国人对于自强不息、奋发向上的全面理解。因此,刚健有为、自强不息的思想在中国传统文化中不仅是一种思想观念,更是一种广泛认可的价值观,影响着中国人民的行为和精神状态。

2. 自然无为

老子对于自然之道的理解强调了人的自身本然属性,即"常"道,代表着生命的永恒不变的道理。这种"常"不同于固定不变,而是指生命的永恒不息、周而复始的活力。老子认为,这种"常"使人与自然最为接近,它并非自然现象,而是使之自然而然的法则。"大曰逝,逝曰远,远曰反。"(《老子·第二十五章》)在老子的思想中,大道是处于永恒的发展中,发展到极致后又回归原初状态,形成了循环往复的变与不变。这种循环是道的动态表现,使道具有真实性和永恒性,而不会流于死寂。老子认为人的德性偏离了自然本性,导致社会的不稳定。为了恢复社会的和谐与秩序,人应当通过道德修养,返璞归真,回归生命的本然状态。这种"返璞归真"的过程使人重新回到"婴儿"状态,即无知无欲的纯朴境界,但这并非一种浑浑噩噩的无知无欲,而是具有深厚道德品性的至真境界。"弱者,道之用。"(《老子·第四十章》)老子认为,"弱"是道的自然状态,而这里的"弱"并非虚弱无力,而是内含坚韧的"强"。水属柔弱却具有强大的穿透力,因此,老子提倡人们拥有类似水的品性,以柔弱胜刚强。在老子看来,"柔弱胜刚强"(《老子·第三十六章》)可能是对"柔弱"最恰当的定位,这种柔弱并非表面上的软弱,而是内在的坚韧和顺应。总体而言,老子的思想强调了人应当追求与自然合一,遵循"常"道,通过"弱"以求得真正的强大。这一理念影响深远,成为中国传统文化中重要的哲学观念之一。

"自然无为"是老子思想的核心精神,强调人应当顺应自然的发展规律,遵循"常"道,达到无为而无不为的境界。在老子的理念中,"无为"并非消极怠慢,而是通过顺应自然而实现的积极有为,即顺势而为、顺应自然之道。"无为"的实践要求人在行动中不要违背自然的本性,不要出于私欲而妄为,而是要顺应事物发展的规律,以达到最终的成功目标。这种"无为"体现了对自然的尊重和顺应,通过顺应自然而实现事物自由生长、和而不同的境界。在治理国家方面,老子主张无为而治,即执政者不应妄为,不应违背事物的自然发展规律。他认为,政治的最佳状态是领导者无为而民自化,领导者好静而民自正,领导者无事而民自富,领导者无欲而民自朴。这种治理理念是建立在对"无为"原则的理解基础上的。在老子看来,无为不等于消极怠慢,而是一种对自然法则的顺应和尊重。对于道的追求,老子通过觉悟人的自身本然、自然而然状态,寻找生命的最真实本性。与孔子的"仁"相比,老子的道追求更注重对人性本真的觉悟,是一种超越自我的境界。尽管两者追求的路径不同,但最终都在"真"中找到了生命的真理。

3. 执中致和

"中和"是中国传统文化的重要观念,强调通过恰到好处的中道原则化解矛盾,实现人与人、人与社会、人与自然的和谐。这一思想观念体现在各个领域,成为中国传统文化和谐精神的内核。

"中和"思想早已贯穿中国古代文化。在《尚书·大禹谟》中,"十六字心传"即"人心惟危,道心惟微,惟精惟一,允执厥中。"其表达了对"中"的重视。这里的"中"指的是不偏不倚的状态,与"和"密切相关。《中庸》进一步阐释了"中和"观念,将"中"视为天下之大本,将"和"视为天下之达道。

"中"是指人的性情未发生时的自然本有状态,而"和"则是指人的性情合时宜地发生并能够有序的和谐状态。实现"中和"的境界是在外在状态的"和"与内在状态的"中"相统一的状态。当人的情绪发生时,可能打破心境原本的和谐状态,产生"不和",因此需要通过"发而皆中节"来调控情绪,使之趋向和谐。这需要有意识地保持内心平静,守中而趋和。

"中和"思想贯穿于中国古代各家学派的思想领域,如阴阳相和、礼乐之和、伦理道德之中庸等。这一观念在中国传统文化中形成集体无意识,成为传统文化的一部分,影响深远。

《春秋繁露·循天之道》和《老子》中对于"中和"都有深刻的解释。董仲舒认为,"中"是天地之所终始,是事物存在和发展的最佳结构和关系。而"和"则是天地之所生成,是事物存在的最佳状态,具有和谐、协调、平衡、秩序、协同、和合的性质。在他看来,德莫大于和,而道莫正于中,守中与趋和是相辅相成的。这一思想在儒家和道家都有着重要地位。在儒家中,"中和"是最高的道德状态,孔子称为"至德",并感叹中庸之为德,是民族久矣的美德。在道家思想中,老子提道"毋太过"是两家的格言,强调"守中"与"和"是事物自身本然的状态。在《老子》中,道德的涵养浑厚就是心灵宁静、和谐的状态,将"中和"落实到现实,统治者应当"清静为天下正"(《老子·第四十五章》),人民的生活才能达到幸福和美好的境界。这一观念对于社会的稳定也有着深远的影响。孟子指出"天时不如地利,地利不如人和",强调社会的和谐比其他条件更具有决定性的作用。在现实层面,老子认为统治者应当以"清静为天下正",这样人民的生活才能达到舒适、美好、安定的状态。总体而言,"中和"是儒家和道家共同推崇的思想观念,强调通过中正和谐的方式化解矛盾,追求事物的最佳状态和发展。

"中和"在古代文化中的定位是十分重要的,既是个人的道德品性与为人处世的原则,也是社会秩序的追求。这一思想强调适度、和谐,以达到事物的最佳状态。孔子的"惠而不费,劳而不怨,欲而不贪,泰而不骄,威而不猛"是对这一理念的具体诠释。孟子对孔子的评价"不为已甚"则更是体现了"中和"的原则。

在古代中国的观念中,人应通过尽己之性而尽人性,尽万物之性而尽天地之性,达到与天地自然契合的境界,从而实现人与他人、与天地万物的和谐共生。这种境界被认为能够使个体与宇宙融为一体,彰显出厚德载物的胸怀与天人合一的理想。

"中和"观念在中华民族的思维定式、价值取向、精神信仰、文化心理及行为方式上产生了深刻影响。它为古代中国人提供了一种内在的指导,使他们在追求和维持社会秩序的同时,注重适度与和谐,体现了一种含蓄而蕴藉的生命情致。这种纯粹的生存态度并非表现为狂放不羁的情感抒发,而是体现出一种理性、平和、均衡的心境。

(二)"君子"人格的塑造

在中国传统文化中,君子人格是一个重要的价值观念,其提出源自孔子,经过千年的发展演变,形成了多种类型。

1. 天下兴亡,匹夫有责

君子所肩负的责任不仅是对个人的要求,更是对家族、社会、国家的责任,包含深厚的家国情怀。这种责任感在历史上的文人雅士、官员、士人等身上得到了生动的体现。范仲淹、杜甫等人的作品表达了他们对国家兴亡的忧虑和对人民疾苦的关切。身处逆境的时候,他们并没有放弃对社会的责任,反而更加深刻地体察社会的疾苦。这种责任感推动着他们通过文学表达、行动奉献,力图为国家谋福利。责任感还体现在对个人命运的承担上。梁启超所言,背负一种未了的责任是人生最苦的事情之一。然而,完成这一责任也能带来无比的快乐。这种责任感推动着个体为了实现社会、家庭、国家的稳定与繁荣而努力奋斗,即使时常陷入忧患之中。忠君爱国也是责任感的具体体现。在历史上,很多文人士大夫都以忠君爱国为己任,甚至为了国家的利益而舍弃个人的安逸。这种对国家的责任感在中国传统文化中被视为君子之道的表现,是一种高尚的道德追求。总体而言,责任感在中国传统文化中是一种强烈的社会伦理观念,是君子精神的核心之一。它推动着个体为了社会和国家的稳定与繁荣而努力奋斗,体现了一种为人、为己、为社会付出的高尚品质。

2. 建功言事

"学而优则仕"这句经典的儒家言论激发了许多古代读书人的壮志豪情。这种追求卓越、力图通过学问的提升来为国家社会做贡献的精神,在中国传统文化中占有重要地位。曹操和王勃的作品中所表现的雄心壮志和建功立业的决心,正是中国传统士人精神追求的一种具体表达。曹操的《短歌行》展现了对治理天下的渴望和为国家建功立业的决心。这种雄心壮志在中国历史上有着深远的影响,成为士人的典范。王勃的《滕王阁序》中则表达了建功立业的豪情壮志和对理想国家的向往与追求。苏轼的词中同样透露出对国家兴旺、民族复兴的热切期望。《江城子·密州出猎》中表达了强国抗敌的政治主张,体现了对国家的责任感。而《念奴娇·赤壁怀古》则通过怀古之情,回望历史英雄的风采,表达了对历史的敬仰和对人生的豁达。这些作品中所表现的豪情壮志、建功立业的决心,以及对国家的关切,都是中国传统文化中君子精神的具体体现。通过学问的积累和修养,士人渴望成为有才德、有责任心、能为国家社会作出贡献的君子。这一传统观念在中国传统文化中留下深远的烙印,影响着古代士人的行为和为人处世的准则。

3. 淡泊自由

陶渊明的作品中体现了一种淡泊清雅、悠然自得的君子风范。他以田园生活为背景,通过描绘宁静雅致的景色和洒脱淡泊的心境,表达了对自由自在、远离尘嚣的向往。这种高洁超然的情操,成为中国传统文化中君子人格的代表之一。刘禹锡的《陋室铭》也是对君子风范的表现,通过描写陋室的清幽环境和主人的高雅气度,强调了作者不同流合污、不慕名利的人生态度。这种隐逸淡泊的精神在中国文学中常常被推崇为君子所宜有的品质。在怀才不遇的境况下,李白和鲁迅的作品中表达了不同的情感和态度。李白的《行路难》展现了在悲愤之中仍怀有希望的坚持,表现出一种积极向上的追求和乐观的自信。鲁迅的《自嘲》以愤激的语言反映了怀才不遇所带来的痛苦和无奈,但也表达了对于真实自我的坚守和不屈不挠的态度。这些作品中所呈现的君子风范,不论是在清雅淡泊中展现的高洁超然,还是在怀才不遇中表达的坚持追求,都是中国传统文化中弘扬的君子品格的具体表现。这种精神在历史长河中一直激励着人们,成为中国文学中的宝贵遗产。

第二节　贵和尚中

中庸思想中的"中和"是中华民族精神的重要组成部分。将"中"与"和"作为处理人际关系的基本价值取向,强调平衡、和谐、中正,正是中庸思想的核心理念。在这种思维模式下,人们追求的是相互理解、相互尊重的关系,通过"中和"的原则来促进社会的安定有序。"中和"思想在实践中体现为以和为贵的交往原则和以中为尚的和谐尺度。在交往中,追求和谐相处、相互包容,注重人际关系的平衡,是中国传统文化中一种重要的行为准则。而"中"的概念,则体现了平衡、中正、适度的价值观,要求在处理事务时不偏不倚、不走极端,追求一种平和而稳定的状态。这种思维模式在中华民族的历史和文化中深深植根,影响了人们的行为方式、价值取向,形成了一种重视和谐共生、追求中庸平衡的传统文化观念。

一、以和为贵的交往原则

从自然和谐、人与自然的和谐、人与人的和谐到人自我身心内外的和谐,这种"普遍和谐"贯穿于中国传统文化的方方面面。尤其是对天人合一理念的追求,将和谐之道应用于人际关系和政治领域,体现了中华民族对于"天人合一"的向往和追求。在这一理念下,中华民族的文化、伦理、政治体系得以建构,形成了一种追求平和、协调、有序的思维方式和价值观。这种追求和谐的文化观念,在中国传统文化中扮演着非常重要的角色,影响着人们的行为方式、社会关系,甚至是国家治理。

随着科学的进步和社会的发展,人与自然、人与人之间的和谐关系发生了转变,更加注重平等、理解、认同和尊重。这种和谐意识不再受以往的神秘主义和依附关系的束缚,而是更多地关注生态伦理、个体自我确认及主体价值的实现。《温哥华宣言》中的呼吁,强调了思想和观念的更新,以及对具有持续创造力的宇宙形象的展示。这与中华民族所强调的和谐意识有着共通之处,都在寻求一种更加平衡、可持续、有创造性的发展方式,以应对当代面临的环境问题、人际关系问题和自我认知问题。在当今社会,弘扬和发展和谐的精神能够矫正一些"人类自大症"和"短视症"。这种精神不仅有助于个体的身心健康,也对社会的和谐稳定、可持续发展具有积极的影响。

从古代先秦时期的各家学派到现代,中华民族一直坚守倡导和平、追求和谐的文化传统。在先秦时期,不同学派对战争和武力都表达了强烈的反感,主张通过仁德、王道来统治天下,追求天下太平。墨子的"兼爱非攻"更是直接提出了不攻击、和平共处的原则,对侵略行为进行了明确的批判。这些古代思想的影响在中国传统文化中留下了深刻的烙印。[①] 在当代,中国通过和平共处五项原则、反对霸权主义、维护世界和平等一系列实际行动,展示了对和平的持续追求。总体而言,中华民族所强调的和平传统在当代仍然具有重要的意义,不仅影响着国家层面的对外政策,也渗透到了个体层面

---

① 王乐、铁铮:《非物质文化遗产传统插花的传承脉络及历史启示》,《西南林业大学学报(社会科学)》2023 年第 1 期。

的处事原则,形成了以和为贵的交往原则。这种和平精神对于处理生态问题、改善人际关系、促进世界和平都有着深远的影响。

二、以中为尚的和谐尺度

中华民族在交往中强调以和为贵的原则,然而这一原则并非可以无限制、无原则地绝对化,而需要在一定的范围内进行适用。在这方面,孔子的弟子子曾说:"礼之用,和为贵。先王之道,斯为美。小大由之,有所不行。知和而和,不以礼节之,亦不可行也。"杨伯峻在《论语译注》中解释这句话时表示:"礼的作用,以遇事都做得恰当为可贵。……但是,如果有行不通的地方,便为恰当而求恰当,不用一定的规矩制度来加以节制,也是不可行的。"这表明中华民族对"和"的强调并非毫无限制、毫无原则的。在追求"和"的过程中,必须坚持一定的尺度。这一尺度在儒家思想中被强调为"中"。有学者指出:"中国古代的'贵和'思想,往往与'尚中'的观念紧密联系。'和'是'中'的结果,'中'是'和'的表现,也是实现'和'的方法。'和'与'中'在思想方法和价值境界上都是贯通的,因而二者往往连用。"这种观点揭示了"尚中"与"贵和"两种思想在中国传统文化中的相互关系。因此,中华民族在强调"和"时,并非要求毫无原则地妥协,而是要在坚持一定的尺度,即"中"的基础上,追求和谐。这种思想观念体现了中华民族在交往中追求平衡、适度的价值观。

中华民族的历史中早就根植了"中"的观念。《尚书·大禹谟》中提道"刑期于无刑,民协于中。时乃功,懋哉",表达了对于"中"的强调,认为在"中"之间能够实现刑罚的适度和民众的协调。孔子进一步深化了对"中"的理解,将其视为一种评价尺度,主张"过犹不及",即一切事物都应该以中庸为德,过度或不足都应避免。在《论语》中,孔子回答子贡关于师与商谁更贤的问题时说:"师也过,商也不及。"并强调"过犹不及",说明他认为过度与不足都违背了中庸之道。这体现了孔子对于中道的崇尚。他进一步阐释"中"的含义,强调文质相宜,提倡文质并重的境界。他在《论语·雍也》中指出:"质胜文则野,文胜质则史。文质彬彬,然后君子",强调了文采和质朴的平衡。孔子还将"中"作为解决问题的方法,认为应该全面考虑问题的两端,才能找到合适的解决方案。这种对"中"的重视，被后来的儒家所继承，《中庸》中阐述了"不偏之谓中，不易之谓庸，中者天下之正道，庸者天下之定理"，成为儒家信条。这一思想贯穿中华民族的性格深层，影响着人们对待事物的态度和处理问题的方式。这种注重中庸之道的观念，使得中国传统文化在历史长河中保持了相对的稳定性和和谐性。

"尚中"的和谐尺度在历史中发挥了积极的作用，但也受到了时代限制和理解误差的影响，需要在今天以历史和发展的眼光重新审视。对于这种尺度，我们应当一方面还原其原始含义，另一方面为其注入新的时代内涵。唯有理性地对其进行时代解读，才能更好地展现其意义。

在当代，将"尚中"作为一种为人处世的态度，要求人们在处理事务时既要保持公正平直、不偏不倚，客观对待不同立场的事物，不被感情和私利左右；另外，也要求人们在明辨事理、宽厚平和的同时，避免固执己见，不走入极端。作为一种思维方式，它要求人们看到问题的两面，全面把握问题，以找到适当合理的解决方式。

正确理解和践行"尚中"的观念对于个人身心健康、人际关系和整体社会发展都具有重要意义。它有助于个体全面发展，完善人格；在人际关系中，有利于维护和谐有序的关系；对整体发展而言，有助于建立公正、公平的社会运行机制。可以说，"贵和"观念强调整体和谐，而"尚中"观念则强调和谐中的公正原则。只有坚持"尚中"，"贵和"才能真正实现和维持；只有强调中正平直，和谐才有存在的基础和意义。

"贵和"与"尚中"观念共同构成了中华民族的价值取向，成为中华民族精神的重要内容。这并非要求盲目顺应潮流、取消原则，而是在坚守原则的基础上，对对立的双方进行正确评价，支持正确、纠正错误。它不鼓励长袖善舞、左右逢源，而是主张在保持个体独立性的基础上广泛听取不同意见，避免盲目陷入误区。这一观念也不是试图通过简单的调和手段解决所有问题，而是在承认矛盾存在的基础上，正确把握矛盾双方，促使矛盾由对立向统一转化。它也不是追求简单的平均主义，而是在整体把握的基础上，以整体利益为取向，兼顾个体利益。作为中华民族的智慧结晶，这种思维模式对于应对现代文明带来的生态、社会和人际关系方面的危机都有积极的补救作用。它有助于处理复杂的问题,促进社会的和谐发展。因此,对这一思维模式的继承与发展对中华民族的未来具有重要意义。在面对全球性的挑战时,这种以和为贵、以中为尚的智慧能够为中华民族在未来的发展中提供坚实的价值基础。

第三节　刚健有为

"以志为纲"强调的是自强不息的奋斗精神,其目的在于实现内心的价值目标,为了"有为"。这体现了一种刚健有为的态度,要充分发挥主观能动性,勇敢克服困难,百折不挠,愈挫愈勇,不达目的誓不罢休。志向虽然对自己有益,但并不等同于贡献。志向存在的意义在于有助于实现贡献,但志向本身并非贡献。"意仅可曰志,不可以为功,必得楫、得禽而后可以云功也。志与功不可相从而得以志为功也。故志是志,功是功,当辨也。"这段话强调了志向和实际贡献之间的区别。志向是一种远大的目标和愿望,但必须通过具体的实际行动和贡献才能变成真正的功绩。君子不仅要有伟大的志向,还需要执着地去实现这些志向,但这并不意味着目标就是牺牲自己。君子的志向应该是为了造福他人,为民请命,而不是简单地为了个人的利益而舍生取义。因此,君子的"志存高远"是要通过为社会、为他人创造价值来实现的,而不仅仅是通过个人的付出和牺牲。这种观念体现了一种积极向上、有为有义的人生态度,强调个体的努力应当与社会的进步和福祉相统一。

一、勇于革新

"刚健有为"在实践中的突出表现之一是勇于革新,与时俱进。这体现了"穷则变,变则通,通则久"(《周易·系辞下》)的观念,即在面临困境时需要变革,变革后才能通达,通达才能长久。虽然祖先留下了丰富的物质财富和精神财富,但并不意味着我们要盲目接受祖先的所有遗产。祖先的制度是根据当时的科技、生产力环境等条件制定的,而现代社会发生了巨大的变化,因此我们不能指望祖先的规定完全适用于当代。因此,因时而变是在实践中不断被接受的普遍观念。"苟日新,日日新,又日新"(《礼记》)表达了一种持续变革的态度。当祖宗的制度与现代发生冲突时,变革是唯一的出路。从哲学的角度看,唯一不变的事务就是变革本身。法律规定在实践中具有很强的稳定性,但也成为需要改革的对象。康有为在《上清帝第六书》中指出,"法既积久,弊必丛生",强调了法律制度在长时间内的积累可能导致问题的产生,因此需要不断变革。刚健有为的人需要有勇气打破陈规陋习,敢于面对旧有的世界,以建设一个新世界。① 这种观念强调变革是为了更好地适应时代的发展,实现个体和社会的长远利益。在实践中不断进行改革和创新,正是刚健有为的表现,也是推动社会进步的关键。

二、积极进取

刚健有为的实现需要积极进取,通过个人的努力去追求目标,从而实现自己的人生价值。毛泽东同志通过自己的行动展示了对于征服天地和人类的豪情壮志,表达了"与天斗,其乐无穷;与地斗,其乐无穷;与人斗,其乐无穷"(《毛泽东选集·奋斗自勉》)的信念。积极进取可以归纳为两个方面:一是征服自然,包括掌握科学文化,追求对自然规律的探索;二是征服人类,包括处理人际关系、参与权术斗争等。在征服自然的问题上,魏源曾提出"人定胜天"的观点,认为通过人的努力和智慧,可以改变命运。然而,对于征服自然的探讨在我国并没有被深入推进,而人际征服的问题却受到了特别的关注。古代中国人注重社会因果关系和伦理分解式的"历史系统",将自然的奥秘与人类事务合而为一。在这种背景下,对于天体运行及其性质的探讨相对较少,而更注重对伦理、社会因果关系的关注。这表明中国传统文化在征服自然和征服人类的问题上有着独特的思考和重视,强调人与自然、人与人之间的关系。这种思维方式也影响着后来中国文化的发展。

三、有志者,事竟成

志存高远、刚健有为并非欺世盗名,而是要实实在在地取得成绩,最重要的是要有所作为。薛应旂在《薛方山纪述》中指出,无实而有名是盗名行

---

①季若涵:《论传统文化传承与典籍应用创新的耦合性——以"习近平用典"为例》,《现代商贸工业》2023 年第 1 期。

为,小实而大名则是幸运的结果。孔子以实际的执政为基础,后世称他为圣人,这强调了实际成就的重要性。在顺境、逆境、险境中都要保持初衷,坚持不懈,实现自己的抱负。很多惊天业绩都是在逆境中完成的,如文王演《周易》、仲尼作《春秋》、屈原赋《离骚》等。司马迁也在《报任少卿书》中列举了一系列在困境中取得成就的历史人物,强调了环境不是最关键的,关键在于个人的努力和执着。"有志者,事竟成"强调了志向的实现需要坚定的决心和不懈的努力。虽然不是每个人都能实现自己的志向,但至少通过努力可以取得更大的收获。失败并不是终结,而是通往成功的一步。有失败之英雄,有成功之英雄,而那些屡次失败却最终获得成功的英雄,正是值得世人关注和记忆的。

第四节　厚德旷达

一、厚德

"厚德"这一概念在语境中有两种主要的理解方式。一是从"量"的角度出发,将"厚德"解释为"增厚美德""积累道德"。这种理解强调个体应该不断地培养、增强自己的道德品质,使之更加丰富和充实,如同大地承载万物一样,个体能够承担更多的责任和事业。这种理解在一些大学的校训中得到广泛体现,这些校训强调学子应该在学业中不断提升自己的德行。另一种理解是从"质"的角度出发,将"厚德"解释为"宽厚之德",即以宽容、宽柔的态度对待人与事。这种理解强调了待人接物的态度,人要具备宽容和柔和的品质,同时也要尊重他人的主体性,保持人格尊严。这种理解更强调以和为贵的基本精神,表达了在人际关系和社会互动中的善待之道。哪种理解更为正确或合理,实际上取决于使用场景和个体的解读。在不同的语境中,人们可能更倾向于强调"厚德"作为个体道德素养的积累,或者更注重"厚德"作为一种宽容与柔和的为人处世态度。综合来看,两种理解方式都有其合理性,只是强调的重点不同。

"厚德"可以从《周易》中找到一些线索。首先,《周易》中提道"天行健,君子以自强不息",强调了天道运行刚健、永无止息,因此君子应当效法天道、不断自强。这里的"自强不息"强调的是个体应该不断地发展、进步,而并非强调增厚或积累美德的过程。其次,《周易》中提道"地势坤,君子以厚德载物",将大地的本质特征与君子的道德行为联系在一起。这里的"厚德"强调的是一种宽厚的德行,类似于大地以其宽厚的特征承载万物。这并非强调美德的增厚或积累,而是强调一种道德的本质。因此,从《周易》的角度来看,"厚德"更像是一种美德的名称,强调的是一种宽厚、宽容的德行,而非美德的增厚或积累。这与第二种理解,即将"厚德"理解为一种宽厚、宽容、宽柔之德的观点相契合。

除"厚德"外,《周易》还提出了其他美德,如"自强不息""俭德""顺德"等。这些美德类型各有侧重,涵盖了人在不同方面的道德行为。例如,"自强不息"强调个体在对待自己、要求自己、自我交往中体现的美德;而"俭德"强调在面对灾难和危险时应当俭朴、节约,不贪图荣华富贵;"顺德"强调顺应自然,逐步积累以成就高大完美的人格或事业。这种多元化的美德观体现了《周易》对于人类道德规范的全面性考量。因此,将"厚德"理解为增厚、积累全部美德的观点在语文逻辑上并不合理,因为《周易》中存在多个不同类型的美德,每一种都有其独特的侧重点和含义。

"厚德"这个词一个富有哲学内涵,通过对"德"的深入理解,我们可以更好地理解"厚德"的含义。首先,"德"是指个体基于对"道"的认识体悟而在行为中体现出的内在品质和秉性。这里的"道"可以理解为一种道德准则、价值观或生活原则,是人们在思考和实践中认同并遵循的理念。因此,"德"实际上是个体通过对"道"认知的体现,是一个人在行为中所体现出来的道德品质。朱熹所言"德者,得也,行道而有得于心者也"(《四书章句集注·学而》),强调了通过行道而得到内心的收获。这表明一个人的行为是自由而自觉的,是基于对"道"认识的自觉选择。人们在行动时,依照自己对"道"的认识体悟,从而形成一定的品质或秉性,即"德"或"德性"。然而,由于人们对"道"的认识可能存在差异,以及在依照"道"行事的过程中,情境和选择也存在差异,因此不同的人形成的"德性"也是不一样的。这使得"德"并非一成不变,而是受到个体认知和行为选择的影响,因而具有多样性。① 在这个基础上,强调"美德"与"恶德"之间的高下优劣,意味着承认"德性"并非单一且一成不变的概念。人们在行为中既可以表现出美德,也可能表现出恶德,这取决于其对"道"的认识体悟和在特定情境下的选择。其次,对于"厚德"来说,作者提到了将"厚"理解为宽厚之德,类比大地的广阔包容。这种理解使得"厚德"不仅是对"美德"的追求,更是对一种宽容、包容、深厚的品质的追求。这与《周易》中"厚德载物"的观念相契合,强调了道德的丰富性和深度,不仅包括美德,也包容了对于"恶德"的理解和反思。总的来说,"厚德"是一个关于道德、品质和秉性的综合性概念,强调了对于"德性"多样性的认识,并呼唤人们在行为中追求一种宽厚、深厚的道德品质。

"厚德""厚道"和"忠厚"这三个词中的"厚"都指向人的行为规范、品质和德性,而且在这里的"厚"都没有增厚、积累的含义。它们强调的是一种宽厚、宽容、正直的品质,而非对物质或数量的积累。

在"厚道"中,"厚"强调的是与人交往、相处时的宽厚、宽容,遵循一种宽广的原则和规范,而不是过于尖锐、刻薄或苛刻。这是一种待人接物的品质。

在"忠厚"中,"忠"强调的是对人或组织的忠诚、一心一意,而"厚"则强调宽厚、宽容的品质。这体现了对待关系的真诚和正直。

总体来说,"厚德""厚道"和"忠厚"这三个词都强调了一种宽广、正直、真诚的品质,是对待人际关系和生活态度的一种规范。这种共通的"厚"字体现了中国传统文化中对于德性和品质的重视,强调了为人处世的深度和宽度。

二、旷达

在我国古代士大夫文人的生命观和人生观中,儒家和道家都追求一种生存与"道"相合、和谐快乐而有益的理想状态。这种美好的生命境界被赋予了旷达的美学意蕴。在具体描绘中,司空图描绘了自然、自由的生存境

---

① 蒋珠丽、覃伟津:《人类命运共同体思想对中华优秀传统文化的传承与发展》,《领导科学论坛》2023年第2期。

况,如"何如尊酒,日往烟萝。花覆茆(茅)檐,疏雨相过。倒酒既尽,杖藜行歌"(《诗品二十曰则·旷达》),这表达了旷达之美的一种形态,展示了一种宽广、畅达、自在的生活境界。然而,这只是在唐末乱世中司空图在现实人生无奈中选择的一种旷达之美的生命境界。

第一,游戏人生。从殷、周到春秋、战国,人们逐步从"神道"迷雾中走出,发现了"社会性总体人"和"自然性总体人",即每个人都是社会性或自然性的共同本性的体现。这反映了对"人"的认识不断深化,历史上逐步走向自觉的过程。在汉末魏晋时期,人们开始意识到每个人都是有血有肉、有情有欲的个体。这标志着从"总体人"的发现逐步升华到了个体人肉体生命的自觉。人们开始追求肉体生命的快乐,追求肉体感官的享受。这可以看作对肉体生命的浅层次自觉,但却初步丰富、发展乃至改变了先秦以来"总体人"的观念的历史内涵。这也被视为"个体人生命意识觉醒"时代的到来。在文学作品中,《古诗十九首》展现了一种"游戏人生"的态度。这种态度主要体现在两个方面:一方面,看透了肉体生命的短暂,认为不能虚度人生,因此将享受肉体生命看得高于一切,将及时行乐视为普遍追求;另一方面,作品中表达了对权势的追求,认为能够保障人生。这种自由、旷达的生命境界虽带有一定的消极色彩,但在人性发展的历程中,仍具有不容忽视的革新意义和审美价值。

第二,回归自然。陶渊明生活在晋宋之际,这一时期个体人对短暂生命的超越已经成为自觉的行为。他汲取了道家的思想,强调任自然、旷达自适,形成了淡薄而高雅的自由人格。陶渊明坚持真我,选择不与世俗同流合污,宁愿清贫而自由,而不愿为了名利而委身于污浊的官场。他弃官不做,选择飘然归隐,追求身与心的双重解脱。《归去来兮辞》中的表达也充分体现了陶渊明对回归自然和获得自由的向往。他提出归隐的问题,表达对官场的不满,强调心灵的自由和追求田园生活的愿望。文中的"舟遥遥以轻飏,风飘飘而吹衣"生动地描绘了回归自然后的欢欣状态,表达了对自由、宁静的追求。陶渊明通过自己的生活选择和诗歌表达,成为中国文学史上回归自然的典型代表,他的思想影响深远,启迪了后来的文人和文学创作。他的田园诗歌不仅是文学的艺术表达,更是对人性本真、自由追求的深刻反映。

陶渊明的诗歌深刻地展示了他回归自然后的生活状态，以及与自然、农民之间淳朴而和谐的人际关系。陶渊明的诗歌中流露出淳朴、欢畅、活泼的情感，表达了他在田园生活中找到的真实和自由。《归园田居》和《饮酒》中的诗句生动地描绘了陶渊明在农田劳作、自然中游走的情景。尽管生活看似劳苦，但细节中透露出的"沾""悠然"等，传递出一种发自内心的欢畅与满足。这种欢畅并非来自物质的富足，而是源自对自然的感悟与融入，以及与农民共同生活的纯净和谐。陶渊明通过诗歌展现了与"天和"、"人和"融为一体的生命境界。他在《归园田居·其二》中描述的"穷巷寡轮鞅""白日掩荆扉"的生活，以及在《五柳先生传》中对酒的欢畅和自由态度，都呼应了回归本真、追求自由的生命观。这种本真、自由的生命境界正是"旷达之美"的体现，是对现实世俗的超越，追求心灵的宁静、清澈与快乐。陶渊明的诗歌成为中国文学史上回归自然、追求真实生活的经典之一，对后来的文学与思想产生了深远的影响。

第三，自我超越。苏轼的生平经历和他的诗歌展现了自我超越的精神境界。尽管他在后半生多次被贬谪，但他能够在逆境中保持旷达自适的情怀，体现了对人生的超越性思考。在琼州的岁月中，苏轼并没有沉溺于贬谪的痛苦中，而是积极地调整了自己的心态，为当地百姓做了许多好事。他在《谪居三适三首》中所描绘的早起理发、午窗坐睡、夜卧濯足的生活，虽然表面上是简朴的生活场景，但其中透露出的轻松、幽默、豁达，展示了他对现实苦难的豁达态度和对生命的乐观态度。其中的诗句如"解放不可期"，"身心两不见，息息安且久"，以及"我生有定数，禄尽空余寿"等表达了苏轼对命运的超然态度。他似乎能够在苦难中找到自己的内在快乐，通过对琐碎生活的幽默描述，体现了对自由、欢乐的追求。苏轼的生活态度和诗歌中的情感表达，都展现了他对自我超越的理解，通过超越物质困境和世俗压力，他达到了一种内心的解脱和宁静。

第五章　中国传统文化的表现形式

第一节　中国绘画

一、中国绘画的艺术表现

中国绘画的丰富多样展现了中国传统文化的深厚底蕴。这门艺术以其独特的东方文化情调、表现方式和工具使用而脱颖而出。中国绘画通过对自然、人生、文化的独特理解，以及对艺术表现方式的独创性，展现了中国传统文化的深刻内涵和博大精深。

（一）追求神似的法则

在中国绘画中，对物象的描绘与客观物象存在相当大的差异，这一特点贯穿了整个绘画的历史。早期的中国绘画受到象形文字的影响，画家倾向于使用符号提示，通过简化和象征性的手法表现事物。这反映在古代绘画中，画家更注重通过形象符号传达意境，而非严格追求逼真的描绘。顾恺之提出"以形写神"的理念，强调画家在描绘中要捕捉物象的精神、气质，而不仅仅是形态的相似。这一理念成为中国绘画的主导思想，画家追求在描绘中表现出事物的内在灵性。中国画家在描绘物象时，更注重对客体物象部分元素的选择，而非全貌的详细描绘。画家会通过提炼、夸张、概括等手法，强调事物的本质特征，达到神似的效果。中国画家强调"形神兼备"，即在形的描绘中融入对物象内在精神的表达。这种完美统一意味着在表现形态的同时，要寓意更深的意境和情感，使作品更具有内涵和艺术深度。中国画作品强调意境和气氛的表达，画家通过笔墨的运用、构图的设计等，创造出富有情感和神韵的画面,而不仅仅是对物象的形式上的模仿。综上,中国绘画在描绘物象时更注重传达精神、内涵和意境,而非追求逼真的外观。这种差异性反映了中国传统文化中对于形与神的关系、意境表达的独特追求。

(二)注重意境的法则

意境在绘画中扮演着重要的角色,它是画家通过对客观事物的观察、认识和个人情感的体验,通过艺术构思和绘画语言表达出来的一种深刻的境界。在观察客观事物时,深入感悟事物的内在特质,捕捉其中的情感和思想,这需要画家超越表面现象,触摸到事物的本质,将感悟到的情感和思想通过艺术构思转化为画面的元素和结构,思考如何用绘画语言表达出内在的情感,选择符合主题的形式和色彩。① 意境的创造需要形式与内涵的统一。画家在表达外在形象的同时,要注重融入内在的情感和思想,使两者相得益彰,形成有力的意境。意境的成功创造应该能够引发观者的共鸣,通过画面传达的情感和思想使观者产生共鸣和思考。这样的意境不仅在艺术上具有深度,还具有思想性和感染力。意境的创造也与画家个人的独特个性密切相关。每位画家都有自己独特的情感体验和思考方式,通过表达个人独特的视角和情感,创造出独具个性的意境。在绘画创作中,通过深刻的感悟、巧妙的构思和形式与内涵的统一,画家可以创造出富有深度和内涵的意境,使观者在欣赏画作的同时沉浸其中,感受到更多的情感和思考。

(三)不受时空限制的构图法则

中国画的独特之处在于其非可视空间的表现,以及对空间的主观臆造。这种自由的空间处理方式不受传统透视法的限制,使画家可以更加自由地构图和表达。通景屏的格式,尤其是巨幅的横卷,为画家提供了更大的创作空间。这种形式的使用,如乾隆帝的《南巡图》,突破了传统画幅的限制,展现了中国画家在创作时的胆识和创造力。这种横幅的表现形式也符合中华民族的审美习惯,使画面更富有张力和气势。在山水画中采用的散点透视法,使画家能够更自由地表达远近距离和空气感,给人以空间的流动感。这

①赵心:《政策视角下的优秀传统文化传承发展理论演进——兼论地方文献保护与优秀传统文化传承发展的内在逻辑》,《图书馆研究与工作》2022 年第 10 期。

种方法在王希孟、夏圭等画家的作品中得到了生动的展现。同时,通过突破时间和空间的限制,将四季花卉或千里江山等不同场景融合在一幅画中,展现了画家驾驭造化的能力。最终,这种独特的表现方法不仅在形式上有所突破,更体现了中国画家在创作时的创新和自由。对时间和空间的非传统处理方式,以及对民族审美习惯的敏感,使中国画在艺术上脱颖而出,展现了深厚的文化底蕴和独特的艺术魅力。

(四)独特的程式化表现法则

程式化在中国画中占据着重要的地位,是画家在观察自然物象的基础上,通过概括、提炼、夸张而形成的规范性结构。这一理念在中国传统文化中得以体现,不仅在绘画领域,还在戏曲等艺术形式中产生了相似的表现。在中国画中,程式化体现为画法和理念的一整套规范。例如,对于不同的画题,画家会采用特定的画法,如画人物有独特的"十八描",画山石有各种皴法,画树叶有不同的点叶法等。这些程式化的手法使画家能够更容易地表达自然物象的特征,并在此基础上发挥创造力,追求神似之美。与中国画的程式化相类似,中国戏曲也采用程式化的演出手法。演员在表演各种场景时,通过特定的程式化动作和表情来传达情感和故事情节。这种程式化的演出方式,是因为在戏剧表演中无法真实还原一些情节,因此需要一种规范的表达方式。尽管程式化为艺术家提供了一种规范性的结构,但在艺术创作中,画家或演员也需要灵活运用程式,使之成为表达个性、追求神似的工具。在创作中,创新与传统的平衡是关键,画家和演员需要不断尝试,创造出符合时代审美要求的程式。总体而言,程式化在中国传统文化中扮演着重要的角色,既为艺术家提供了一种规范性的表达方式,又要求艺术家在其中发挥创造性,以创造出更加富有独特性和时代感的作品。

二、中国绘画的审美表现

(一)"似与不似之间"

中国画的主观性和写意性赋予了它独特的审美特征。通过"寄情于景""寄情于物",中国画家在表达客观对象时,融入了自己的情感、思想和审美理念,形成了一种"似与不似"的美感。

中国画的审美特征体现在对"似与不似"之间的追求上,这不仅涉及画面上的形象,还包括了艺术思想和趣味的追求。这一追求使得中国画家在表现对象时注重神态和气韵,而非单纯追求形似。这种追求的结果是,中国画作品在展现气势磅礴的山水、微妙的花鸟、人物神态等方面都能表现出丰富而深刻的内涵。

这样的审美观念和创作理念决定了中国画的发展走向,并在观察方法、表现方法及艺术效果上形成了和谐统一的整体。中国画通过主观性的表达和写意性的手法,将艺术创作融入生活,使画面既有一定的客观性,又蕴含着画家个体的情感与思考,呈现一种独特而深沉的美感。这也是中国画在世界艺术舞台上独树一帜的原因之一。

（二）"以形写神"

中国艺术家对于"形"与"神"的关系一直有深刻的思考和探索。从顾恺之的"以形写神"到谢赫的"气韵生动",再到文人写意画的"以神写形",中国绘画一直注重表达物象的神韵和精神气质。

"神韵"的追求不仅是一种绘画原则,更是一种欣赏原则。这一理念贯穿了中国绘画史的始终,从最初对客观物象的神似开始,逐渐扩展到主观认识和自我表达。即便在强调主观表达的文人画时期,仍强调以"写形"为基础,传神的表达要建立在对形的准确把握之上。

"神韵"的追求塑造了中国绘画独特的训练和观察方法。全面观察、综合归纳、概括提炼成为画家的必备技能。通过行万里路、搜尽奇峰,画家从各个角度观察,形成对物象的总体印象。同时,对生物的生长规律有深入了解,以便更好地抓住描绘对象的特点和精神气质。这样的全面认识为画家提供了素材,使其能够将观察和感悟转化为自由流畅的作品。在表现上,"形"的概括和提炼成为中国画的一种独特手法。通过简洁而有力的笔墨,画家能够在凸显物象特征的同时突出作品的艺术感染力。这种表现方式的精妙之处在于通过简约、夸张和空白,使观者更集中地关注于画家所想要表达的精神内涵。

中国画在追求"形"与"神"之间的平衡中形成了独特的审美标准和创作方法,为其在世界艺术中占有一席之地提供了坚实的基础。

(三)"程式化"

"程式化"这个词本来是戏曲领域的专有术语,但实际上它也可以用来描述中国传统绘画。传统绘画和传统戏曲在性质上有很多相似之处,尤其是在表达形象方面。中国画一直以来都是通过结构关系来表达形象,即以对象固有的结构规律为基准。这种从结构出发的认识方式使画家能够在表达形象的时候保持最大的主动性。通过掌握对象的基本特征和规律,画家可以超越对象本身,根据需要自由组织和变化,从而发展出"程式化"的表现手法。从古代壁画和泥塑中就能清晰地看到程式化的结构处理。画家通过程式化的手法,能够更好地表现出生动和变幻的形象。随着时代的演进,程式化逐渐成熟,从最初朴素被动的模仿发展到主动掌握。唐代的泥塑和壁画已经充分展现了程式化的成熟,特别是在描绘人物的结构处理上。比如,敦煌千佛洞的唐代菩萨、力士、金刚等形象,都展示了各自概括而生动的结构形式。这种结构的认知方式与西方解剖学不同,不是基于科学的从内到外的解剖,而是一种符合视觉美感的处理方式。它既具有符合科学感觉的一面,又有大胆概括和夸张个性特点的一面,形成了一种性格化的程式化。例如,为了强调力量,对力士和金刚等形象会夸张肌肉的块状;为了表现菩萨的女性柔美,多用圆形线,去掉小的转折变化;而表现佛的庄严肃穆,则多使用垂直线和方圆结合的技法。这种程式化的处理方式表现了中国传统美术对形体的独特视角,强调团块式的表现方法。程式化是中国绘画的一个显著特点,但需要注意的是,程式化只是一种方法和技巧,必须结合实际生活和艺术家的情感来发挥其作用。如果过于机械地运用,就可能失去艺术感染力,甚至变成一种教条,产生消极的效果。

(四)"书画同源"

中国绘画一直以来都以线条造型为主要特征,这一传统延续的原因与中国独立发展的文字艺术密切相关。古代中国就有"书画同源"的理念,指的是书法和绘画有着相同的根源和基础。中国古代象形文字的形成与绘画有着千丝万缕的联系。这种文字的形成是对图形的简化和抽象,同时也推动了绘画的发展。随着"书画同源"理论的形成,书法艺术逐渐独立出来,形成了一种独特的艺术表达方式。在书法艺术中,笔的运用和线的表现力得到了深刻的发展。艺术家在书法中领悟到了美学因素,这些美学因素不仅被吸收到书法中,也丰富了绘画中线条的表现力。这种以笔墨为工具的艺术表达方式逐渐形成了"笔墨艺术"的概念。因此,中国绘画一直以来都注重线条的运用和表现,将书法的线条美学融入绘画之中。这样的发展路径形成了中国绘画独特的风格,使线条在绘画中占有重要的地位。这不仅是一种技巧,更是一种文化传统的延续,反映了中国艺术在文字和绘画之间的深刻联系。

(五)"骨法用笔""随类赋彩"

在中国绘画的发展过程中,线条一直占据着核心的地位。南朝谢赫将"骨法用笔"置于六法中的第二位,突显了古人对线条的重视。唐代张彦远在《历代名画记》中更是深刻地解释了"骨法用笔",指出"骨气形似,皆本于立意而归乎用笔",进一步强调了线的作用。

中国绘画的发展可以看作线的发展过程。从最初的表达客观物象,逐渐演变为能够表达主观情感和思想,甚至具有独立的个性和美学因素。线在绘画形式感中扮演着基本的骨架角色。线的主导地位,使色彩在中国画中通常处于辅助地位,与线相互补充、辉映,形成和谐统一的效果。

"随类赋彩"是对中国传统绘画用色的精妙概括,其基本风格是通过固有色和大色块的对比,创造出明亮绚丽的艺术效果,但整体上不掩盖线的骨架地位。顾恺之的《女史箴图》清晰地展示了线的主导地位,他吸收了汉画像砖上的线条,创造了"春蚕吐丝描",强调弧形圆线,形成了古朴、稳重的效果。

在唐代,线和色两大支并行发展,重彩画的兴起使色彩趋于成熟,而吴道子则进一步发展了线的运用,提出了"白描"概念。吴道子的"吴带当风"的线具有动感,不仅表达了物像,还传达了主观情感,对后来的写意画产生了一定的影响。

宋代时,绘画逐渐成熟,线的表达力也日益成熟。画家如李公麟延续了顾恺之和吴道子的线的特点,创造了流利、严谨、有力的线条,推动了白描表达力的成熟。同时,花鸟画的独立崛起促进了技法的深入发展。整个发展过程中,线一直是中国绘画的灵魂和主线。

第二节　中国书法

一、中国书法的艺术表现

在追求艺术的本质时,我们需要深入探讨不同艺术门类之间的共通意义和作用,找出它们统一的本质。艺术的特质,究竟来自何处呢?抛开功用不谈,艺术应当有其固有的特质。人们普遍认为艺术表现美,而美的源头又在何处呢?为了理解艺术的本质,我们可以从阐释艺术"品""性"本身入手,通过对艺术定义的深入探讨,结合审美性内涵,寻找艺术之本质。在这一理论基础上,我们可以以中国书法为例,探讨艺术之本质在书法领域中的价值再现。中国书法作为一门艺术,在其审美存在和表现中展现了独特的本质。通过对书法的艺术审美进行研究,我们或许能够更清晰地理解艺术的本质在不同文化和门类中的表现,并发现它所蕴含的深刻意义。通过书法的审美探讨,我们或许能够揭示美的本质,以及艺术如何成为人类表达美和体验美的重要媒介。

(一)"品""性"合一,阐释艺术审美之本质

"品"指的是艺术品,"性"表示艺术性。将二者合一,指的是艺术品应当真实反映艺术的本质。艺术性并非唯一的,而是表现为多方面的特征,因为艺术本身就是一个多层面的复合体。除了审美的层面,还有知识、技术、物质载体、经济、政治等层面。然而,最根本的特性还在于审美层面,但"美"本身也并非一成不变、绝对化的恒定表现。

审美层面的特性需要通过"解读"来界定审美的范围。这引出了两个关键问题:一是对艺术品性的明确定义,二是对审美范围的明确定义。解决了

这两个问题,在一定程度上,或许能够达到真正的品性合一,阐释艺术的本质。

在艺术性的明确定义方面,需要考虑"何谓艺术"这一问题。历史上,人们对于艺术的理解一直以"诗"为艺术的代言。从"模仿说"到"表现说",再到"形式说",艺术的发展在不同时期都有不同的解释。然而,可以归纳出一致性,即艺术是以美的形式表现的具有一定思想性、真实性、技术性和可解性的物质呈现。这个定义在不同文化和时期都有共通性。在中国古典美学中,也可以找到对艺术多元特性和不同层面的体现。因此,艺术的本质在于审美,这是一个普遍而恒定的属性。通过解读和明确定义,我们或许能更清晰地理解艺术的本质,并在实际创作和欣赏中体现这一本质。

(二)关于艺术审美本质之内涵

审美的范围和标准是一个复杂而多元的问题,既涉及传统的艺术观念,也受到现代和后现代艺术观的挑战。对于审美范围的界定美的三类划分很有启发性。自由美,即狭义的美,强调纯粹的直觉,无关乎对象的概念、利害和目的。[1] 这是一种对美的最本源的感受,超越了外部的框架和传统的标准。依附美,即广义的美,与人们先验的、经典的、传统的审美标准相关。这种美建立在概念和对象完善性的前提下,受到传统文化和历史检验的相对普遍的审美标准的影响。更为宽泛的美,则包括多种因素,涵盖了综合的审美体验,可以是带有刺激和恐怖的崇高美,也可以是各种审美个体的差异性和丰富性的表现。在这个多元的审美范围中,不同个体对于美的感受和理解是主观而多样的。因此,审美的界定并非唯一的标准,而是与个体的经验、文化背景、时代背景等有关。这也是为什么在现代和后现代,对传统审美标准的挑战存在和引起争议的原因。

(三)以中国书法为例说明艺术本质

书法作为传统艺术门类,经历了漫长的历史沉淀,积淀了五千年文化的辉煌成就。尽管有传统的书写法则,但书法能够表现不同时代下人们的精神面貌和时代气息,不失去固有的风采。艺术的本质在于审美。在书法中,

---

①孙传明、郑淞尹:《智能时代传统文化的产业开发与创新发展》,《理论月刊》2021 年第 5 期。

不论是何种书体,艺术家的风采都能在黑白的笔墨线条中得以体现。这种风采包括书法家在技术层面的独到功力,以及在思想性方面的个人情趣、品性修养、人生境界的充分体现。书法家通过墨、纸、笔的综合运用,通过变化灵活的线条传达真挚的笔情墨趣。这种真实性既是自然万象的表征,也是书法家个人思想性的充分表达。书法大家如王羲之以其个人风采、独到功力、墨线的灵动变化,成为书法艺术美的代表。好的书法作品需要真正的书法大家才能表现出真正的风采。书法的美更多是一种艺术实践的美,需要通过实践来感知其审美的内涵。好的书法作品,即使一般评论家也能从线条的灵动、结构的变化中直观感受到其美。传统的书法传承需要对笔性有通透的了解,在实践中感受由笔锋接触纸面的快感。然而,这也使书法不像其他艺术门类那样有广泛的受众。

二、中国书法的审美表现

中国书法作为独特的艺术表现形式,承载着丰富而深刻的民族精神。每一笔每一画都可以被视为对中国传统文化、历史的一种表达。书法的线条和结构往往反映了文人的个性、情感和思想,从而呈现独特的民族审美。书法以文字为载体,通过书写表达情感、思想和文化内涵。每个字的形状、结构和笔画都经过精心设计,展现了文字本身的审美价值。这不仅包括书法家对字形的独特理解,还体现了文字在艺术表达中的深远意义。书法的线条和结构是其艺术形式的核心元素。毛笔在纸上留下的墨迹,不仅有技术上的要求,更蕴含艺术家的个性和情感。线条的流畅、变化、韵律等因素构成了书法的审美特征,使其成为一门独具魅力的艺术。书法艺术中的字体设计是书法家独特创意和审美追求的表现。不同的书法家有着不同的字体风格,这种独特性不仅反映了个体的艺术追求,也反映了时代和文化的影响。通过字体设计,书法家能够表达出对文化传承和发展的理解。总的来说,中国书法艺术的审美特征是多层次、多维度的,涵盖了文化、技术、情感等方面。研究这些特征有助于更深刻地理解中国书法在艺术上的独特之处,以及其在传统和现代文化中的重要地位。

(一)书法艺术中的线条美

线条在书法中的角色十分重要,可以说是书法的基石。通过不同的线条表达,书法家能够传达丰富的情感和思想。线条的粗细、轻重、虚实等特性赋予汉字以生命,使其在纸上跃然而出。中国汉字的独特之处在于它由多种线条组成,形成千变万化的字形。这些线条不是冷冰冰的符号,而是书法家情感的抒发。通过粗重的线条,书法家可以表达强烈、有力的情感;而通过轻柔的线条,则能传递出柔情蜜意。线条的虚实变化,使汉字在纸上产生层次感,有如立体般的存在。每一种线条都是书法家用心思、用感情铺陈而成的,因此说,线条是书法家与欣赏者之间的桥梁。观者通过欣赏线条的变化,能够感受到书法家的心境,与其在无言之间建立一种默契的沟通。这种沟通不仅是文字上的交流,更是心灵的共鸣。在中国书法艺术中,通过线条的运用,书法家展现了对自然、人生、历史的独特理解和感悟。这些线条不仅是技巧的展示,更是一种对生命、对世界的表达。正是通过这种独特的表达方式,中国书法艺术才得以在千年来传承发展,形成了丰富多彩的书法传统。

(二)书法艺术中的结构美

结构美在毛笔字中的展现是一门艺术。通过不同的结构,书法家能够呈现多样化的形体美,将平正、匀称、参差等因素有机地融合在汉字中,创造出独特的结构之美。平正在书法艺术中扮演重要角色,它不仅是一种形式,更是一种传递给观者的情感。平正的毛笔字给人一种心情舒适的感觉,仿佛文字本身就散发着平和与稳重。匀称则是在字体笔画之间的协调与整齐。这种整体的平衡感能够让观者在欣赏时感受到一种和谐之美,使字体在纸上呈现一种统一而完美的形态。参差则是在不同角度产生的落差层次美。这种差异的呈现使字体更具有层次感和立体感,给人留下深刻的印象。笔画与结构部分之间的协调衔接,使整个字体呈现丰富多彩的面貌。书法艺术的结构美反映了一种意识形态,它是对现实生活的一种表达。不同的时代、不同的环境都会影响人们的审美观念和意识形态的塑造,因此,书法艺术也在不同的历史背景下呈现多样化的特征。这种多样性丰富了书法艺术的内涵,使其成为一种充满生命力的艺术形式。

(三)书法艺术中的章法美

章法美在书法艺术中是一个关键的方面,它涵盖了字体之间、行与行之间及整体篇幅的结构问题。体现在书法作品中的章法美,主要通过各个部分之间的对称与照应,以及虚实的巧妙运用。书法艺术的章法美并非简单排列,而是通过体势的承接,虚实的相互促进,展现书法家深厚的心血和思想情感。这种章法的设计使书法作品充满生命力和活力,呈现一种独特的魅力。在章法美的构建过程中,书法家通过巧妙运用线条表现字体的多种变化,实处体现为墨迹的浓郁,而虚处则是字在内部框架中的留白之处。虚实的结合不仅是形式上的美感,更是对书法家思想和意境的深刻表达。书法家在章法的布置中运用眼睛、手和心灵的融合,创造出黑白布局的合理构造。这种综合运用使书法作品呈现丰富的力量、节奏和立体感,使观者在欣赏时能够感受到更深层次的情感共鸣。另外,题款在书法作品中的位置、字体的变化以及整体所占的篇幅也是构成章法美的重要元素。这些细节的巧妙处理,共同营造出一种和谐、有序的美感,使整个书法作品更加完美而具有吸引力。

(四)书法艺术中的意境美

欣赏艺术作品不能仅停留在表面,而是要深入书法家的情感和思想中。作品蕴含的意境美是一种深层次的美感,它超越了单一的图画和文字,展现了书法家内心深处的神采与精神。书法艺术中的意境美尤为重要,通过线条、结构、章法的巧妙组合,书法家能够创造出具有和谐意境之美的作品。宋代书法家以其注重笔墨间的意态而著称,通过多变的线条呈现审美趣味,同时强调章法,将神采和诗情融入书法中。书法艺术承载着丰富的文化内涵。线条美、结构美、章法美、意境美等审美特征共同构成了中国书法的独特之处。这种和谐美不仅在古代书法中得以体现,而且在创新与拓展中持续传承,具有跨时代的意义。欣赏书法作品,就像是与书法家在进行一场默契的对话,通过线条的舞动、结构的安排、章法的布局,深刻地感受着书法家所要传达的情感和思想。这是一种深邃而丰富的艺术体验,让人在审美的过程中与艺术品建立起一种心灵的共鸣。

第三节　中国戏曲

一、中国戏曲的艺术表现

(一)综合性

王国维的"必合言语、动作、歌唱,以演一故事"(《谈宋之乐曲:词与歌舞》)突显了戏曲作为一门综合艺术的特点。中国戏曲相对于其他综合艺术具有更高的综合性,在两个方面表现得很明显。首先,戏曲综合的范围广。中国戏曲不仅融合了时间艺术和空间艺术,还巧妙地结合了各种表演艺术形式。与西方戏剧相比,中国戏曲包括唱、念、做、打等多种表演形式,形成了独特的艺术体系。这种广泛的综合使得戏曲更富有表现力,能够通过不同的艺术手段全面展现故事情节,吸引观众的多重感官。其次,戏曲综合的程度紧。戏曲并非简单地将各种元素混合拼凑,而是在有机结合中展现了高度的艺术整合。各个表演形式相互补充,相互呼应,形成了独特的戏曲美学。这种有机结合不仅是表面上的混合,更是在艺术的层面上实现了一种紧密的融合,使戏曲作品更加协调一致,呈现更为精致和丰富的艺术效果。总体来说,中国戏曲的综合性不仅表现在其广泛的艺术形式融合上,更体现在这些元素之间的有机结合和高度的艺术整合上。这使得戏曲在艺术表达上拥有更为丰富的层次和深度。

(二)写意性

写意性是中国戏曲的一个独特之处,与西方戏剧在表现方式上存在明显区别。写意性在戏曲中体现在内容和戏曲理论层面。首先,在内容上,中国戏曲强调通过戏曲表达作者的生活感受,即"意"。这并非简单的生活模仿,而是对生活感受的抽象和表达。戏曲通过虚构的故事情节来展现作者的情感、思想和对生活的独特理解,这种虚构并非局限于真实生活的描摹,而更强调对情感、心境的抒发。这种创作理念在古代戏曲家中得到坚定的继承,形成了中国戏曲的写意传统。其次,这种写意性的传统在戏曲理论中得到了具体的建立,并用来指导实际的创作实践。戏曲家通过写意的手法,能够更灵活地表达丰富的情感和思想。① 这种表现方式与西方戏剧的写实主义有所不同,强调了情感、意境的深度和抒发,使戏曲作品更具有审美的张力和内涵。总体来说,写意性是中国戏曲的一个重要标志,它在内容创作和理论指导中都起到了积极的作用。这种独特的表现方式为戏曲注入了深厚的文化内涵,使其在艺术上呈现更为丰富和深刻的特点。

(三)地方性

中国幅员辽阔,各地区都拥有独特的民情风俗和方言土语,这种多样性在戏曲的发展中得到了充分体现。戏曲最早起源于民间,最初的演出使用当地的方言土语和民间小调,使戏曲具有鲜明的地方性。戏曲的地方性表现在以下两个方面。首先,剧本和演出语言通常采用当地的方言土语,使观众更容易产生共鸣。其次,民间小调的运用也是地方性的一个重要体现,因为这些小调通常传承了地方独特的音乐文化和情感表达方式。随着戏曲的传播和演变,不同地方的特色逐渐被吸收和融合,形成了各具特色的地方剧种和唱腔。这种地方性的表现使中国的戏曲呈现丰富多彩的面貌。从北宋末年发展至今,戏曲已经形成了几百种不同的地方剧种,每一种都有其独特的韵味和特色。这种地方性的多样性不仅丰富了中国戏曲的文化内涵,也体现了中国各地区丰富的民间艺术传统。这些地方性的特色为戏曲注入了更为深厚的历史和文化底蕴,使其成为中国传统艺术的瑰宝。

二、中国戏曲的审美表现

中国戏曲的独特性在世界戏剧文化中占有重要地位,与古希腊戏剧和印度梵剧一起并称为世界三大古老的戏剧文化。戏曲艺术的独特之处源于其深深植根于中华民族的生活、心理和文化土壤中,形成了自己独特的美学思想、戏剧观念、历史规律、艺术法则和审美特点。中国戏曲在发展的过程中始终保持着强大的生命力,不断吸取来自民族精神生活和心理性格的滋

①陈坤:《新时代动画电影"中国学派"的传承与发展研究》,《电影文学》2022年第3期。

养。中国戏曲作为中华民族传统文化的杰出代表，深刻地反映了中国人的审美趣味、心理素质和民族性格结构。从民族性的角度切入，探究戏曲审美的特殊本质是十分有意义的。戏曲的审美特征不仅体现在其独特的表演形式上，更深层次地体现在对生活、历史、人情世故的独特理解上。戏曲艺术承载着中国人对于生活的感悟和对人性的思考，形成了独具魅力的审美观念。总体而言，中国戏曲之所以能够成为世界戏剧文化的瑰宝，根植于其深厚的民族性。通过深入探讨戏曲的审美特征，可以更好地理解和欣赏这一独特而丰富的艺术形式。

（一）古典的和谐美

戏曲作为古代艺术的产物，深受古代文艺思潮和美学思潮的影响，形成了独特的审美理念。古典的和谐美观念在戏曲中体现得淋漓尽致，构成了戏曲审美的特殊本质。和谐美在戏曲中的表现包括三个层面。首先，内容的和谐，这体现在情与景、情与理、理想和现实的和谐统一上。戏曲通过将情感与景物、理性与感性、理想与现实有机地结合，创造出一个和谐、稳定、有序的整体。这种和谐的构建使戏曲内容更具深度和内涵。其次，戏曲中情感与理智的和谐也是一个重要方面。戏曲既注重主体情感的抒发，又强调理性的控制和约束。这种情感与理智的和谐统一使戏曲人物更具真实性和深度，同时保持了审美的协调与均衡。最后，戏曲中理想与现实的和谐统一也是一个独特之处。戏曲人物既是现实中的典型代表，又寄托了人们的理想愿望，使戏曲呈现理想与现实的统一。这种类型化的人物构建了理想与现实的和谐关系。

戏曲的表演艺术是相当精妙的。唱、念、做、打四种表演要素如同一曲和谐的交响乐，互相呼应，共同构成了戏曲艺术的独特之美。在听觉与视觉的交汇中，歌唱与舞蹈、音乐与动作相互融合，共同演绎出丰富的故事情节。这种艺术形式将形与神、心与物巧妙地结合在一起。戏曲强调虚实结合，既有写意的艺术表达，又包含了一定程度的写实性。演员通过程式化的虚拟表演，创造出一个生动而具有艺术张力的虚拟世界。而人物脸谱的设计更是一门独特的艺术，通过线条和图案的精妙搭配，生动地展现出人物的性格特征,为观众呈现一幅幅视觉的盛宴。

戏曲艺术的独特之处还在于它对时间、空间、再现和表现的辩证统一。通过表演,戏曲艺术既能再现现实生活中的场景,又能表达出深刻的感悟和想象。这种统一既强调形式的表达,又注重内容的传达,使戏曲成为一种富有思想性和艺术性的表演形式。

戏曲艺术强调演员与角色的统一,既要有自我,又要有对角色的深入理解。这种关系是"入乎其内,出乎其外"的平衡,既深入体验角色的情感,又能跳出角色运用理智进行象征性表演。戏曲艺术形成了独立的表演学派,戏曲表演要求演员既不完全消解于角色之中,也不仅按照形式规范进行表演,而是保持一种"若即若离"的状态。演员和观众之间通过戏剧假定性原则形成了一种默契。演员承认自己是在演戏,观众承认自己是在看戏,双方在这个基础上共同参与舞台审美对象的创造,形成一个完整的统一体。从理性内容到感性形式、从内部构成到外部形态、从局部到整体,戏曲艺术呈现一种独具风韵的古典和谐美。这种和谐体现在演员的表演技艺、与角色的关系,以及演员与观众之间的互动中。

(二)诗意的抒情美

中国戏曲,又称为"剧诗",实际上是剧与诗的融合,形成了一种抒情体戏剧。戏曲文学的发源可以追溯到抒情诗,随着歌唱和舞蹈的融合逐渐发展成熟。这一点可以从戏曲自身的历史发展中得到证实。中国戏曲的起源非常早,可以追溯到远古的先秦时期。在《诗大序》中提道"诗者,志之所之也,在心为志,发言为诗。情动于中而形于言,言之不足故嗟叹之,嗟叹之不足故永歌之,永歌之不足,不知手之舞之足之蹈之也",这表明古代的诗、歌、舞三者是紧密结合在一起的,这种传统对戏曲的影响深远。提道"可以入乐的诗",正是戏曲文学的萌芽。我国最早的诗歌总集《诗经》中,绝大部分是抒情诗,可以用音乐来演唱。即使是叙事诗,也带有强烈的抒情色彩。《诗经》、楚辞、汉魏乐府、唐诗、宋词、元曲,大多数都是抒情诗。真正成熟的叙事诗则是南北朝时期出现的《孔雀东南飞》和《木兰诗》,但它们仍然带有浓厚的抒情色彩。到了唐代,叙事诗才有了大发展,变文便是其中的一个表现形式。变文将叙事和音乐结合起来,通过说和唱的结合,采用散文和韵文的方式,形成一种说唱形式。这种说唱形式在宋代进一步发展,出现了如"转踏"和"唱赚"等形式。在它们的影响下,产生了一种新的文体——诸宫调。与变文相比,诸宫调的篇幅更为浩瀚,结构更为整饬,音乐更为丰富。不同于变文只用一支曲子来反复诵唱一个故事,诸宫调则通过不同宫调的许多不同曲子来演唱一个故事。直至金代,董解元的《西厢记诸宫调》的面世标志着戏曲文学的正式诞生。

　　戏曲文学是"声诗"发展到高级阶段的产物,将诗与剧统一起来,形成了一种可以在舞台上演出、可以唱的新体诗。戏曲具有浓重的主观情感因素,表现出强烈的抒情性。抒情性在戏曲中具有重要的美学品格,渗透于戏曲的各个构成元素中,成为建构戏曲美的灵魂和基石。诗、音乐、舞蹈作为构成戏曲的三大艺术元素,也是戏曲的主要表现手段,都强调表现主观情感。这使得戏曲在再现中强调表现,在表现中有再现,呈现充满诗意的抒情美。抒情性的审美品格决定了戏曲的个性和风格,也为其他审美特征如传神性、写意性、虚拟性、程式性、时空流动性等提供了根基。抒情性统率和制约着戏曲构成的艺术元素,使之成为杂多统一、有机联系的完美整体。相较于写实的话剧,戏曲在反映现实生活时更强调主观情感的再现,不拘泥于生活原型,注重揭示事物的本质真实和人物的内心情感。戏曲的结构方法也与话剧有显著差异:强调情感、线性结构,注重深入挖掘人物的内心活动,使情节在单纯中求曲折,于简单中求复杂。以汤显祖的《牡丹亭》为例,说明戏曲往往在一个情感线索中展开,通过情感的发展来组织结构,表达深刻的内心活动和丰富的情感表现。这表明戏曲在情感方面的表达远比行动更为重要,强调情感的纵向发展,使其成为一种具有独特美学特征的艺术形式。

　　戏曲作为主情艺术,其时空观念呈现主观、心理、想象的特点。将舞台时空看作运动的、无限的,戏曲超越了物理时空的限制,将其变为流动的、无限的。戏曲舞台时空追求一种诗意的心理结构,通过演员的表演,将艺术空间扩展到现实世界的各个角落,将艺术时间延伸到每一个瞬间,呈现极大的自由与灵活性。在戏曲中,演员身上带有景,景随人移,可以自由地变换时间和空间。以《苏三起解》为例,几个圆场的表演将角色从洪洞县带到太原府,几段唱腔则展现了苏三押解途中的跋涉之苦。戏曲将一切空间因素时间化,将空间呈现在流动的时间过程中,按照主观、心理、诗意的原则组合结构自然的对象。这种特点形成了戏曲舞台的空灵感和诗情画意,使再现呈现化,展现出一种流动的诗意美。戏曲的时空观念与其抒情性审美倾向密切相关,是其审美品格的必然反映。这种心理结构赋予了戏曲舞台一种空灵感和诗情画意,使演出呈现一种流动的诗意美。这也突显了戏曲对于表达主观情感、追求抒情美的要求,使观众能够在戏曲的世界中感受到时间和空间的自由流动,融入诗意的心灵之境。

(三)表现的形式美

中国戏曲被视为一种偏重于表现的再现艺术,其特点在于不追求逼真地模拟客观对象,而是强调抒情、写意,追求美的表达。相对而言,戏曲的内容较为简单、宽泛,抽象而不确定,但其形式却表现出复杂、规范、稳定的特点,具有很强的程式性。这是因为戏曲追求一种理想的典范美,强调形式的数理逻辑结构和艺术媒介的表现功能。戏曲的表演形式呈现杂多的统一,遵循形式美的规律,包括整齐一律、比例、对称、均衡、反复与节奏等。戏曲将剧诗与音乐、舞蹈、绘画等艺术媒介有序地组合,形成完美统一的外观形态。戏曲采用虚拟化的表演方法,并以高度规范的程式统领,通过舞台艺术法则创造出舞台艺术形象和意境,强调形式的数理逻辑结构。运用程式进行表演是戏曲表演艺术的基本方法,也是其最突出的特点。唱、念、做、打作为戏曲表演的基本手段,各自都有一套严格的程式。这些程式被视为戏曲表现形式的材料,是对自然生活高度技术概括的体现。戏曲的各种表现手段通过程式组合成一体,用以完成舞台艺术形象的创造任务。这种程式性的表演方法使得戏曲在形式上更为规范、有序,为观众呈现独特的艺术魅力。

戏曲的程式内容极为丰富,主要分为表演程式和音乐程式两类。表演程式包括身段、动作、表情,具有严谨的技法和高度规范化的特点,如"手眼身法步"五法。戏曲人物的表情,如哭、笑、喜、怒、哀、乐、惊、欲、惧、怨、恨等情绪,都有一定规范的表演程式。音乐程式则包括声乐(唱腔)和打击乐(锣鼓），分别由腔调、板式、曲牌组成，以及成套的锣鼓经。单项程式孤立地看可能显得简单、刻板、不变，但一旦运用到特定的戏剧情境中，就变得丰富、灵活、可变。表演程式和音乐程式都具有二重性，通过具体运用到特定剧目中，创造出丰富的、灵活的、个性化的音乐和表演形象。表演程式是虚拟的，从人类社会和自然界中取得形象特征，通过艺术加工提炼而成。有时为强调事物的本质特征，会采取大胆夸张和变形的手法。表演程式的美学规范以虚代实、虚实相生，富有写意性、造型美、律动美。例如，骑马的表演程式通过一系列准确的虚拟表演动作，唤起观众的想象和联想，呈现一匹马的形象。这种虚拟的表演程式利用歌舞手段的特长，发挥想象力，创造出舞台上诗意的境界。此外，戏曲中各个行当角色的服装、化妆、道具及舞台布景也都有严格的程式规范。表演程式和音乐程式构成了戏曲形式的基本组织单元，主导了戏曲的声律之美、舞姿之美、绘画之美，形成了多层次、立体化的戏曲形式美。

　　舞台时空的流动性是戏曲形式美的另一个关键特征。戏曲被视为既是时间的艺术又是空间的艺术，其形式存在于一种特定的时空状态。由于戏曲的时空观是主观的、心理的、想象的，因此将有限的固定舞台时空视为运动的、无限的。在戏曲中，舞台不存在"第四堵墙"，不需要创造逼真的生活幻觉，因此布景通常是象征性的或中性的，用以点缀环境、渲染情绪或氛围。舞台时空的流动性体现在两个方面：一方面是心理时空的扩展，可以创造出无限多样的生活空间。例如，在京剧《大闹天宫》中，孙悟空时而腾云驾雾到南天门，时而从凌霄宝殿来到花果山水帘洞。另一方面是想象时空的压缩，如在京剧《一匹布》中，舞台上同时呈现城里张古董的戏和城外妻子的戏，两者同时交叉进行。舞台时空的流动性还表现为想象时空的压缩。例如，在京剧《打渔杀家》中，萧桂英在家挂念县衙告状的父亲时有段唱腔，在唱腔进行中间突然插入衙役在公堂杖责萧恩四十大板的吆喝声，这是对想象时间的压缩。这种流动性使戏曲舞台能够在观众面前创造出丰富多样的场景，同时在时间和空间的虚实变化中呈现独特的戏曲美感。

　　戏曲舞台被形象地称为"空纳万境的太乙舞台"，突显了戏曲舞台时空的神奇之处。从物质和心理的角度看，"空"既指"无"，即一无所有；而从心理的角度看,"无"能生"有",正如庄子所言的"以无有为有"(《庄子·齐物论》)。戏曲舞台时空的空灵之处在于它的无限性,可以气吞万象,囊括宇宙。舞台时空之所以流动,是因为它将无限的空间融在演员的表演中,通过演员的表演唤起观众的想象和联想,创造观众内心直观形象的时间和空间。这种想象型的观照形态与诗相通,具有很强的写意性。戏曲舞台时空的流动性正是在于它是一种思想和感情的内在空间和内在时间,因此展现出极大的灵活性和自由性。

综上,虚拟化表演的程式性和舞台时空的流动性相互补充,相互作用。程式化的虚拟表演需要自由、流动的时空来支持,而自由、流动的时空则依赖程式化的虚拟表演来填充。这种交互作用最终形成统一的舞台节奏,构建出直观完整的戏曲形式美,同时呈现一种写意性的舞台艺术风格。

第四节　中国建筑与雕塑

一、中国建筑

(一)中国建筑的艺术表现

1.色彩艺术

中国建筑色彩艺术的发展有着丰富的历史,从古代到现代经历了不同的阶段和变化。在古代,皇家建筑和平常民居的色彩艺术体系展现了不同的审美追求和文化内涵。皇家建筑注重大气磅礴、富贵绚丽,采用青、赤、黄等高纯度颜色,通过明显的冷暖对比展现天家威严。相对而言,平常民居则以黑白灰色调和水墨画写意风格为主,追求淡雅的格调。随着时代的演变,特别是在现代建筑中,色彩艺术设计得到了更为深入和创新的发展。例如,上海世博会建筑在借鉴古代皇家建筑色彩的基础上,将"中国红"作为主要元素,并融入现代建筑的金属气息,展现了现代化建筑的特色。这种大胆的转变既保留了传统文化的瑰丽,又结合了当代审美和技术的要求,为中国建筑色彩艺术注入了新的活力。这样的发展表明,色彩艺术在建筑中的应用不仅是一种装饰,更是对文化传承和创新的呼应。通过巧妙的色彩设计,建筑能够传达更深层次的文化内涵,同时在时尚与传统之间找到平衡点。

2. 装饰纹样艺术

装饰纹样在中国建筑艺术设计中的应用起到了至关重要的作用。传统建筑中的装饰纹样,如门窗、梁柱、檐口、房檐等位置的雕刻,展现了丰富的文化内涵,使建筑更具艺术性和美感。这些纹样多取材于中国传统文化,融入神话故事、历史人物、花鸟山水等元素,呈现多样化的内容形式。这些装饰纹样不仅起到了美化建筑的效果,还赋予建筑生命力,使其不再单调而呈现灵动的特质。在现代建筑设计中,这些传统的装饰纹样得到了传承和发展,被巧妙地融入现代建筑的构造之中。[①] 通过对传统结构的分析和选取,现代建筑设计师成功地将装饰纹样用于展现建筑艺术,使其在现代背景下焕发新的活力。一个典型的例子是苏州博物馆,它在建设过程中引入了吉祥纹样设计理念,将纹样应用于馆厅内部构架、展台等位置,与文物相得益彰,呈现悠扬、优雅的感觉。这种传统与现代的结合,使建筑在视觉上传递出丰富的文化内涵,同时也让人们更深入地了解和感知传统文化的魅力。这种继承与创新的结合方式,对于建筑的表现力和文化传承都具有积极的影响。

3. 雕刻艺术

雕刻艺术在中国建筑设计中的运用是一门独特而重要的艺术。这门艺术通过对建筑材料的精湛加工,为建筑注入了新颖的元素,使其在外观上呈现更为引人注目的特色。中国的建筑雕刻艺术历史悠久,涵盖了木雕、石雕、砖雕等形式,为满足建筑的功能和审美需求作出了积极的贡献。

木雕艺术通过对木质结构的雕刻,赋予建筑古朴灵秀的淡雅之美,使建筑更具雅致品位。石雕则通过在石头结构上进行雕刻,展现独特的艺术表现形式,为建筑增添了独特的风采。砖雕则以砖为画板,在砖结构上雕刻图案、花纹,描绘人们对美好生活的向往。

在现代建筑设计中,雕刻技术得到了巧妙的运用,尤其是石雕和砖雕技

---

① 陈知然、庞亚君、周雪,等:《数字赋能文化产业的发展趋势与策略选择》,《宏观经济管理》2022 年第 10 期。

术。这些技术在特色民居、园林景点等场所的应用,有效地改善了建筑的展现效果,提升了其艺术性。设计人员还将雕刻技术融入现代化建筑,出现了钢结构雕刻、水泥雕刻等,从而在建筑的外观上实现了现代与传统的有机融合。

木雕艺术在现代民居建设中的选择,为居室增添了独特的艺术气息。这种对雕刻装饰艺术的传承和发展为现代建筑注入了新的生命力,同时在传统的基础上进行创新,为建筑艺术的未来发展创造了更多可能性。

(二) 中国建筑的审美表现

1. 建筑审美的多元性

建筑审美的多元性是一个非常丰富和复杂的主题。审美意识和标准的异同性及个性化,反映了人们对美的理解和追求的多样性。建筑审美不仅是外在表象美,更深刻地涉及内心感知和情感需求。社会潮流和美学流派的变化,以及全球化的影响,使建筑审美变得更加不确定和多样化。建筑审美流派是由不同的审美群体组成的,这些群体内部可能有相似的审美趣味、意象和理想。随着社会、环境和文化观念的变化,建筑审美群体也在不断演变。经济与信息的全球化使人们的审美思维和视野更加开阔,民族性和区域性审美群体分化成越来越多的独立群体。国际性的建筑审美交流也在不断加深,新的审美群体随之涌现。区域性审美文化在建筑中发挥着重要的作用。地理、自然条件的不同导致了不同区域的建筑艺术有着独特的风格。为适应不同气候环境,建筑设计需要考虑气候特点,形成热带雨林建筑、温带建筑、高寒建筑、荒漠建筑等。物理环境的考量也使建筑设计需要增加物理防护功能。地域性审美在建筑材料的选择、颜色、形式等方面得到了充分体现。此外,民族特色建筑艺术在建筑审美中有着深厚的根基,它反映了民族精神和民族情感,形成了独特的审美习惯和意向。尽管当代建筑审美流派中出现了后现代派、高科技派、新乡土派等不同的流派,但传统民族建筑艺术风格仍然在提炼和升华中得以延续和发展。总的来说,建筑审美的多元性体现了人们对美的追求的多样性,是审美意识和标准不断演变的产物。在这个多元的审美世界中,建筑既是功能性的实体,也是文化、历史、地域和个体经验的折射,呈现千姿百态的面貌。

2.建筑审美的趋同性

建筑审美的复杂性和丰富性在于其既有排他性又有融合性。不同的审美文化在相互碰撞时,会发生相互吸收、融合、调和和磨合的过程,逐步形成新的审美文化体系。这种体系包含了各种不同的审美特质,相互作用,相互促进,呈现强烈的主导性和生命力。建筑审美文化体系中的形体及构图原则是传统建筑美学的核心标准,强调和谐、匀称、恰当、优美等特质。这既是客观的标准,也是受到主观因素影响的结果。不同文化反映了不同的审美趣味和价值取向,形成了多元的审美观。建筑审美的趋同性是一个综合体,包括了对外来审美文化的扬弃与吸取、批判与承接、借鉴与创新。以西方建筑审美文化传入中国为例,两种不同的审美观发生激烈碰撞后,中国建筑吸收了西方建筑文化的优点,并与中国自身的建筑文化相契合,形成了新的审美特色。建筑审美是一个思维过程,同时也是文化升华的过程。只有当人们的文化背景相对接近时,审美情感才可能趋向一致。通过对自然的征服和社会实践的经验总结,人们逐渐形成了共同的审美思想。这表明建筑审美的形成既受到文化的塑造,又受到社会实践的影响。

二、中国雕塑

(一)中国雕塑的艺术表现

1.气韵生动——强调内在精神的表现

在中国艺术思想中,“形”与“神”的关系一直是重要的审美问题。顾恺之的绘画思想核心在于“以形写神”,强调形式和精神的有机结合,这体现了中国绘画注重表达内在精神、意境和气韵的传统。“气”在中国哲学中是一个根本概念,在艺术上,南朝谢赫在《古画品录》中提出的“绘画六法”将气韵生动放在首位,认为气韵生动是艺术作品中超越形象的感性形象之外的艺术感染力和美感生命力。这强调了艺术家主观精神力量与自然宇宙内在生命的统一。古代雕塑虽多出自匠人之手,但仍强调灵性和意趣,创作手法不拘泥于事物原来的面目,有适度的夸张变形,突出内在精神,这与西方雕塑的写实传统形成了鲜明对比。近代随着文化交流,西方雕塑也逐渐突破了写实传统,出现了一系列具有革命意义的艺术思潮与流派。中国古代艺术注重超越形象的表达,突出内在精神和神韵,这一审美观念在绘画、书法和雕塑中都得到了体现,形成了丰富多彩的艺术传统。

2. 绘塑结合——多种艺术手法的综合运用

中国传统艺术的混生特征在不同领域得到了体现。这种综合性的表达方式不仅在视觉艺术中显著,也贯穿于文学、建筑、雕塑等艺术门类。在中国画中,画家不仅是表达画面,还包括对诗歌、书法的融合。这种多层次、多元素的表达方式为作品赋予了更为丰富的内涵,使观者在欣赏时可以产生更为深刻的感受。中国建筑的综合性也表现在对雕刻、绘画、书法、园林等多种艺术形式的运用上。传统的中国建筑不仅是为了居住,更是为了表达主人的品位、文化修养,通过各种艺术元素的综合,打造出独具特色的建筑。雕塑作为一门造型艺术,将线刻手法、彩绘技法巧妙结合,使雕塑作品既有独特的形体,又通过彩绘展现出更为丰富的艺术感染力。漆器、秦始皇兵马俑、唐三彩等都展示了这种雕塑与彩绘的有机结合。总体来说,中国传统艺术的混生特征反映了中国传统文化的博大精深,强调综合性、多元性的艺术表达,使得艺术作品更为丰富、具有层次感。这也是中国传统艺术一直深受人们喜爱的原因之一。

3. 天人合一——亲近自然的特质

天人合一的思想在中国传统文化中扮演了重要的角色,影响了包括美学和艺术创作在内的多个领域。这一观念强调宇宙与人类生命的紧密联系,认为宇宙是一个大生命、大流动的整体。在美学上,它被视为节奏与和谐的根基,是一种将人与自然、人与宇宙融为一体的观念。这种理念在中国传统文化中广泛流行,深刻地影响了艺术、哲学、文学等方面。在艺术创作中,天人合一的思想体现在对自然的敬畏和理解上。艺术家常常通过观察自然、感悟自然的节奏和和谐,来表达他们对宇宙、生命的独特理解。这不仅表现在绘画、雕塑中,也贯穿于建筑、民间工艺等艺术形式。在造型艺术中,季节气候、地理环境、材料自然美感、人工的巧作被认为是创造精良作品的重要因素,这种观念使艺术家注重对自然的敬畏与感悟,追求与自然的和谐统一。不论是山水画中的山川河流,还是古建筑中的布局设计,都表现出了这种亲近自然的特点。总体来说,天人合一的思想在中国传统造型艺术中形成了一种独特的审美观,强调人与自然的共生、和谐统一,为中国传统文化的独特之美奠定了深厚的哲学基础。

(二)中国雕塑的审美表现

1.具备韵律之美

韵律之美在中国传统雕塑中扮演着至关重要的角色,尤其是通过线条的运用展现出来的韵律之美。线条在雕塑中承载了表达、形状和动态的功能,通过对线条的巧妙运用,雕塑得以呈现生动、灵活、有韵律的美感。秦汉兵马俑、唐宋陵墓雕刻、佛像雕刻等具有代表性的传统雕塑作品,通过线条的精妙运用展示了韵律之美。线条在这些作品中不仅起到构建形象的作用,更通过其流动、曲折、粗细等变化,创造出一种独特的艺术节奏,使雕塑作品呈现动感和生命力。在中国传统雕塑中,注重用线来描绘形体,通过细腻的线条勾勒出雕塑形象的曲线和轮廓。线条的处理不仅是为了展现雕塑的外观,更是为了表达雕塑内在的韵律,使作品在观赏者的眼中展现出一种和谐、流畅的美感。通过对线条的运用,中国传统雕塑艺术实现了形式与韵律的有机结合,这种对线条的精湛运用,使雕塑不再是静态的,而是充满了生命力和动态美。韵律之美在中国传统雕塑中的表达,为这一艺术形式赋予了独特的审美价值,成为中国传统文化中的重要艺术特征。

2.具备精神之美

精神之美在中国传统雕塑中的显现为作品赋予了深厚的内涵和独特的价值。创作主体在雕塑作品中融入个人的情感、精神感受及对客体的理解,使雕塑不再只是物质的表现,更成为精神的体现和传达。通过创作主体对雕塑的精神物化,雕塑作品成为一种符号和载体,承载着创作者的思想、情感和灵感。这种精神的注入赋予了雕塑作品独特的生命力和表达力,使其具备了超越实体形态的深刻内涵。精神之美的体现使雕塑作品不仅是艺术品,更是一种承载文化、思想和情感的精神象征。在中国传统雕塑的创作中,创作者通过对自身精神层面的反省和融合,将个人的体验、情感和思想融入雕塑作品中,使其具有更为丰富和深刻的内涵。这种个性化的创作方式不仅体现了创作者的独特审美观和创作理念,同时也为雕塑作品注入了独特的人文精神,使其在审美层面更具深度和内涵。中国传统雕塑作品之所以能够经久不衰,正是因为它在雕塑形式美的基础上,更注重精神之美的体现,使每件作品都成为一次精神的交流和传递。这种深厚的精神之美让中国传统雕塑作为文化的瑰宝,得以传承和发展。

3. 具备哲学之美

中国传统雕塑的审美特征深受民族传统哲学观念的影响,这种影响在雕塑作品中表现为对哲学之美的体现。哲学观念渗透到创作主体的审美趣味中,使其在雕塑创作中主动融入哲学的思想,为作品赋予深刻的灵魂和内涵。在审美表现方面,中国传统雕塑呈现三个明显特征。首先,注重形体的简化。通过运用原始的线条和轮廓进行空间布置和结构设计,传统雕塑展现出对形体简化的无意识追求。这种简约的表达方式既体现了审美的纯粹性,又使作品更具内涵和深度。其次,关注写意。中国传统哲学强调意蕴和象征性,这种追求在雕塑中通过写意的特征得到了展现。雕塑作品通过富有表现力的笔触和线条,引发人们的无限遐想,呈现丰富的意境和感觉。最后,注重传神。古代哲学家强调形与神之间的关系,强调传神,这一理念在传统雕塑中得到了体现。雕塑作品注重表达形象的灵魂和精神内涵,通过具体的艺术手法传递深刻的情感和思想。总体而言,中国传统雕塑的审美特征不仅反映了艺术家个体的审美追求,更融入了深厚的哲学思想,这使得雕塑作品不仅是形式上的艺术表达,更是一种具有哲学内涵和文化意蕴的审美体现。

4. 具备思想之美

中国传统雕塑的设计思想体现了独特的中国特色,这些思想深刻地影响着雕塑作品的创作和审美价值。三种主要设计思想为实用主义、以人为本、复古。首先,实用主义设计思想注重雕塑作品的实用价值,强调作品在形式和功能上的实用性。这反映在雕塑作品的结构设计和应用中,追求的不仅是审美的表达,还关注雕塑在实际应用中的功能。这种设计思想使雕塑作品更富有实际意义,作品不仅是艺术品,同时也是实用的装饰或具有其他用途的艺术品。其次，以人为本的设计思想强调人的价值和对人性的尊重。在传统雕塑中，人物形象的表达常常强调对人性、情感和社会价值的肯定。这一思想使雕塑作品更贴近人们的生活和情感，引发观者的共鸣。最后，复古的设计思想体现为对古朴和原始造型的追求。通过仿古，传统雕塑创作者展现了一种对古老文化的尊重和对传统形式的传承。这使雕塑作品具有一种复古、古朴的美感，引领人们回溯历史、感受传统文化。总体而言，这些设计思想的存在赋予了中国传统雕塑独特的审美价值。韵律之美、精神之美、哲学之美和思想之美共同构成了传统雕塑的独特艺术魅力，也使其在漫长的历史中持续传承和发展。

第五节　中国棋艺

一、中国棋艺的艺术体现

(一)围棋棋盘契合宇宙空间的本性

围棋棋盘的设计展现了一种宇宙空间的对称、均匀和整体性，这与宇宙的自然规律相呼应。这种设计不仅是一种娱乐工具，更像是一种深邃的思考和对宇宙秩序的体察。围棋棋盘的整体性体现在它构成了一个完整的几何图形，由纵横各19条线垂直、均匀相交，形成了一个简洁而又完美的正方形。这种整体性给人一种茫然无际的感觉，仿佛仰视苍天或俯瞰大地，将人的思维引向更宏观的层面。对称性是围棋棋盘设计的又一个显著特点。不论是上下左右的对称，还是四面八方的均匀，都展现了一种和谐与平衡。这种对称性不仅在视觉上给人以美感，也在某种程度上反映了宇宙空间中物质分布的对称性和均匀性。围棋棋盘的设计与宇宙空间的自然规律相契合，它类似于宇宙的膨胀和均匀分布。这种对应关系不仅使围棋成为一项深具哲学意味的游戏，同时也为人们提供了一种感受宇宙之美的方式。围棋的深邃之处不仅在于策略和智慧，更在于其背后蕴含的对宇宙秩序的敏感感知。

（二）围棋棋子的"元素性"象征着宇宙物质

围棋的棋盘和棋子蕴含着丰富的哲学和宇宙观念，这种抽象的元素性让围棋成为一种超越具体形式的思考和对话的工具。围棋的棋盘象征着宇宙时空，而棋子概括了世界的无限可能性。整个对弈过程则是宇宙生存、发展、变化和运动的抽象表达。从"无"开始，陆续落子，这种象征宇宙生成规律的设计深刻地体现了宇宙的起源。同时，围棋对弈也反映了宇宙繁生于简的发展规律。围棋的规则简单，但随着棋局的发展，简单的规则引导着复杂、多样的局面。这呼应了宇宙中由简到繁、由有限到无限的发展过程。

从历史的角度来看，围棋的起源和传播也与中国古代社会和文化有着紧密联系。它不仅是一种游戏，更是一种传承千年的文化表达。围棋作为古代博弈文化的一部分，在古代社会的历史进程中扮演着独特的角色，成为思考和对话的工具。这一切都使围棋成为一种深具哲学内涵的游戏，通过对弈，人们不仅能够锻炼智力，更能够沉浸于宇宙规律的思考之中。

二、中国棋艺的审美体现

（一）棋具之美

围棋的材质极其考究，选用上好的木料制成的棋盘和棋子，不仅会让整个对弈过程更富有仪式感，还为玩家提供了一种愉悦的感觉。棋盘由整块的木料制成，上好的木材制成的棋盘不仅在色泽上艳丽，还拥有持久的质地，即使长时间存放也不容易变形。而敲击棋盘发出的金石之声，则为对弈增添了独特的情趣。棋子选择云南产的云子也是非常巧妙的选择。云子质地细腻如玉，色泽晶莹柔和，给人一种质感上的舒适感。[1] 黑白子的特点更是别具一格，白子温润如玉，柔而不透，而黑子则"仰视若碧玉，俯视若点漆"，漆黑润泽，透过阳光的照射呈半透明状，周边还散发着宝蓝色的光晕，美丽动人。这样的材质选择，不仅在视觉上提供了愉悦的感受，也让围棋成为一种更具艺术性和文化内涵的体验。

---

[1]贾林铭、张博、韩学红：《中华优秀传统文化融合生态环境创意设计——评〈"文化创意+"生态环境产业融合发展〉》，《世界林业研究》2023年第1期。

（二）场所之美

围棋的对弈环境有一种独特的美感和氛围,这不仅是比赛场地的选择,更是对天人合一理念的深刻体现。选择在风景秀丽的地方进行对局,使围棋与自然、与灵性相结合。中国围棋天元赛选择在江苏的同里进行,正是在江南秀美山川的环境中,棋手能够感受到自然的灵气,从而在对局中获得更多的启发。这种环境的选择,不仅是为了进行比赛,更是为了让围棋成为一种更高层次的艺术和文化体验。而韩国名人战的决赛选择在寺庙内进行,更是将围棋与宗教、精神层面相结合。在晨光暮霭、晨钟暮鼓的环境中,对弈双方仿佛超脱了尘世的纷扰,沉浸在一种宁静和超然的氛围之中。这种大美无形、大音希声的境界,使围棋在这样的环境中更加具有超越时空的神韵。这样的氛围之美是围棋独有的特色,它不仅让对局更富有深意,也让棋手和观众在其中感受到一份超凡脱俗的宁静和美好。

（三）着数之美

围棋的棋盘之广、空间之大为对弈者提供了广阔的想象空间,也使得一些经典的对局能够展现出围棋着数之美。日本第二届棋圣战七番棋决战中的对局就是一个很好的例子。在这场对决中,加藤正夫九段和藤泽秀行九段的较量,特别是第五局比赛,展现出了围棋着数的巅峰之美。藤泽秀行九段以黑棋背水一战,长时间的长考和对所有变化的几乎穷尽,使他最后一着棋一锤定音,成功将白棋一条百目大龙屠掉。这一手棋被后人誉为经典对局,不仅因为长考的战术手段,更因为最后的决胜一击展现出的计算和围杀的高超水平。这场对局的经典之处在于它集中体现了围棋着数的多个方面,包括对布局的深刻理解、长考的谨慎和决胜一击的果断。这也是围棋之美,既有细腻的战术,又有宏伟的战略,展现出了这项古老游戏的深邃和博大。

第六章　中国传统文化的传承

第一节　中国传统文化传承概述

一、文化传承

文化传承是一个与文化独立性密切相关的重要活动。独立性为文化传承提供了基础,使人们能够在传承中打破固有的文化传统,以独立的意识和形态为文化注入新的思维,促进文化的发展。文化传承有助于展现历史发展的脉络和深厚的文化内涵,使中国传统文化具有历史、文化和传承的价值。文化传承的特性与文化的相对稳定性和可延续性密切相关。文化传承是对文化的深层次推广和系统解读,通过对实践中创造出来的文化资源进行保持文化风格、含蕴和特点的活动。这种活动受到历史条件的影响,反映了人类在不同历史阶段所创造的文化传统、风俗习惯之间的联系。文化传承的理论指南应当坚持实事求是的道德观念,认识到人类在不同历史阶段所创造的文化传统、风俗习惯之间存在某些联系。这有助于推动具有共同文化属性的文化的传承,并对文化中的不良理论进行改进。在文化传承的过程中,认识和尊重多样性、坚持实事求是、保持开放的心态,都是促进文化独立性和创新的关键。文化传承不仅是对过去的继承,更是为了与时俱进、发展壮大。

二、中国传统文化传承

民间传承一直是文化保护和传承的基石。师徒制度、家庭传承等方式是人类文明的重要组成部分。尽管现代社会面临挑战,但仍需要保留和弘扬这些传统方式。青年通过学习、参与和传播，可以在这一传承模式中发挥积极作用。学校和社会组织在文化传承中起到了关键作用，通过在学校开展中国传统文化教育，可以使更多的青少年接触和了解中国传统文化。[①] 这需要政府、学校和社会各方的共同努力，以确保文化教育的普及和深化。当代青年广泛使用数字技术，这提供了一个强大的平台，用于传承和传播文化。通过社交媒体、在线课程等，可以将中国传统文化与现代技术相结合，使其更具吸引力。这也为更广泛的受众提供了了解和参与中国传统文化的途径。青年是文化传承的主要力量，他们应该树立全局眼光，不仅要传承，更要创新。对于文化传承者来说，责任感尤为重要，他们需要在传统与现代之间找到平衡，确保文化的生机和活力。总的来说，青年是文化传承的中坚力量，他们通过创新和努力，可以使中国传统文化在当代焕发新的活力。同时，社会各界也需要提供支持和平台，以促进文化传承工作的顺利进行。

第二节　中国传统文化传承人保护

保护和传承中国传统文化需要全社会的共同努力，而文化传承人的保护尤为重要。这不仅是对文化传承人的尊重，更是对整个文化传承事业的支持。作为中国传统文化的活化石，文化传承人具备丰富的知识和技能，是文化传承的生命力。他们是中华历史文明的守护者，通过他们的努力，才能将中国传统文化传承给后代。保护文化传承人，实质上是在保护文化本身。传承人具有独特的技艺和经验，是文化存活和发展的关键。因此，保护传承人就是在保护那些承载文化精髓的人类宝库。通过制订相关政策，鼓励年轻一代学习和传承中国传统文化。为传承人提供相应的培训和激励措施，使他们感受到社会的尊重和支持，从而更有动力坚守文化的传统。设立专门的机构，为文化传承人提供保险、医疗等方面的保障。这不仅能够保障他们的生活水平，还能让他们更专心地从事文化传承工作。通过各种方式，增加社会对文化传承人的认知和了解。可以通过媒体、网络等途径，让更多人

---

① 崔为：《新媒体环境下中医药文化传播体系的重构》，《社会科学战线》2021 年第 12 期。

了解到传承人的付出和贡献,从而引起社会对其保护的关注。总体而言,对文化传承人的保护既是对他们个人权益的尊重,也是对中国传统文化宝库的保护。这需要政府、社会机构及广大民众的共同努力,以确保中国传统文化在现代社会中得到持续传承。

文化传承是一项至关重要的任务,其不仅是一些古老的传统,更是我们身份和根基的一部分。传承人的保护是这个任务中不可或缺的一环。老一辈的传承人具备丰富的知识和经验,但随着时间的推移,他们逐渐老去,这些宝贵的传统也可能随之失落。在经济全球化的浪潮下,文化的多样性和独特性面临严峻挑战。村落和少数民族聚居地的文化特色可能因为生活环境的变迁而消失。这让各级政府和相关部门认识到了问题的紧迫性。采取切实可行的措施,保护这些传承人,是维护国家文化多样性和传统的一种方式。当然,这也需要全社会的参与。加强民众的文化责任感,让大家意识到保护传承人和中国传统文化的重要性,是文化传承工作的一部分。只有通过共同的努力,才能确保这些宝贵的遗产得以传承,为中国传统文化的繁荣复兴贡献力量。

一、中国传统文化传承人保护存在的问题

(一) 多元文化下的冲击,浮躁之气盛行

中国传统文化在漫长的历史中孕育了丰富的精华,而这一切都得益于相对平和且封闭的社会环境。这种环境为文化的自然延续提供了肥沃的土壤。然而,随着现代科技和外来文化的冲击,我们似乎在迅速失去对传统的敬畏。虽然新事物的引入是不可避免的,但却需要注意不要让这种新潮席卷而忽略了我们宝贵的中国传统文化。[①] 现代青年在表达自我时抛弃传统礼仪规矩,这似乎反映了文化冲突的一面。而机械科技的发展也带来了传统手工艺的衰落,让人感到一丝唏嘘。在这样的背景下,保护中国传统文化显得尤为迫切。这不仅是为了保护文化本身,更是为了维护全球文化多样性,使每个民族都能在大家庭中发出独特的光芒。让中国传统文化发挥独

①奚小网:《新媒体技术在高等职业教育高质量发展中的应用研究》,《传媒》2021 年第 16 期。

一无二的价值,是非常有建设性的。让我们共同努力,保护这些宝贵的遗产,让它在世界文化的交流中继续熠熠生辉。

(二)传承人对自身价值认知不明确

随着时代的发展,人们的生活方式和价值观发生了巨大的变化。年轻一代受到了现代生活方式的吸引,这导致对中国传统文化的冷淡,传承人才的匮乏,以及非物质文化遗产技艺的失传。中国传统文化的传承需要耐心、时间和精力,而现代社会的快节奏和功利主义倾向往往使年轻一代更难以投入这一传承工作中。传承人才的流失也是一个严重的问题。很多非物质文化遗产传承人年事已高,而尚未有足够的人才来接替他们。这意味着许多珍贵的传统技艺可能会在不久的将来失传,这对文化的损失是无法估量的。在这个背景下,社会需要采取措施鼓励年轻一代参与中国传统文化的传承。其包括提供培训机会、设立奖励计划、推动学校教育中融入中国传统文化等。同时,也需要倡导社会价值观的多元性,让年轻人更好地理解和尊重中国传统文化,从而愿意成为传承人才。保护非物质文化遗产不仅是对过去的尊重,更是对未来的负责。通过共同的努力,我们希望看到中国传统文化在现代社会中找到新的生机,而不是被遗忘和消失。

非物质文化遗产的保护需要更深入地认识和更广泛地参与。政府在保护方面的作用是不可或缺的。对于传承人来说,教育程度和自我认知是个挑战。他们不仅要保持传统技艺,还需要理解并适应现代社会的变化。政府可以在这方面提供更多的支持和资源,帮助他们提高综合素质,更好地参与到文化传承和保护中。此外,普及非物质文化遗产的知识也至关重要。通过教育和宣传,可以增加民众对中国传统文化的了解和认同,从而提高对非物质文化的保护意识。文化传承不应该成为少数人的事业,而是需要整个社会的努力和参与。

(三)忽视传承人的培养

文化传承面临的挑战不仅存在于家庭层面,还涉及学校教育和社会环境。两代人之间的文化差异和思想代沟使得传统与现代之间存在着紧张的关系。在家庭层面,需要找到一种平衡,让年轻一代既能够尊重中国传统文化,又能够在现代社会中找到自己的位置。这需要通过沟通和理解来缩小代沟,让中国传统文化更贴近年轻人的生活。在学校教育方面,需要更多的关注和投入。中国传统文化课程的设置和传承人的培养应该成为高校教育的一部分。这不仅能够帮助学生更好地了解和传承文化,也能够促使社会更加重视这方面的价值。社会方面也需要更多的引导和支持。优质的中国传统文化教育活动可以激发家长和青年人的兴趣,从而提高他们对中国传统文化的重视程度。同时,社会各界也可以通过各种途径,如文化节、展览等,推动中国传统文化的传承工作。这是一个长期而复杂的过程,但只有全社会的共同努力,才能够保护和传承中华民族丰富的传统文化。

（四）传承人认定机制不健全

文化的脆弱性和坚强性需要我们深刻思考。首先,过于急功近利的认定导致了传承人的混乱。认定传承人不仅是一个名誉,更是一项责任。缺乏有效的保护和支持,一些真正有过硬本领的传承人可能被边缘化。这需要更加细致入微的认定标准和长期的支持机制,以确保真正有价值的传承人能够得到应有的关注和支持。其次,环境因素在人才培养中起到了至关重要的作用。文化传承不能脱离其发源地的土壤。研究者需要更注重整体环境的保护,而不是孤立地对某一传统进行研究。只有保持传承人与其环境的紧密联系,文化才能真正生生不息。最后,对中国传统文化的分类和评价可能导致社会风气的扭曲。将文化分级可能使人们在保护和传承上产生误导性的观念。国家的保护措施需要更具体、有力,同时还需要在社会层面营造一种尊重和重视中国传统文化的氛围,以激发人们的热情和积极性。

（五）传承人保护机制不完善

经济的发展水平是衡量国家实力的一项重要指标,但文化软实力同样至关重要,其能够在国际舞台上展示一个国家的独特魅力和深厚底蕴。在注重经济发展的同时,国家也应该更加重视文化的传承和创新。首先,对于民间艺人和中国传统文化的传承,需要政策层面的支持。这包括对传统手艺技能的培训、保护中国传统文化的法规制定,以及对文化创新的鼓励。政府可以通过设立专项资金、提供场地支持等方式,帮助艺人更好地发展和传承自己的技艺。其次,对于年轻一代的培养,可以在学校中加强对中国传统文化的教育,提高学生对中国传统文化的认知和兴趣。此外,借助新媒体平台,可以通过更富创意的方式,将中国传统文化呈现给年轻人,激发他们的兴趣和热爱。对于老一辈人对中国传统文化的热爱,需要更主动地将这种观念传递给下一代。需要开展更多的文化活动、座谈会,让老一辈的经验和热情能够顺畅地传达给年轻人,形成两代人之间的共鸣。最重要的是,要及早行动,不要等到传承人老去、资源流失才开始紧急处理。建立起一套有效的传承机制,激发年轻一代对中国传统文化的兴趣和热情,才能真正实现文化传承的可持续发展。

二、完善保护中国传统文化传承人的措施,夯实中国传统文化根基

中国的建设速度和经济发展让世人瞩目,但更为深刻的奇迹在于民族精神的传承和发展。强调"活"字的活态传承,正是强调传承人在文化传承中的核心作用。文化的传承不仅是传递历史,更是通过传承人的活力和创造力,使中国传统文化在当代焕发新的生命力。离开了人的概念,整个计划可能会失去其灵魂和深度。对待中国传统文化的态度至关重要,要理解其当代价值,将其作为国家软实力的重要组成部分,而不仅仅是历史的陈迹。通过发掘中国传统文化的深层内涵,可以为当代社会提供丰富的精神食粮,激发人们的斗志和创造力。未来的发展趋势应当是在保持中国传统文化独特性的基础上,适应现代社会的需求。通过创新和融合,使中国传统文化在当代焕发新的光彩。这不仅是对中华民族文化的尊重,也是对国家精神力量的一种提升。

(一)在多元文化时代中,保持自身民族文化自信

习近平总书记在党的十九大报告中强调,自觉地增强道路自信、理论自信、制度自信和文化自信。在当今浮躁之气盛行的社会,我们需要让后辈重新找到自己的定位。这不仅是为了个体的成长,更是为了构建一个有文化自信、有价值追求的社会。通过重视并明确审视中国传统文化的价值,我们能够帮助年轻一代更好地理解和传承中国传统文化,使其在现代社会中找

到更为坚实的文化根基。强调文化自信也是为了让民众在日常生活中更深刻地体会到文化的力量。只有当每个人都能够树立文化自信,才能形成社会的整体文化自信。这有助于凝聚民族认同感,提升民族自豪感。在国际交往中,文化自信也是中国发展的一张重要名片,能够更好地展现中国的软实力,让世界更好地理解和尊重中国。因此,坚定文化自信不仅是对自身价值观的坚守,更是对国家和民族的责任担当。通过文化自信,我们能够更好地引领社会风气,塑造积极向上的价值取向,推动国家的长足发展。关于提升民族文化自信可以从以下3个方面考虑。

1. 对拥有的传承能力自信

在中华人民共和国成立初期,存在许多核心技术尚未掌握的情况,因此选择模仿西方的办学教育等机制是一种应对不足的方式。当时,许多人认为西方或苏联的模式是最佳的,因为这些国家在科技和教育方面取得了显著的成就。然而,随着新时代的发展,我们需要抛弃"西方最佳论"的观念,相信国家的实力,尊重传承人在新环境下的转化和创新能力。在今天,我们不再需要盲目地模仿西方,而是要根据国情和实际情况有针对性地改革和创新。国家的实力在不断增强,我们有能力自主研发核心技术,培养自己的专业人才,而不必依赖他国。这种自信和自主创新的态度是推动国家发展的关键。对于中国传统文化的传承,存在一种对"老祖宗流传的宝贝"的担忧,怕在当代社会中失传或被遗忘。然而,让传承人对中国传统文化有深刻的认识并为之感到自豪,是解决这一问题的首要任务。通过教育和宣传,让年轻一代理解中国传统文化的价值,同时在现代语境中进行有益的转化和创新,可以更好地保护和传承我们的文化遗产。因此,我们要在发展中找到平衡,既要有开放的心态吸收外部经验,也要自信和骄傲地保护并传承好自己的文化。这样才能在全球化的浪潮中保持独特性,为国家的可持续发展作出更大的贡献。

2. 让传承活起来

保持中国传统文化的自信是让传承活起来非常重要的前提。同时,将传承和创新两手都抓紧,发挥群众的能动性,是实现文化生命力的关键。通过对传统染布手艺的传承,西江千户苗寨不仅保持了中国传统文化的本真性,而且通过创新形式,使这一手艺在当代市场中找到了新的存在价值。每一块布的花纹和配色的独特性,为产品赋予了个性,同时更适应了现代人的需求。将染布制成各种现代化的商品,不仅做到了物尽其用,还受到了游客的喜爱,为传统手艺注入了新的生命。这种在中国传统文化中发现创新点,使之适应现代社会需求的做法,既保留了传统的独特性,又使之更具生命力。这不仅促进了文化的传承,也为地方经济和旅游业的发展作出了积极贡献。这样的经验可以在更广泛的范围内推广,促使更多的中国传统文化焕发新的光彩。

3. 用发展的眼光看传承

长期传承需要在保留中国传统文化原汁原味的同时,给予其发展的空间。传承并非僵化地复制过去,而是要在新的时代条件下,通过与环境的互动,不断创造、演绎。每一代传承人都在时间的长河中承受变迁,适应朝代的更替和生存环境的变化,这种"交流"是文化生命力的源泉。正是通过这种变化与融合,中华艺术才能不断涌现出新的瑰宝。因此,对文化的保护不能仅仅是凝固的守望,而更应该是一个与时俱进的过程。在全球经济时代,文化自信更需要敏锐地洞察时代的脉搏,与国际接轨,寻找与其他文化对话和交流的机会。这样,中国传统文化才能在发展中保持活力,且延续自身,并在世界范围内产生更大的影响力。文化自信不是固守在群众心里的封闭观念,而是通过开放的态度,与时代同行,与其他文化互通有无。因此,对文化的保护和发展需要一种平衡,既要坚守传统的瑰宝,又要开启创新之路,使文化在变革中焕发更为璀璨的光芒。

(二)创设传承人与新时代亲密接轨的机会

1. 开设中国传统文化传承人研修班

传承人既是文化的携带者,又是创新的源泉,因此他们的培养需要时间和专业性的投入。在非物质文化遗产保护中,传承人的培养是一个复杂而长期的过程。传承人不仅需要具备丰富的文化知识和技艺,还需要了解法律知识以保护自身权益。研修和培训对传承人的全面发展至关重要。通过研修,他们不仅可以接触新的社会观点,获取相关法律和文化知识,而且可以为创作提供新的灵感。此外,研修还有助于传承人更好地理解传统技艺与当代社会的结合,促使中国传统文化在新时代焕发出更为生动的活力。对法律知识的了解也为他们提供了自我保护的手段,确保其文化财产的安全。最终的目标是使中国传统文化不仅成为昨日的美好回忆,更要成为今日的宝贵文化资源。培养好传承人,让他们具备更全面的素养,中国传统文化才能在当今社会中得以传承、创新,成为国家文化的骄傲和瑰宝。

2. 让中国传统文化与市场"合作"

"授之以鱼,不如授之以渔"这一理念在文化传承上同样适用。鼓励传承人与学校或相关企业专业团队合作研发,是一种积极的探索方式。合作不仅可以为传承人提供更多资源和支持,同时也使中国传统文化更好地适应现代市场的需求。在研发过程中,结合前卫时尚与中国传统文化的特点,设计原创性和层次丰富性较高的产品,是一种有益的尝试。这种创新不仅能够吸引现代年轻人的兴趣,更能在产品中播撒民间特色文化的种子。通过这种新型文化形式,传承人可以将中国传统文化精神传递给更广泛的受众,实现传统与现代的有机融合。在艺术节上创新,在配乐或服装上进行高质量改良,正是一种有趣而有效的方式。通过这样的改良,可以打造出一场文化视觉盛宴,既保存了中国传统文化精髓,又符合现代审美。这种突破常规的新产品不仅能够亲密接轨外界,还能够在市场上取得一定的竞争优势。最终实现双赢,既让传承人发挥创作灵感,体现当代价值,又使其收入足够维持生计。这种举措的成功之处在于兼顾了原真性和市场性,使中国传统文化在当今社会中焕发新的生机。

3. 运用网络新媒体

运用网络新媒体渠道推动中国传统文化传承是一种聪明而现代的做法。通过网络平台,传统民间艺人可以更广泛地传播他们的技艺,吸引更多的人参与传承活动。这种方式不仅提高了中国传统文化的可见度,还为传承人创造了更多的机会,使他们能够更有效率地从事传承活动。云南省一批国家级、省级传承人在高等院校和中小学开设授徒课程的做法也是非常具有前瞻性的。通过在教育机构中开展传承活动,不仅可以直接传授技艺,还能够让学生亲身体验传统技艺的魅力。这种面对面的传授方式能够更好地激发学生的兴趣,拓宽学生对中国传统文化的认知范围。同时,这样的活动也为传承人提供了了解青年人思想和兴趣的机会,促进了不同年龄层之间的交流与理解。这种近距离的交流有助于传承人更好地适应当代社会的需求,同时也让青年人更深入地了解中国传统文化的魅力。通过互动,传承人可以更好地理解年轻一代的需求,为中国传统文化的发展创造更多的可能性。总体来说,通过网络新媒体和教育机构,能够让中国传统文化传承更加活跃,形成中国传统文化新的发展局面。这样的做法不仅有利于传承人的发展,也能够吸引更多的人参与到中国传统文化的传承中。

(三)加强民间文化人才的保护与培养

传承人减少是民间文化保护面临的一大挑战,而中国传统文化的传承更是一项需要持续努力和专业支持的工作。这并非轻松勾勒几笔就能延续几千年精髓的任务,而是一项需要专业知识和系统性工作的使命。专家学者在这个过程中扮演着重要的角色,肩负着伟大而光荣的使命。为了应对传承人减少的问题,专家学者需要不遗余力地完善知识理论构架。这包括对中国传统文化的深入研究和理论体系的建设,使其更适应当代社会的需求。只有通过深刻的理论认识,才能更好地指导实际的保护工作。除了理论构架,制定好各项保护细则也是非常关键的。这需要专家学者从法律、政策等方面进行深入研究和提出建议,确保有力度、系统性的保护措施能够得以实施。田野调查是保护工作中不可或缺的一环。通过深入了解各地的中国传统文化状况,专家学者可以更准确地制订有针对性的保护计划。田野调查也有助于发现那些濒临灭亡的传承人和技艺,及时采取措施予以保护和挽救。总体而言,专家学者需要在知识理论构架的完善、保护细则的制定及田野调查等方面展开深入工作,用心耕耘这片希望的田野,为中国传统文化的保护和传承贡献力量。

1.考虑传承人想法并劝其以正确方式传承

《百鸟朝凤》通过展现师父带徒弟的传承模式,生动地呈现了传统技艺的传承与发展。这种传承方式是我国许多传统手艺的常见模式,但也面临着后继无人的困扰。创造合适的条件来吸引青年人学习,以及师父全心全意教育的做法是非常实际和有效的。激励机制的建立对于传统技艺的传承至关重要。这包括奖励制度、荣誉称号、培训机会等,使学习传统技艺成为一种有吸引力的选择。同时,建立与现代社会需求相结合的培训计划,使传统技艺更具现代性和实用性,能够更好地适应时代的发展。关于传男不传女、传内不传外的习俗,是古老社会风气和经济制度的产物。在今天,我们需要以更加开明的态度去看待这个问题。可以通过对传统规矩的辩证看待,理解其历史背景,但同时也要根据当代的社会价值观和性别平等观念来进行调整。对于失传的技艺,可以采取更加灵活的方式,不拘泥于传统的性别和家族限制,充分发挥每个人的潜力。在与老一辈艺人的沟通中,需要巧妙运用引导而非强硬的方式。通过理解他们的担忧和想法,从技艺传承的角度展开对话,寻找共同的目标和理念,有助于更加顺利地推动传统技艺的传承工作。这样的沟通方式更能够得到他们的理解和支持,促使传承工作顺利进行。

2. 周详征采传承人资料并增加示范基地

在面临传承人才资源匮乏的情况下,政府的介入和组织是至关重要的。首先,通过对民间艺人的调查,建立全面的数据材料,对传承人的情况进行详细了解,是保护工作的重要一步。这不仅包括技艺水平,还包括对相关法律保护知识的了解、是否有合适的接班人、传承谱系和路线等方面的信息。这样的数据材料有助于政府更有针对性地制订保护政策和计划,最大限度地抓住正在流失的传承人和他们的技艺。其次,田野调查时采取挽救措施,通过录制传承人的影像资料并进行专业的知识录入,将其制作成符合非遗传承要求的影像资料,是一种非常实用和有效的手段。这样可以使传承人的技艺在视频资料中得以保存,后代可以根据这些资料精准地学习和传承。最后,营造合适的生活环境氛围,通过社会、学校和家庭的共同努力,培养后代对中国传统文化的兴趣和意识,是非常重要的。增加或建设示范基地,提供实际的学习和体验空间,有助于将中国传统文化融入日常生活中。社会各方的参与是培养传承人计划中不可或缺的一环,只有共同努力,才能够实现中国传统文化的传承和发展。这样的全面保护方案,结合了调查、挽救、传承和培养的多个环节,有望为我国民间文化的传承提供更加有力的支持。

3.减轻传承人的经济负担

将保护与保障经费倾斜至贫困地区是非常必要的,可以在根本上改善民间艺人的生活状况。这种做法既能激发人们对保护文化遗产的热情,同时也为贫困地区提供了实质性的支持。另外,明确的资助和保障政策对于传承人心无旁骛的学习非常重要。让他们能够专心传承技艺,而不用为生计担忧,这对于文化传承的长远发展至关重要。浙江永康鼓词的现有艺人年老体衰且生活困难,需要有系统性的支持措施。通过投入保障经费和提供经济扶持,不仅可以缓解年迈艺人的生活压力,还能为他们提供退休保障和医疗支持。这种综合性的政策,不仅有助于保护传承人的生态环境,也为艺人创造了更好的创作条件,促进文化传承的可持续发展。

(四)改善传承人认定机制的可能路径

传承人认定机制的建立对于保护中国传统文化至关重要。断层现象可能导致宝贵的中国传统文化消失,而精细、科学的认定方法可以是改善现状的关键。首先,建立一个全面的认定标准是必要的。这些标准可以包括技艺水平、传承历史、对传统价值的理解等方面,以确保认定是全面而准确的。同时,这也有助于防止不适当的认定,确保真正有传承价值的人被合理地认定为传承人。其次,利用科技手段,如记录、采访、数字化档案等,来辅助认定工作。这样的科学方法可以更好地保留传统技艺的方方面面,也有助于传承人认定的客观性和准确性。最后,建立一个透明、公正的认定程序是至关重要的。这可以包括多方参与,如文化专家、社区代表等,确保认定过程没有偏见和不公正因素的介入。通过这些方法,可以朝着更加科学和系统的方向发展传承人认定机制,从而确保中国传统文化得到更好的保护和传承。

1.统一认定机制

分散的认定机构和重复的评定标准不仅浪费资源,还可能导致认定结果的不一致,进而影响中国传统文化的保护和传承。通过国家立法来规范各省区市的认定机制是一个可行的解决途径。通过建立统一的认定标准和程序,确保各地认定机构在认定过程中能够按照相同的标准进行操作,减少不必要的重复和竞争。这样的规范性立法可以为中国传统文化认定提供更清晰、透明、公正的指导。此外,建立中央协调机构也是一个可能的考虑。这个机构可以负责统一认定标准的制定、培训认定人员、监督认定过程,并确保各地认定机构的合作与协调。这样的中央机构可以在全国范围内提高认定机制的一致性和效率。通过国家层面的法规和协调机构的设立,可以更好地解决当前认定机制的问题,推动中国传统文化认定工作朝着更有序和规范的方向发展。

2. 认定品行高尚的传承人

在认定期间确保对艺人的申报进行认真核对是非常必要的,尤其是那些常在外演出的艺人。这有助于防止一些为了名声而远离家乡、背离传统的情况发生。引导艺人将荣誉带回家乡,保持与社群的紧密联系,确保中国传统文化在最本真的生态环境中得以保护和传承。关注公众认可度高、乐于造福家乡和社区生态环境的艺人是一个很好的方向。这样的艺人往往有更强的责任感和使命感,他们的努力对于中国传统文化的传承和社群的发展都有积极的影响。重点保护这样的对象,既可以激励其他艺人效仿,也能为社区提供更多的文化资源,形成良性的传承生态。确保有丰富经验的、从事专业技艺的艺人成为重点保护对象,因为他们的技艺传承价值更高,保护他们有助于确保中国传统文化的高水平传承。这样的保护策略可以在一定程度上避免中国传统文化的虚假繁荣,让文化传承更具深度和真实性。

3. 多维角度认定并设置紧急制定制度

一旦传承人被认定为国家级或省级,专家和研究人员应通过实事求是的田野调查报告,亲力亲为地制定详细的认定、扶持、监管等细则,以确保最完善的成效。在评审或研究过程中,建议邀请精通少数民族文化或语言的学者,从全方位的角度认定传承人,以降低文化消亡的风险。中国传统文化是代代相传的中国人的心血之作,随着传承人的减少,一些传统技艺可能会永久消失,这是令人深感惋惜的现象。政府设立紧急制定制度,以在最短时间内尽最大努力记录和保存即将消亡的文化遗产,如《二泉映月》等由艺人阿炳演奏的民乐,可以借鉴著名音乐家杨荫浏等学者的抢救经验。中国传统文化具有强大的凝聚力和向心力,是国家稳定、民族团结的纽带,也是国际软实力竞争的重要资源。在传承中国传统文化的过程中,人才是关键环节。全社会和政府相关部门应聚集力量,通过实践不断巩固和完善保护策略,为传承人提供良好的生态环境,调动其积极性和主动性。建议在多样化的社会中,制定并完善认定机制和保护机制,为中国传统文化在新时代中面对国际新挑战提供强大的精神动力。

第三节　中国传统文化的传承与发展

一、兼容并蓄思想的传承与发展

中国传统文化所倡导的包容、兼容、宽容思想对于建立多元、和谐的世界新秩序具有深远的积极借鉴价值。其中,"和而不同"的兼容精神是中国传统文化的主要特征之一,具体表现在对差异的尊重和对多样性的认同上。"和而不同"这一思想最早见于《论语·子路》:"君子和而不同,小人同而不和。"这句话强调了君子与小人的区别,凸显了包容与兼容的道德观念。这种思想在中国传统文化中根植深厚,甚至早在3 000多年前的甲骨文和金文中就已经出现了"和"字,显示出中国传统文化对于和谐共存的强烈追求。"和而不同"的"和"体现了对多样性的主张,同时也呼应了对和谐性的追求。这意味着应对不同的意见和事物持宽容的态度。因此,"和而不同"的前提是要承认差异,尊重多样性。音乐、文学、美食等各种事物之美来自它们不同要素的共同构成,而这也使得世界本身因多样性而更加丰富。中国共产党人被认为是中国传统文化的忠实继承者和弘扬者。周恩来作为中国共产党的杰出代表,深受中国传统文化的熏陶。他创造性地提出了"求同存异"的思想,这可视为对中国传统文化中"和而不同"思想的借鉴、创新和发展。"求同存异"强调了在不同意见和观点之间寻求共同点,并在差异中实现共存,展现了一种包容并蓄的态度。总体而言,中国传统文化所包含的包容、兼容、宽容思想,尤其是"和而不同"的理念,为构建一个多元、和谐的世界提供了重要的启示。这种思想的传承与发扬有助于在全球范围内促进文明交流、互学互鉴,推动建设更加和谐、包容的国际社会。

二、贵和、和谐思想的传承与发展

中国传统文化所弘扬的贵和、尚和、和合思想对于人际关系的处理、社会构建,以及解决人类矛盾与冲突方面都具有积极的价值和启发意义。这种思想体现在各个历史时期的智者和领导人的观念中,为实现和谐社会提供了深刻的指导。在社会管理层面,实现人与人之间的和谐关系需要民本主义思想的引领。老子的"以百姓之心为心"(《老子·第四十九章》)、孟子的"民贵君轻"、唐太宗李世民的"水能载舟,亦能覆舟"等理念强调了领导者应当紧密关注人民的需求和利益,将人民放在治理的核心地位。中国共产党人在传承中国传统文化和谐思想方面表现出色。毛泽东同志提出全心全意为人民服务的理念,邓小平同志将人民的意愿作为党的方针政策的出发点,江泽民同志强调"三个代表"中包括代表广大人民群众的根本利益,胡锦涛同志明确提出"权为民所用、情为民所系、利为民所谋"的思想。这些领导人都在不同程度上体现了贵和、尚和、和合的中国传统文化价值观,将人民的利益置于至高无上的地位。党的十九大报告中,习近平总书记更是进一步强调了"把人民对美好生活的向往作为奋斗目标",并将人民利益摆在至高无上的地位。他提出构建"人类命运共同体"的理念,彰显了对和谐世界的追求,体现了对中国传统文化的继承和发展。在中国传统文化中,孔子的"四海之内,皆兄弟也"、孟子的"老吾老以及人之老,幼吾幼以及人之幼"、墨子的"兼相爱,交相利"等思想,都强调了人与人之间的和睦、和谐。这些理念不仅在历史上产生了深远的影响,而且在今天的社会生活中仍然具有指导意义。① 总体而言,中国传统文化所蕴含的和谐思想为构建和谐社会、解决人际矛盾、推动全球和平作出了重要贡献。领导者们在中国传统文化的基础上创新发展,为实现人民对美好生活的向往、构建和谐世界、建设人类命运共同体提供了有力的理论支持。

---

① 周秀杰:《我国电视文化类节目新媒体海外传播策略——以〈典籍里的中国〉为例》,《电视研究》2021 年第 8 期。

三、修身、齐家、治国、平天下思想的传承与发展

儒家思想在中国传统文化中占据重要地位,强调了个人修养的重要性,并提出了"修身、齐家、治国、平天下"的理念。这体现在个人修养的方方面面,从做人到做事再到做学问,都注重道德修养、为人正直,将"立德"置于首位。在"立德、立功、立言"中,"立德"被看作最为重要的一环,强调了作为个体的道德修养。在孔子的思想中,他认为政治的核心在于正直,强调领导者的身心正直。他在《论语·子路》中指出:"政者,正也。其身正,不令而行;其身不正,虽令不从。"这表达了领导者要以身作则,通过自身的道德修养来影响和引导社会。这一观念在现代仍然具有重要意义,习近平总书记在党的二十大以来多次强调领导干部的修养和品德要求,强调党性、品行的重要性,提倡清清白白做人、干干净净做事、堂堂正正做官。习近平总书记的强调与中国传统文化中的儒家思想相呼应,是对中国传统文化的传承和发展。这种注重道德修养、以身作则的理念,有助于建设更为和谐、正义的社会,促使领导者成为社会风尚的引领者,为全体人民树立良好榜样。这也是在不断推动社会进步的过程中,中国传统文化取得的新发展。

第四节　新时代中国传统文化的传承价值

一、有利于社会主义经济健康发展

外来文化的输入是一个复杂而多层次的问题,它既带来了丰富多彩的文化体验,也可能对本土文化产生一定程度的冲击。肯德基、麦当劳、好莱坞、NBA(美国职业篮球联赛)等带有美国文化元素的事物在中国的流行,反映了西方强势文化的输出。在对待外来文化时,的确需要保持包容性,但同时也要警惕其对本土文化的冲击。传承和复兴中国传统文化是一种应对外来文化冲击的有效途径。中国传统文化的经济价值体现在多个方面,如武术、中医药等领域。这些文化资源不仅吸引了国内外的关注,也为文化产业的发展提供了新的动力。同时,中国传统文化的核心价值观,如"仁"与

"和",对于社会主义经济的发展有积极的引导作用。它们强调共同发展、团结一致,有助于化解社会纷争,推动整个社会的健康发展。在经济领域,中国传统文化价值也能够影响人们的行为和决策,如强调诚信对企业的正面影响。"仁"与"和"的思想对于企业的道德鞭策,有助于整个行业的良性发展。在这一点上,中国传统文化的价值观与现代社会的经济规范是相辅相成的。总的来说,充分挖掘中国传统文化的经济价值,不仅有助于丰富文化产业,也能为社会主义经济的发展提供有益的思想引导。同时,需要在传承中国传统文化的同时,合理对接现代社会的需求,使中国传统文化在新时代焕发新的生机。

二、有利于社会主义和谐社会建设

中国传统文化是社会主义文化的重要组成部分,包括儒家、道家、佛家思想等,构成了中华文明的核心价值体系。在全球化的背景下,确保文化传承与发展,形成以中国传统文化为主体的文化氛围,是维护国家文化独立性、推动社会主义核心价值观实现的重要一环。在面对外来文化的冲击时,确保对中国传统文化的传承与弘扬,让中国传统文化成为具有向心力的主体文化,是确保文化多样性、维护国家文化自信心的必然选择。一些人盲目追求西方洋节日,这反映了文化自信的不足。通过更好地宣传、教育,弘扬中国传统节日与文化,可以使人们更深刻地认识到中国传统文化的独特魅力,从而形成对本土文化的热爱与自信。社会主义核心价值观与中国传统文化有着深刻的契合。儒家的"仁、义、礼、智、信"与社会主义核心价值观中的平等、公正、法治等理念有相通之处。中国传统文化中强调的道德准绳,如"慎独""仁爱"等观念,对于构建和谐社会、倡导公德、促进社会主义核心价值观的实现都有着积极的意义。中国传统文化中的"善行""先天下之忧而忧,后天下之乐而乐"等观念,表达了对崇高品质的追求和对社会的责任感。这些传统道德观念的传承,对于引导人们形成正确的价值观,提升道德素养,都具有重要的教育作用。总的来说,将中国传统文化作为社会主义文化的根基,通过对其深入研究与传承,既有助于保护文化的独立性,又能为社会主义核心价值观的实现提供有力支持。在全球文化多样性的格局下,中国传统文化的传承与发展,是维护国家文化自信心、推动社会和谐进步的关键一环。

三、有利于新型大国外交的构建

中国传统文化中的"以和为贵"思想在处理民族问题和对外交往中扮演着重要角色。这种思想体现了对和谐共存的追求,与中国历来奉行的"大一统"思想相辅相成。同时,它也是维系两岸同胞亲如一家的纽带,为促进国际和地区的和平与合作提供了有益的理念。毛泽东思想、邓小平理论、习近平总书记的"人类命运共同体"思想及"一带一路"倡议,都在一定程度上汲取了中国传统文化的精髓。毛泽东思想的形成中融合了儒家的德育思想,而邓小平理论则在实践中注重"和而不同"的思想,强调求同存异。习近平总书记提倡的"人类命运共同体"思想则体现了中国秉承和平共赢的外交政策,与中国传统文化中的义利观相契合。中国的崛起在国际社会引起了关注和反思。而"中国威胁论"则体现了西方国家对于中国崛起的一种看法,这也是一种文化差异和利益冲突的表现。在这样的背景下,保持对话、增进理解,通过合作共赢的方式解决分歧,符合中国传统文化中的"和为贵"的思想。中国传统文化作为中华民族的瑰宝,具有深厚的历史底蕴和时代价值。在新时代,深入挖掘、传承和发扬中国传统文化,使其与现代社会相融相通,发挥更大的价值,对于推动社会主义事业的发展具有积极的意义。

第七章　中国传统文化的创造性转化和创新性发展

第一节　中国传统文化"创造性转化、创新性发展"思想

　　文化是一个国家、一个民族的灵魂,而中国传统文化正是中华民族的精神命脉。在长期的生产生活实践中,中国传统文化不仅为社会的和谐稳定提供了动力和源泉,还为民族的繁荣昌盛作出巨大贡献。党的二十大报告中对中国传统文化的肯定,也强调了其源远流长、博大精深,是中华文明的智慧结晶。中国特色社会主义进入新时代,对中国传统文化的传承与发展,需要遵循"创造性转化和创新性发展"的原则。创造性转化要求在文化表现形式上与时俱进,使中国传统文化在当代社会仍然具有生命力。而创新性发展则是为中国传统文化注入新的时代内涵,让其更好地适应新时代的需求。这种双向的发展,既要顺应时代的变迁,又要坚守传统的本真,确保文化不断创新而不失其根本特征。这一过程既包括对中国传统文化的深入挖掘、理解,也包括在现代语境中对其重新诠释和运用。在正确把握创造性转化和创新性发展的关系上,可以更好地提升中国传统文化的精神感召力和社会影响力。这也为全面建设社会主义现代化国家提供了强大的精神动力。因此,保持对中国传统文化的敬畏与创新,将有助于构建更具活力、更富有特色的文化体系。

一、创造性转化与创新性发展的内涵、内在逻辑及本质要求

(一)创造性转化与创新性发展的科学内涵

习近平总书记对中华优秀传统文化的创造性转化和创新性发展提出的观点很明确,他强调了在创造性转化中要去伪取真、去粗取精,结合时代发展需要进行适度改变,为中华优秀传统文化赋予新的时代内涵。这种转化不是对整个中华优秀传统文化的简单否定,而是在保留其积极内涵的基础上,对表现形式进行现代化改造。创造性转化的对象是那些积极的、进步的、健康的中华优秀传统文化,而不是那些过时、落后的文化。[1] 这一过程涉及对表现形式和思想内涵的双重转化,使之更好地适应新时代的社会发展需要。在创新性发展方面,习近平总书记提出要对中华优秀传统文化的内涵进行补充、拓展、完善,形成新的中华优秀传统文化。这意味着不仅要继承中华优秀传统文化的精髓,还要在其基础上进行创新,为其赋予新的内涵和形式,以适应时代的新进步和新发展。综合来看,创造性转化和创新性发展都是为了发挥中华优秀传统文化的重要价值,使其在新时代更有生命力,更有影响力。这也符合保持文化活力、推动社会主义现代化发展的需要。

(二)创造性转化与创新性发展的内在逻辑

创造性转化和创新性发展之间的协作关系是推动中华优秀传统文化发展的关键。创造性转化提供了现代化手段,以重新审视和改造传统文化的表现形式,确保其与时代相适应。而创新性发展则注重思想内容的拓展和深化,使传统文化能够更好地适应新的社会需求和价值观。创造性转化为创新性发展提供了基础。通过对传统文化的重新构思和改造,创造性转化使得传统文化变得更加现代化,为创新性发展提供了原材料和新的表现形式。创新性发展是创造性转化的终极目标,其着眼点是传统文化中的思想内涵。通过创新性的发展,传统文化得以重塑,并在现代社会中发挥更大的作用,为社会进步和文化繁荣提供方向和灵感。创造性转化和创新性发展虽然在侧重点上有所不同,但它们并不是孤立的过程。它们相互联系,相辅

---

①余永跃、雒丽:《以共享发展理念引领乡村振兴》,《福建论坛(人文社会科学版)》2018 年第 10 期。

相成,构成了中华优秀传统文化发展的一个内在逻辑链条。创造性的转化为创新性的发展提供了新的素材和表达方式,而创新性的发展则为创造性的转化提供了方向和深度。强调"去粗取精,去伪存真"的原则强调了在创造性转化和创新性发展过程中应保留传统文化的核心和精华,同时摒弃其中不适应现代社会的部分。这有助于确保传统文化的真正价值能够得以传承和弘扬。

总之,创造性转化和创新性发展是中华优秀传统文化复兴的重要策略和手段。它们之间的相互作用有助于确保传统文化在新时代中焕发出更为丰富的光彩,并为中国特色社会主义的发展提供了坚实的文化支持。

(三)创造性转化与创新性发展的本质要求

创造性转化和创新性发展在推动中国传统文化的现代化中发挥着协同作用,构成了一个相互促进、统一整体的发展机制。创造性转化为创新性发展提供了基础和原材料,而创新性发展则使得中国传统文化焕发新的时代活力。

"去粗取精、去伪存真"的创造性转化,实质上是对中国传统文化进行精心筛选和提炼,使其更加符合现代社会的需求。这种创造性转化是对中国传统文化的批判性继承,意味着要舍弃那些不适应时代的、有害的元素,保留并弘扬其精华。而创新性发展则强调对中国传统文化的思想内涵进行扩充,使其更加丰富和深刻。这不仅是对中国传统文化的传承,更是对其进行与时俱进的发展,以适应社会的变革和进步。在这个过程中,可以融入现代的理念,为中国传统文化赋予新的时代内涵。"创造性转化与创新性发展的协同共进"体现了对中国传统文化的尊重和发展的全面考量。这种协同作用有助于中国传统文化在新时代更好地发挥其独特魅力和时代价值。

二、创造性转化与创新性发展的思想

(一)立足本源,挖掘中国传统文化思想精华

创造性转化与创新性发展为中国传统文化的创新发展提供了方法论原则,标志着对中国传统文化继承发展理念的新突破。这一方针体现了两个

本质要求。

1.批判与继承相结合

创造性转化与创新性发展强调批判与继承的辩证统一,认识到文化是一个连续的统一体。在创新中批判,通过对中国传统文化的批判性分析,确保继承的是其中的积极元素,避免简单否定一切。这体现了对中国传统文化的辩证评价,防止出现文化复古主义。创造性转化与创新性发展提倡选择性继承,剔除糟粕,避免盲目照搬。这要求对中国传统文化进行精心选择,将适应时代发展的元素引入,防止文化虚无主义的发生。

2.创新与发展相结合

文化是发展的,需要与时俱进。通过创造性转化与创新性发展,强调创新和发展的辩证统一,将中国传统文化赋予新的时代内涵和表现形式。这不仅能够满足人民群众不断增长的精神文化需求,还能使中国传统文化持续保持发展活力和创新动力。方针要求古为今用,推陈出新。这意味着在继承中国传统文化的同时,要注重创新,使其适应当代社会的需求和价值取向。只有通过创新发展,中国传统文化才能在继承中焕发新的生机。

综合而言,创造性转化与创新性发展体现了对中国传统文化的审慎批判和有选择性的继承,同时强调在创新中实现文化的发展。这为中国传统文化在当代社会的持续传承和发展提供了有力的理论指导。

(二)回望历史,总结中国传统文化建设经验

党在社会主义文化初步探索阶段,致力于清除封建腐朽文化的影响,通过批判、剖析、改革,建立起马克思主义占主导地位的新文化生态格局。在社会主义文化繁荣发展时期,党逐步建立起中国传统文化与社会主义文化的有机结合,以中国传统文化滋养社会主义文化,实现了文化传承与发展的统一。坚持中国传统文化立场意味着坚守文化的本土性和民族性,强调文化增强民族的主体性。这有助于避免全盘西化,保护中华文脉的延续与传承。在全球化进程中,坚守中国传统文化立场有助于抵制西方文化中心论,防范对中国进行文化渗透,保护中国传统文化的独立性和多元性。党强调发掘中国传统文化的时代价值,以现代方式阐释和传播,运用其处理和应对

时代问题。这有助于中国传统文化与现代社会相互融合,焕发文化的生命力。回应国家需要和时代要求是对中国传统文化进行时代性发展的关键。通过积极回应社会需求,使中国传统文化更好地服务于当代社会,确保其在新时代仍然具有重要的意义和影响力。这些文化建设经验体现了在党的领导下,中国传统文化的传承与发展是一个有机统一的过程。这些经验为新时代下推动中国传统文化的创造性转化和创新性发展提供了宝贵的指导原则。

(三)创意赋能,彰显中国传统文化无穷魅力

中国传统文化在现代社会中面临着一些挑战,特别是在年轻人中的认知和传承方面。为了应对这些问题,创意可以发挥重要作用,通过创新手段使中国传统文化更贴近当代审美和需求。首先,创意创新在表达方式上起到关键作用。中国传统文化内涵深厚,但其表达方式可能因为历史原因而显得陈旧。通过创意手段,可以将中国传统文化内容以新颖有趣、生动活泼的形式呈现,吸引年轻人的关注。例如,《国家宝藏》通过运用明星策略和小剧场形式,以现代话语体系呈现国宝文物,解读其中的中国传统文化内涵,成功吸引了年轻一代的注意力。其次,文创产品的设计也是创意发挥的领域。借助新时期文化创意产业的繁荣,可以开发出基于中国传统文化的文创产品,展现其独特魅力。这些产品需要匠心独具、令人惊艳,并体现精良品质。同时,数字技术可以与中国传统文化元素结合,开发出兼具文化价值和娱乐价值的产品,如表情包、游戏皮肤等,以吸引年轻人的关注。最后,跨界融合也是创意的应用方向之一。中国传统文化可以通过与各个行业的跨界融合,扩展其发展空间,触达更广泛的群体。例如,《经典咏流传》将古诗词与现代流行音乐进行跨界融合,创作出新的流行歌曲,使古老的诗词文化焕发新生,更好地传承给年轻一代。总体而言,创意的运用可以使中国传统文化在现代社会中焕发新的活力,更好地融入当代文化潮流,为广大人民群众尤其是青少年群体呈现崭新的时代风貌。

第二节　中国传统文化创造性转化、
创新性发展的实现机制

一、主体协同机制

在推动"中国传统文化双重倡议"的过程中,存在不同文化行为者参与程度的差异。为了解决这个问题,我们需要明确每个文化主体在中国传统文化"双重倡议"中的地位和作用,以及在文化创造中的协调。首先,要认识到每个文化主体都能体现中国的传统,但它们可能在中国传统文化"双重倡议"中有不同的地位和发挥不同的作用。这种差异可能来自不同文化行为者对中国传统文化的理解和认同程度。因此,需要通过明确各方在倡议中的角色,促使他们更积极地参与并发挥各自的优势。其次,在实施中国传统文化"双重倡议"时,人民群众应该被视为主体,而中国传统文化工作者则是骨干力量。人民群众是文化发展的源泉,是中国传统文化的基础。中国传统文化工作者则在文化实践活动中发挥着主导和指导的作用。这种分工旨在保障广大人民群众对中国传统文化的参与,同时借助专业的中国传统文化工作者来进行更深入的研究和传承。最后,要强调中国传统文化工作者和人民群众之间的互动和关联。中国传统文化工作者通过友好地开展文化实践活动,与人民群众形成互动,促使中国传统文化更好地融入生活中。人民群众则是创新性发展的源泉,为中国传统文化注入新的活力和时代特色。总的来说,在推动中国传统文化"双重倡议"的过程中,需要平衡不同文化行为者的参与,明确各方的角色,使人民群众成为主体,最终实现中国传统文化的创新发展。

(一)主导地位

在中国传统文化"双重倡议"的实施中,需要文化工作者占据主导地位,以确保中国传统文化的最佳成果并实现现代化。这要求在关键领域、创造力和创新方面取得最佳成果,确保中国传统文化能够在现代社会中焕发新的活力。在国家职能方面,文化职能是国家的一项重要职能。国家需要通过组织文化建设,在马克思主义的领导下,发展教育、科学、艺术、卫生、体育等方面的文化教育,培育有中国特色的社会主义事业的劳动者和建设者。这有助于实现中国传统文化与现实社会的结合。中国传统文化建设旨在将中国传统文化与现代社会有机结合,为国家建设和人民生活提供文化支持。这有助于传承、创新和发展中国传统文化,使其成为民族文化的一部分,促进中国特色社会主义事业的繁荣发展,实现中国梦。在文化建设过程中,要强调加强思想领域的主导地位和话语权,确保文化在国家和社会发展中的重要性得以保持。[①] 建设中国特色的社会主义文化需要不断加强对思想领域的引领,以确保文化建设与国家发展战略相一致。总体而言,文化在国家和社会发展中的地位和作用需要得到充分的认可和重视,通过中国传统文化"双重倡议",促进中国传统文化的发展与现代社会的相互融合,为国家的繁荣和发展作出贡献。

(二) 中国传统文化工作者骨干

文化工作者在实施中国传统文化"双重倡议"中扮演着领导作用,他们在中国传统文化建设中占有主导地位,对中国传统文化的传承和弘扬起到了至关重要的作用。首先,从历史的角度来看,中国传统文化工作者承担了中国传统文化继承和发展的责任。例如,在儒家思想的传承中,知识分子起到了关键性的作用。孔子提出的"仁"的思想和其他儒家学者的贡献,构建了中国传统文化的核心价值体系。通过对中国传统文化的继承,知识分子在文化发展中起到了引领和推动的作用。其次,实施中国传统文化"双重倡议"需要创造性转化和创新性发展的劳动,而中国传统文化工作者是这一劳动的主要承担者。中国传统文化工作者通过研究和发展成果,为中国传统文化"双重倡议"提供理论支持,为实现中国传统文化的"双赢"贡献力量。最后,中国传统文化工作者的创造和创新对于保护和发展中国传统文化至关重要。通过中国传统文化工作者的研究和实践,可以挖掘中国传统文化的深层内涵,使之更好地适应现代社会的需求。他们的工作有助于将中国

①陈文胜、李珊珊:《论新发展阶段全面推进乡村振兴》,《贵州社会科学》2022年第1期。

传统文化与群众实际经验、创造力和创新相结合,推动中国传统文化的发展。总的来说,中国传统文化工作者在实施中国传统文化"双重倡议"中发挥着关键的领导作用。通过他们的努力,中国传统文化得以传承、创新和发展,为中国特色社会主义文化建设作出了积极贡献。

(三)人民群众的基本作用

人民群众占有主导地位的必要性在于其作为历史的主体,符合马克思主义的基本观点。根据马克思主义的观点,人民群众是历史的创造者,在实施中国传统文化"双重倡议"中发挥着根本作用。首先,人民群众是历史的创造者,马克思主义认为历史的本质是由人民群众创造的。在文化领域,人民群众不仅是文化的传播者,更是文化创作和遗产的基础。他们通过实际的做法、精神实践活动,为文化的建立提供物质保护和资源。人民群众的精神活动本身就是文化的创造和保存,是中国传统文化传承的源泉。其次,从马克思主义的认识论出发,贯彻落实中国传统文化"双重倡议"的原则需要坚持群众路线。实现两种文化的统一性,应该依靠群众,发挥群众的主要作用。在文化实践活动中,要总结群众的实际经验,结合中国传统文化的理论成果,采取双重举措,引导人民群众积极参与文化实践活动。这有助于保护、传承和发展中国传统文化,使其更好地适应当代社会的需求。总的来说,人民群众占有主导地位的必要性在于其在历史中的创造力和在文化领域中的关键作用。在实施中国传统文化"双重倡议"中,需要根据马克思主义的基本观点,以人民群众为主体,通过大众传播和文化实践活动,促进中国传统文化的发展。

二、环境缔造机制

文化建设和发展需要创造有利于保存和发展中国传统文化的物质环境。这包括物质文化遗产的保护和利用,以及创造实际和虚拟环境,通过各种手段来促进中国传统文化的传承和发展。首先,在物质环境方面,文化建设者需要保护和利用物质文化遗产,如文物博物馆等。通过组织各类活动、制作海报等方式,创造一个现实的环境,促进、发展和改造中国传统文化的活动。这种实际环境的创造有助于提高人们对中国传统文化的认知和参与度。其次,虚拟环境的创建通过强化中国传统文化网站或应用程序等方式来实现。现代媒体和移动互联网技术的发展使虚拟环境的创造成为可能,通过这种方式,可以更广泛地传播和推广中国传统文化。人们可以通过现代媒体艺术和教学手段进行多样化的娱乐活动,使中国传统文化更好地适应当代社会的需求。中国传统文化"双重倡议"旨在提高人民群众的文化水平和思想道德素质,满足人们的精神和文化需求。在这一过程中,虚拟环境的创建不仅是为了传播文化,更是为了促进人们的文化参与和互动,实现文化的自由发展。然而,在实现中国传统文化"双重倡议"的过程中,需要正确对待中国传统文化,认识到其与社会经济和政治变革的关系,以及其在现代社会中的生存价值。在摒弃传统行为不良文化的同时,也要继承和发扬传统行为优良文化,发扬民族精神。多线合作是实现中国传统文化创造性转化和创新性发展的必要手段,通过协同作用,提高文化行为者的认识,发挥不同文化行为者的作用,实现文化的自由发展。

第三节　中国传统文化创造性转化、
创新性发展的哲学基础

中国传统文化的创造性转化和创新性发展蕴含深刻的哲学意蕴,反映了一种哲学性的方法和价值导向。首先,创造性转化和创新性发展的基本原则体现了辩证唯物主义和历史唯物主义的方法论原则。辩证唯物主义注重事物的全面发展和矛盾的辩证运动,而历史唯物主义则强调历史的发展是由物质生产力和生产关系的变化引起的。在中国传统文化的创造性转化和创新性发展中,这两个原则为其提供了思想指导和理论支持。通过对中国传统文化的全面理解和对社会历史发展规律的把握,实现文化的动态演进和持续发展。其次,创造性转化和创新性发展是一种科学性、时代性和民族性的文化哲学属性。科学性体现在对中国传统文化的深入研究和理性的创新实践中,时代性则表现在将中国传统文化与当代社会需求相结合,民族性则反映在对中国传统文化独特性的尊重和传承中。这种文化哲学属性使得创造性转化和创新性发展成为中国传统文化发展的有机组成部分。最后，实现中国传统文化的现代转型与提升超越是创造性转化和创新性发展的最终目标。这涉及对文化内涵和表达方式的重新诠释，不断更新中国传统文化，使之更具有活力和影响力，更好地适应当代文化的需求，与现代社会发展相协调，实现文化的现代化。综合来看，中国传统文化创造性转化和创新性发展既具有哲学性的基础原则，又体现了科学性、时代性和民族性的文化哲学属性，为中国传统文化在当代社会中的发展提供了坚实的理论支持。

一、中国传统文化创造性转化的哲学基础

创造性转化是一个有深刻哲学意义的过程，它不是对传统的全盘否定，而是通过对积极因素的改造和与时代的融合，形成新的文化形态。首先，创造性的定义着重于创始和首创，强调做出前所未有的事情。这为创造性转化提供了基本特性和本质属性的框架，突显了在这个过程中的创新和独特性。其次，对于转化的概念界定，强调了矛盾同一性的具体情形，即双方的改变导致事物性质的变化。这为创造性转化提供了一种理论基础，即通过改变事物的矛盾双方，使其发生质变，形成新的稳定状态。[1] 最后，对于创造性转化的概念界定，突出了创造和转化的关系。创造是事物的存在动力，而转化是事物的存在趋向与状态。这强调了创造性转化是一种动态的过程、矛盾双方的相互作用、事物的性质发生根本变化、事物处于不断的动态变化中。在中国传统文化创造性转化的框架下，强调了这一过程是文化自身发展的内在要求。它既包括对内容的转化，即中国传统文化中所包含的价值观内容的调整和改造，也包括对表现形式的转化，即通过新的呈现载体来体现创新转化后的中国传统文化。这一过程是文化自我生成的，旨在使中国传统文化融入现代社会，获得新的生命力和时代内涵。总体来说，对创造性转化的概念界定为我们理解中国传统文化创造性转化提供了清晰的理论基础，同时也突显了文化的动态性和时代性。

---

①路新华：《新时期乡村文化振兴的困境与路径选择》，《农业经济》2022 年第 8 期。

二、中国传统文化创新性发展的哲学基础

首先,创新性的定义强调了破旧与立新并存的特性。这一概念的核心在于通过摒弃旧有的观念和方式,创造出新的理念和方法。创新性发展在这个基础上,追求的是不断超越传统的发展过程。其次,对发展的概念界定强调了事物由小到大、由简到繁、由低级到高级、由量变到质变的发展过程。这为创新性发展提供了一个基本的目标追求,即通过创新实现质的飞跃,推动事物不断向前进和上升。最后,创新性发展的概念界定将创新和发展分别视为对立统一关系中的动力和目标。创新是破旧立新的过程,而发展是以前进、上升为目标的趋向,两者共同构成了创新性发展的动态。因此,创新性发展可以这样理解:首先,追求中国传统文化的发展,实现传统核心思想和美德的时代性发展;其次,强调以创新为特征,通过文化创新使中国传统文化实现新的飞跃;最后,突出中国传统文化有机融入现代社会形态,实现文化的有机更新,彰显"以文化人"的本真价值。这种对创新性发展的理解,为中国传统文化在当代社会中找到新的生命力和时代内涵提供了深刻的哲学基础。

第四节　中国传统文化创造性转化、
创新性发展的实现路径

一、加强国民教育、家庭教育和社会教育的教化作用

国民教育在培养情感、态度、价值观等方面的作用是无法替代的。通过学校教育,学生能够接触到系统化的知识体系,同时也能够接受中国传统文化的积极因素。注重文化养成的隐性教育方式,可以在学生中培养出对中国传统文化的认同和理解。此外,将学校教育与自我教育相结合也是非常重要的,这有助于学生在自我成长和行为变化中形成更加全面的认知和态度。强调中华传统道德的传承,家庭教育在中国传统文化传承中发挥着至关重要的作用,家庭教育强调家风和家训的道德约束作用,有助于社会成员

在儿童时期就树立正确的价值观念,有助于培养出持久的家庭文明和精神力量。在当代社会,良好的家风和家训对于家庭和社会的和谐发展有着积极的影响。社会教育也是推动中国传统文化创新性发展的关键因素。社会教育可以通过各种形式的文化活动、宣传教育等手段,引导公众深入了解和参与中国传统文化的传承和发展。这种广泛的社会参与有助于形成文化共识,推动中国传统文化在整个社会中的创新性发展。在整合这些教育渠道的过程中,协同作用和相互补充是至关重要的。通过国民教育、家庭教育和社会教育的有机结合,可以形成一个全面的教育网络,从而更好地实现中国传统文化的创新性发展。

发挥社会教育的作用是实现中国传统文化创造性转化和创新性发展中的重要一环。首先,强调榜样的力量是非常重要的。在中国传统文化中,榜样一直扮演着重要的角色,对于塑造人们的道德观念和价值取向具有深远的影响。通过弘扬正面榜样,不论是历史上的英雄还是身边的普通人,社会都可以激发人们向上向善的动力。这种榜样力量能够营造一种崇德向善的社会氛围,引导人们走向正义和积极向上。其次,乡规民约的作用也是不可忽视的。传统的乡规民约承载着丰富的文化内涵,是一种规范社会成员行为、引导社会秩序的方式。在现代社会,要使乡规民约发挥更大的作用,需要对其内涵和方式进行丰富和发展,以适应当代社会的发展需求。纳入现代社会关切的内容,如经济发展、市场公平、社会稳定等,可以使乡规民约更贴近人们的生活,更好地引导社会行为。总体而言,社会教育在弘扬中国传统文化方面有着独特的作用。通过榜样的塑造和乡规民约的发展,社会教育可以为中国传统文化的创造性转化和创新性发展提供有力的支持。这样的努力有望在社会层面上形成共识,引导人们共同追求中国传统文化的传承和发展。

二、强化宣传普及

在拓展宣传普及内容方面,确保向社会传达中国传统文化的全貌、深层次含义和实际应用是至关重要的。这可以通过以下途径实现:强调中国传统文化的核心思想,包括儒家、道家、佛家的哲学观念,以及中国传统文化对家国情怀、仁爱之道等方面的强调。在宣传中要引导人们理解并实践这些核心思想，推动社会主义核心价值观的培育和践行，深挖中华传统美德，如尊老爱幼、勤俭持家、忠诚守信等，引导人们在现代社会中发扬这些美德，建设社会公德、职业道德和家庭美德。汲取中国传统文化中治国理政的智慧，深入挖掘中国传统文化中关于社会关系、人际关怀、人文修养的精髓，通过将这些人文精神传达至社会各个领域，熏陶大众的心灵，推动社会的和谐发展。将抽象的文化价值原则与具体的生活场域相融通，引导人们在实际生活中融合传统文化精粹，推动文化的创新和现代社会的进步。[1] 确保宣传普及工作的深度和广度，使中国传统文化不仅停留在理论层面，更能够在社会实践中生根发芽。通过宣传普及，可以激发全社会对中国传统文化的兴趣，形成对中国传统文化的尊重和理解，从而推动创造性转化和创新性发展。

拓展多维性的宣传普及方式与载体是十分重要的。在实现中华传统文化创造性转化和创新性发展的过程中，确保宣传方式和载体的多样性是推动文化传承发展的有效途径。确保宣传内容的多样性，包括核心思想观念、传统美德和人文精神的丰富表达。这有助于满足不同层次和需求的受众，使中国传统文化更好地融入主流文化、精英文化和大众文化。根据宣传对象的不同，灵活选择宣传方式与话语方式。在推动主流文化和精英文化层面，可以采用严肃性与学术性的宣传方式；而在大众文化层面，应注重生活化，利用小道理和小故事传达大道理和大理论。将宣传普及覆盖到社会各个领域，影响生产和生活的方方面面。综合运用各类载体，包括电视、广播、报刊等传统媒体，实现现实载体与虚拟载体、传统载体与新媒体的有机融合。充分发挥多媒体的形式，注重文化视觉传达系统的运用。通过优化设计文化载体，以直观灵动的形象和厚重质朴的底蕴，将中国传统文化有机融入日常生活与公共生活的各个领域。这些手段有助于提高宣传普及的效果，使中国传统文化更好地适应当代社会的需求，促进文化的活力和创新。

三、创新文化话语体系

文化话语系统是一个文化内部的交流和传承方式，它反映了特定社会

---

①舒坤尧：《以中华优秀传统文化促进乡村文化振兴》，《人民论坛》2022 年第 3 期。

的观念、价值观及人际关系。中国传统文化的话语体系在当代社会中需要进行创新和转化，以适应时代的需求和社会的发展。首先，创新文化话语体系需要与当代中国马克思主义文化语境相协调。这意味着要将中国传统文化的观念与马克思主义的核心理念相融合，使之成为一种有机的整体。这不仅包括对话语内容的重新诠释，还包括对传统观念在当代语境中的重新定义，以保持其活力和时代性。其次，推动中国传统文化的创造性转化和创新性发展需要对话语体系进行内容和形式上的创新。在内容方面，研究者应该以建构性的方式重新解释古代文化中的语句和命题，赋予其新的时代内涵，使之更符合当代社会的需要。这种转化不仅是对表面意义的阐释，更是对原有观念的扩大和深化，以适应新的文化环境。在形式方面，创新文化话语体系需要将中国传统文化的表达方式与现代生活语境相结合。这包括将经典的传统话语融入当代语言中，使之更易于理解和接受。通过这种方式，使中国传统文化在当代社会中更具影响力。总体而言，创新文化话语体系是推动中国传统文化创造性转化和创新性发展的关键之一。通过对内容和形式的创新，使中国传统文化更好地适应当代中国马克思主义文化语境，从而在新的时代条件下焕发出新的活力。

创新文化话语体系需要与创新文化发展载体相辅相成。在这个过程中，新媒体的发展成为一个至关重要的方向。互联网和移动网络的崛起为文化传播提供了全新的平台，而这也是实现中国传统文化创新的关键一环。首先，新兴媒体的互动性为文化传播提供了更广泛的参与和反馈机制。通过互联网和手机等新媒体，人们可以更方便地参与到文化话语的创新中，提出意见、分享看法，形成更加开放和多元的文化交流。这有助于建立一个更具参与性和共建性的文化传播平台。其次，新媒体的开放性使文化传播更具包容性和多样性。中国传统文化可以通过互联网的广泛传播渠道传递到全球，与不同文化相融合，形成更具丰富性和多元性的文化格局。这有助于中国传统文化在全球范围内发挥影响力，实现与其他文化的对话和交流。新媒体的功能多样性也为文化传播提供了更多可能性。通过创新的技术手段，可以将中国传统文化以更具体、更全息的形式呈现在新媒体上，使之更贴近当代人的生活和审美需求。这种全息化的呈现方式有助于吸引更多年轻人参与,并让中国传统文化焕发出新的魅力。在实现中国传统文化创造性转化和创新性发展的过程中,充分利用新兴媒体的优势,搭建全新的传播平台,实现文化话语的即时全息交互传播,将是取得成功的关键之一。这不仅有助于占领网络舆论阵地,更能够赢得主动权,让中国传统文化在当代社会中发挥更为重要的作用。

第五节　中国传统文化创造性转化、创新性发展下的社会主义核心价值观

创造性转化是对中国传统文化的尊重和再创造的过程。它要求我们既要保留中国传统文化的精华,又要将其融入当代社会的精神和需求中。这就是在中国传统文化的基础上进行改造和转变,赋予其新的时代定位和现代表现形式。在这一过程中,我们需要保持对中国传统文化基因的尊重,同时注入新的元素,使其更符合当代社会的需求,为中国传统文化创造新的辉煌。创新性发展则更强调结合时代新思想和新发展。这意味着我们需要在中国传统文化的内涵和形态上进行补充、拓展和创新,以适应当代社会的发展和变化。通过回应时代挑战、解决实际问题、满足人民需要,将中国传统文化现代化,使其具有深厚的文化底蕴同时又充满时代特色,为中华民族伟大复兴提供精神支撑。创造性转化和创新性发展的过程实际上是对中国传统文化进行深入挖掘和赋予新生命的过程。这要求我们在实践中思考如何更好地进行创造性转化和创新性发展。一个可能的方向是将中国传统文化与社会主义核心价值观耦合转化。通过将中国传统文化与社会主义核心价值观相结合,可以在中国传统文化中找到共鸣点,使其更符合当代社会主义价值体系,为创造性转化和创新性发展提供理论和实践的支持。在具体推进过程中,我们需要思考如何在中国传统文化中发现与社会主义核心价值观相契合的元素,如何通过中国传统文化来弘扬社会主义核心价值观,以及如何在实践中更好地将二者结合起来。这将是一个既具有理论深度又需要在实践中不断摸索的复杂过程,但通过这样的耦合转化,或许可以为中国传

统文化的创新发展提供更为明确和可行的路径。

一、逻辑前提：中国传统文化与社会主义核心价值观耦合转化的可能性探究

（一）从依存度看，中国传统文化和社会主义核心价值观同质相通

中国传统文化的丰富涵养为社会主义核心价值观提供了重要的滋养。中国传统文化深深植根于东亚文化圈，形成了多元璀璨的文化花园，影响着人们的思想和行为方式。社会主义核心价值观在吸纳中国传统文化的精华时，能够更好地得到人民的认同，并在教育引导、共识凝聚、人民风范方面发挥特殊功用。正如毛泽东同志在《中国共产党在民族战争中的地位》一文中所指出的："我们是马克思主义的历史主义者，我们不应当割断历史。"中国传统文化中蕴含的"仁者爱人""言必信，行必果"等思想，以及对道德修养、社会治理的理想范式，仍然在潜移默化地影响着人们的行为方式。这些价值观念可以为社会主义核心价值观提供有益的启发，促进人们在认识和改造世界、治国理政、道德建设等方面更好地实践。中国传统文化是社会主义核心价值观最深厚的文化基因，是构建社会主义核心价值观的基础性工程。弘扬中国传统文化既能保持文化的传承，又能使其与社会主义核心价值观相融合，实现中国传统文化与社会主义核心价值观的良性互动。然而，也需要注意到中国传统文化在社会主义市场经济、民主政治等方面与当代社会存在一定的矛盾和冲突。在这方面，需要进行协调和适应，以实现中国传统文化与社会主义核心价值观的适配融通。这可能涉及对中国传统文化的批判性反思和再解读，以确保其在当代社会的实际运用中能够更好地发挥积极作用。这种适配融通的过程既需要保留中国传统文化的独特性，又要使其更符合当代社会的要求，以推动社会主义核心价值观更加深入人心。

（二）从实现方式看，中国传统文化和社会主义核心价值观都要深入民间、深入群众

人民是历史的创造者，他们的认同和实践是文化和价值观生命力的源泉。中国传统文化和社会主义核心价值观之所以能够持久传承，正是因为它们深深植根于人民的关切和需求。从古至今，中华仁人志士一直秉持着

"为天地立心，为生民立命"（张载《横渠语录》）的理想情怀。这种以民为本的治世理念贯穿了中华民族的历史。中国传统文化中的"民惟邦本""民贵君轻"等思想，以及强调人格修养的理念，都反映了对人民的深切关怀。这些观念为构建社会主义核心价值观提供了丰富的精神支持。中国传统文化在对人民进行教化养成方面也有着丰富的方式。从家训到儒道经典，从科举制度到民间文艺，都是在不同层面对人民进行价值观教育的手段。这些方式不仅传承了中国传统文化的精华，也是人民群众在日常生活中接触并理解文化的重要途径。在培育和践行社会主义核心价值观方面，深入群众、深入人心是关键。这需要将社会主义核心价值观融入国民教育全过程、经济发展实践和社会治理中，使其真正贴近人民的生活和需求。只有通过实践活动，通过深入群众的方式，社会主义核心价值观才能在人们心中扎根生发。人民群众是文化和价值观的创造者，他们的认同和实践是传承和发展的根本力量。中国传统文化和社会主义核心价值观之间的共鸣与交融，正是在人民群众心中实现的，这也是两者能够有机结合的根本原因。只有深入人心，得到人民的认同和接受，中国传统文化和社会主义核心价值观才能真正实现无缝对接，为中华民族的伟大复兴提供有力的精神支撑。

（三）从政治方向看，中国传统文化和社会主义核心价值观都需要马克思主义把关定向

马克思主义在中国的发展历程是与中国革命、建设、改革的具体实际深度结合的。习近平总书记明确指出，中国共产党是用马克思主义武装起来的政党，马克思主义是中国共产党人理想信念的灵魂（《习近平谈治国理政》）。在这个背景下，推动中国传统文化与社会主义核心价值观的耦合发展，马克思主义的指导地位是至关重要的。

中国传统文化以其丰富的哲学思想和包容态度为马克思主义在中国扎根提供了肥沃的文化土壤。中国传统文化的哲学思想与马克思主义的思想体系有许多契合之处，而其包容态度也为马克思主义在中国逐步深入人心创造了有利条件。马克思主义进入中国后，与中国传统文化深度结合，通过吸纳中国传统文化的精华，使其在中国的发展更具特色，也为中国传统文化注入了新的活力。马克思主义与中国传统文化的结合不仅是一种理论上的

融合,更是在革命、建设和改革的实践中逐渐形成的。在这一过程中,马克思主义为中国带来了光辉的革命文化和社会主义先进文化,而中国传统文化也为马克思主义提供了独特的文化资源。① 两者相辅相成,相得益彰。

社会主义核心价值观的形成也是在这样的历史背景下和马克思主义的指导下,通过对中国传统文化的吸收、融合、创新而逐步形成的。它既吸纳了中国传统文化中的仁爱思想、民本思想等,又在马克思主义的框架下发展出适应社会主义建设需要的价值观念。因此,中国传统文化与社会主义核心价值观的耦合发展正是在马克思主义中国化的逻辑中实现的。这一过程既在理论上不断深化,也在实践中逐步展现。马克思主义的指导作用是确保这一耦合能够行稳致远的关键。通过坚持以马克思主义为指导,我们能够更好地把握中国传统文化与社会主义核心价值观的结合点,实现两者之间的有机融合,为中华民族伟大复兴提供更为坚实的思想和文化支持。

二、实践运用:中国传统文化和社会主义核心价值观的耦合转化

(一)源与流的历史际会

从"源"的层面来看,中国传统文化作为源头,为社会主义核心价值观提供了丰富的话语资源和历史涵养。中国传统文化深植于中国历史和文化之中,包含丰富的哲学思想、道德观念和社会治理理念。社会主义核心价值观在建立过程中,汲取了这些源自中国传统文化的精华,形成了抽象性、一般性、共识性的核心价值体系。中国哲人的历史洪流意识,即理解自身必须投身于历史之中,进而理解世界,为社会主义核心价值观的形成提供了深厚的文化根基。

从"流"的层面来看,社会主义核心价值观作为现代文明的流出口,对中国传统文化进行了引导和转化。在中国近现代史上,特别是在鸦片战争以后,中国传统文化经历了许多危机和转型。中国共产党在这一时期起到了关键作用,肩负起传承发展文化的民族使命。通过构建中国传统文化传承发展体系,中国共产党推动了中国传统文化的现代转型,使其绽放出时代光

①夏小华、雷志佳:《乡村文化振兴:现实困境与实践超越》,《中州学刊》2021 年第 2 期。

芒。社会主义核心价值观作为现代文明的一部分,通过活跃的引导和融合作用,促使中国传统文化焕发新的生机,使之与当代社会更好地契合。

(二)实践中的血脉相连

马克思主义哲学的核心观点之一是"全部社会生活在本质上是实践的"(《关于费尔巴哈的提纲》),实践在马克思主义中被视为至关重要的概念。社会主义核心价值观与中国传统文化之间的耦合需要建立在实践的基础上,并以当下为背景来构建。首先,中国传统文化中的"传统"一词原本更多地与时间有关,涉及过去的想象。然而,在当今谈论"传统"时,实际上更关注的是当下。中华民族的伟大复兴和中国传统文化的传承发展都不是停留在对过去辉煌的沉思,而是具有明确的实践指向。这种实践指向表现为中国共产党领导全国各族人民进行伟大斗争、建设伟大工程、推进伟大事业、实现伟大梦想的历史性实践。中国传统文化要参与这个实践,必须在中国特色社会主义新时代扎根,发挥中国传统文化的实践效能和时代活力。其次,社会主义核心价值观作为观念上层建筑的一部分,是经济基础和社会实践的产物。在根本上,社会主义核心价值观是中国特色社会主义伟大实践的精神标识,是当代中国全部实践的思想结晶。中国传统文化与社会主义核心价值观的耦合关系,取决于实践的标准,需要直面现实问题并回应时代的呼声。最后,实践是这种有机耦合的场域,中国传统文化与当代价值观通过实践实现有机统一。这种有机统一在实践中得以巩固,通过实际行动和经验的传承,使中国传统文化与社会主义核心价值观紧密相连,形成相辅相成的关系。

(三)逻辑上的环环相扣

社会主义核心价值观与中国传统文化的耦合体现了一以贯之的逻辑。这一体现主要表现在两个方面:首先,社会主义核心价值观和中国传统文化在家国天下体系和三个层次的框架上实现了融通。社会主义核心价值观回答了国家、社会、个人三个层面的问题,而中国传统文化强调了修身、齐家、治国、平天下的家国情怀。虽然在具体表述上有差异,但它们的框架结构同构、融通,通过将个体修身、社会齐家、治国平天下融为一体,展现了和谐的关系。中国传统文化中的"内圣外王"理念强调了个体对族群、社会、国家的责任,与社会主义核心价值观中个人、社会、国家三个层面关系契合。逻辑框架的融通表现为几个层次关系的层层进阶、递进发展,体现在对个体修身、社会齐家、治国平天下的逐层阐释。其次,社会主义核心价值观和中国传统文化的思想理念、道德观念、人文精神在三个层面上实现了全面贯通。从传统美德来看,修己与安人、自利和利他的道德行为一体贯通,构建了个人、社会、国家的一体化。在中华人文精神方面,中国传统文化的"以文化人"教化思想与社会主义核心价值观中对文化传承和培育价值观的强调相契合。这种贯通表现为对个人、社会、国家三个层面的价值观共同构建的一种内在协调统一。综合而言,社会主义核心价值观与中国传统文化的耦合在逻辑上是相得益彰、一以贯之的。这种有机统一不仅在框架结构上体现为融通,还在思想理念、美德观念、人文精神上实现了全面贯通,为建设和谐、文明、富强的社会主义现代化国家提供了丰富而深刻的文化内涵。

参 考 文 献

[1]张岱年.国学要义[M].北京:北京大学出版社,2012.

[2]刘士林.中华文化自信的主体考量与阐释[J].江海学刊,2009(1):40-45.

[3]云杉.文化自觉 文化自信 文化自强——对繁荣发展中国特色社会主义文化的思考(下)[J].红旗文稿,2010(17):4-9.

[4]鲍硕来.新时代中华优秀传统文化创造性转化的思考[J].安庆师范大学学报(社会科学版),2022,41(5):102-106.

[5]旦却加,封颖,任菊兰.现代性背景下青海藏族传统村落文化传承的困境与应对策略——基于同仁市江什加村的调查[J].青海民族研究,2022,33(4):174-179.

[6]司淑子.面向"传承中华优秀传统文化"的非遗档案资源建设开发调查分析[J].档案管理,2023(1):5-7.

[7]张长思,杨建营,张长念.中华优秀传统体育文化教育传承的目标、内容与方略[J].首都体育学院学报,2022,34(1):24-33.

[8]屈哨兵.充分体认中华优秀传统文化,做好语文教材中的传承实践研究[J].教育导刊,2022(6):5-16.

[9]杨立国,彭梓洺.传统村落文化景观基因传承与旅游发展融合度评价——以首批侗族传统村落为例[J].湖南师范大学自然科学学报,2022,45(2):74-82.

[10]谭志满,杨文.民族地区新乡贤参与传统文化传承创新的路径[J].中南民族大学学报(人文社会科学版),2021,41(2):58-66.

[11]罗琴,王华敏.由"形"入"神":文化基因视角下高校中华优秀传统文化的传承转向[J].学校党建与思想教育,2021(19):59-62.

[12]相金星,王进国,郭振华."境遇"抑或"反思":民族传统体育文化现代传承与发展[J].沈阳体育学院学报,2021,40(5):130-137.

[13]陈炜,蔡银潇.基于文化资本理论的青海民族传统体育文化活态传承路径[J].青海民族研究,2021,32(2):164-170.

[14]樊荣.新时代中华优秀传统文化的价值传承路径探析[J].文教资料,2022(13):42-45.

[15]陈晓兰,杨生发.岭南传统农耕文化保护传承的成效、问题与对策——乡村产业振兴视角[J].农业考古,2023(1):170-176.

[16]王乐,铁铮.非物质文化遗产传统插花的传承脉络及历史启示[J].西南林业大学学报(社会科学),2023,7(1):46-53.

[17]季若涵.论传统文化传承与典籍应用创新的耦合性——以"习近平用典"为例[J].现代商贸工业,2023,44(1):176-179.

[18]蒋珠丽,覃伟津.人类命运共同体思想对中华优秀传统文化的传承与发展[J].领导科学论坛,2023(2):17-22.

[19]赵心.政策视角下的优秀传统文化传承发展理论演进——兼论地方文献保护与优秀传统文化传承发展的内在逻辑[J].图书馆研究与工作,2022(10):5-11.

[20]孙传明,郑淞尹.智能时代传统文化的产业开发与创新发展[J].理论月刊,2021(5):98-104.

[21]陈坤.新时代动画电影"中国学派"的传承与发展研究[J].电影文学,2022(3):77-81.

[22]陈知然,庞亚君,周雪,等.数字赋能文化产业的发展趋势与策略选择[J].宏观经济管理,2022(10):70-76;90.

[23]贾林铭,张博,韩学红.中华优秀传统文化融合生态环境创意设计——评《"文化创意+"生态环境产业融合发展》[J].世界林业研究,2023,36(1):138-139.

[24]崔为.新媒体环境下中医药文化传播体系的重构[J].社会科学战线,2021(12):25-32.

[25]奚小网.新媒体技术在高等职业教育高质量发展中的应用研究

[J].传媒,2021(16):84-86.

[26]周秀杰.我国电视文化类节目新媒体海外传播策略——以《典籍里的中国》为例[J].电视研究,2021(8):93-96.

[27]余永跃,雒丽.以共享发展理念引领乡村振兴[J].福建论坛(人文社会科学版),2018(10):33-41.

[28]陈文胜,李珊珊.论新发展阶段全面推进乡村振兴[J].贵州社会科学,2022(1):160-168.

[29]路新华.新时期乡村文化振兴的困境与路径选择[J].农业经济,2022(8):54-56.

[30]舒坤尧.以中华优秀传统文化促进乡村文化振兴[J].人民论坛,2022(3):123-125.

[31]夏小华,雷志佳.乡村文化振兴:现实困境与实践超越[J].中州学刊,2021(2):73-79.

[32]张荣冠,龙先颐.乡村传统文化的传承与振兴[J].贵州民族研究,2019,40(10):83-88.

[33]王玲玲.推进乡村文化振兴助力乡村全面振兴[J].中共南昌市委党校学报,2021,19(5):37-41.

[34]胡丹阳,高君.乡村优秀传统文化传承的现实困境及路径选择[J].大连干部学刊,2022,38(4):46-52.